컴퓨터과 교수법 및 교재연구

한국정보교육학회 컴퓨터교재개발분과위원회 편저

교육과학사

컴퓨터과 교수법 및 교재연구

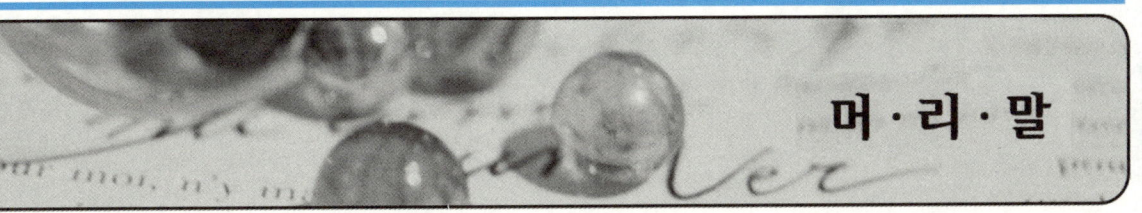

머·리·말

PREFACE

역사에서 알 수 있듯이 지식을 홀대한 나라는 부국강병을 이루기 어려웠다. 컴퓨터가 개발되고 난 후 컴퓨터는 새로운 지식을 창출하는 선봉에서 빠질 수 없는 도구가 되어 있다. 컴퓨터에 의해 파생되는 기술 전반을 정보통신기술이라는 용어로 아우르고 있으며 정보통신기술은 사회, 경제, 문화, 군사, 교육의 각 분야에 큰 영향을 미치고 있다.

우리나라는 2001년부터 정보통신기술교육지침에 의하여 정보교육을 시행하고 있지만, 일본, 이스라엘, 인도 등과 같이 컴퓨터과학교육보다는 컴퓨터활용교육에 중심을 두고 시행되어 왔다. PISA의 보고서를 인용하지 않더라도, 현재 우리나라에서의 컴퓨터사용의 대부분은 소모적인 부분에 사용된다고 해도 과언이 아닐 정도로 지적도구로서의 컴퓨터활용은 미약하다.

현재와 같은 컴퓨터활용중심의 교육은 컴퓨터원리중심의 이해 교육으로 바뀌어야 할 필요가 있다. 컴퓨터의 발전은 많은 사람들의 집단적 사고에 의해 현재에 머무르고 있으며, 제한된 상황에서 수많은 문제를 해결하면서 현재까지 발전하여 왔다. 많은 문제 상황을 해결해 가는 과정에 쌓아놓은 지식체계들은 후일의 컴퓨터 발전에 전이되어 사용될 수 있는 여지가 많다. 이에 컴퓨터 원리 중심의 교육은 학생들의 사고를 촉진시키고, 미래의 문제를 해결하기 위한 문제해결 학습을 할 중요한 주제로 사용되어질 수 있다. 이는 교과로서 학생들에게 필요한 중요한 요소 가운데 한 가지이다.

2005년 공표된 개정된 정보통신기술교육 운영지침에는 정보사회의 생활, 정보기기의 이해, 정보처리의 이해, 정보가공과 공유, 종합 활동 영역으로 나누어 컴퓨터 전반에 대해 학습할 수 있는 기회를 제공하고 있다. 개정된 정보통신기술교육 운영지침은 기존의 지침에 내용체계를 더욱 체계적으로 구성하였다. 이를 통해 학생들은 더 깊은 사고 훈련을 할 수 있는 기회를 제공받을 수 있을 것이며, 활용측면에 있어서도 미래의 컴퓨터까지 적용 가능한 포괄된 능력을 가질 수 있을 것이다.

이러한 시점에서 한국정보교육학회 컴퓨터교재개발분과위원회의 '컴퓨터과 교수법 및 교재연구'의 출판은 정보통신기술 교육을 수행하는 교사와 예비교사들에게 좋은 정보를 제공할 수 있

컴퓨터과 교수법 및 교재연구

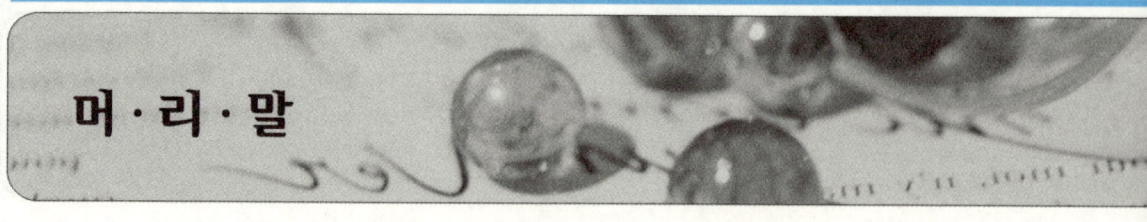

머·리·말

PREFACE

는 기회라고 생각된다. 아무리 뛰어난 교육과정을 제작하였으나 현장에서의 과정을 적용하는 교사의 능력에 따라 학생들에 미칠 효과는 큰 차이를 보인다. 본 교재는 독자들에게 개정된 운영지침을 적용할 구체적인 사례를 제시하고 있다.

본 교재구성은 다음과 같다. 1장에서 5장까지는 컴퓨터과 교수법 및 교재연구에 대한 근거를 제시하는 장으로써 컴퓨터과 교육과정의 이해, 교수설계, 교재연구, 교육평가, 교수학습 과정안을 다루고 있으며, 6장에서 10장까지는 지도의 실제사례를 보여주는 부분으로써, 정보사회의 생활, 정보기기의 이해, 정보처리의 이해, 정보가공과 공유, 종합활동의 5가지 영역에 대한 실제적인 자료를 제시하고 있다.

마지막으로 본 교재가 정보교육을 통해 학생들의 지적 호기심을 자극하고, 사고력을 기를 수 있는 교육을 위한 이론과 실제적인 사례를 제시하는 좋은 도구가 되어 교육현장의 정보교육 발전에 보탬이 되기를 기대한다.

본 교재가 출판되기까지 집필에 참여해 주신 집필진과 이를 기획에서 출판에 이르기까지 많은 지원을 해 주신 교육과학사 관계자 여러분들께 깊은 감사를 드린다.

2008년 2월
저자 일동

컴퓨터 교수법 및 교재연구

차·례

CONTENTS

Chapter 1 컴퓨터과 교육과정의 이해   김홍래

1. 우리나라 컴퓨터 교육의 변천 ·············· 13
2. 7차 교육과정에서의 컴퓨터 교육 ·············· 16
3. 제 1차 ICT 교육 운영지침(2000.8) ·············· 18
   - 3.1. ICT 소양 교육 ·············· 19
   - 3.2 ICT 활용 교육 ·············· 20
   - 3.3 ICT 교육의 학교급별 적용 ·············· 20
4. 제 2차 ICT 교육 운영지침(2005.12) ·············· 21
   - 4.1 기본 방향 ·············· 22
   - 4.2 목표 ·············· 23
   - 4.3 단계별 지도 내용 ·············· 24
   - 4.4 내용 체계 ·············· 25
   - 4.5 ICT 활용 교육 ·············· 26
5. 개정안의 특징 및 운영 방안 ·············· 27
   - 5.1 개정안의 특징 ·············· 27
   - 5.2 ICT 교육과정의 운영 방안 ·············· 30

Chapter 2 컴퓨터과 교수설계   서순식

1. 분석 ·············· 39
   - 1.1 학습내용 분석 ·············· 39
   - 1.2 학습자 분석 ·············· 44
   - 1.3 학습 환경 분석 ·············· 49
2. 설계 ·············· 50
   - 2.1 학습 목표 진술 ·············· 50
   - 2.2 교수 방법 선정 ·············· 51

차·례

CONTENTS

  2.3 세부 전략 설계 ··· 51
  2.4 평가 ··· 56
  2.5 시간 계획 수립 ·· 58
 3. 개발 ·· 59
  3.1 수업자료 개발, 수정·보완 ·· 59
  3.2 평가 자료 개발, 수정·보완 ·· 60
 4. 실행 ·· 60
  4.1 수업 전 고려 사항 ·· 60
  4.2 수업 중 고려 사항 ·· 61
  4.3 수업 후 고려 사항 ·· 61
 5. ASSURE 모형 ··· 62
  5.1 학습자 분석 ·· 63
  5.2 목표 진술 ·· 63
  5.3 방법, 매체 및 자료 선정 ·· 64
  5.4 매체와 자료 활용 ·· 64
  5.5 학습자 참여 ·· 64
  5.6 평가와 수정 ·· 65

Chapter 3 컴퓨터과 교재연구   김홍래

 1. 컴퓨터과 교재·교구의 의미와 역할 ·· 69
  1.1 컴퓨터과 교재·교구의 개념 ··· 69
  1.2 컴퓨터과 교재·교구의 의미 ··· 73
  1.3 컴퓨터과 교재·교구의 역할 ··· 73
 2. 컴퓨터과 교재·교구의 특성 ·· 76
 3. 컴퓨터과 교재의 유형 ·· 77

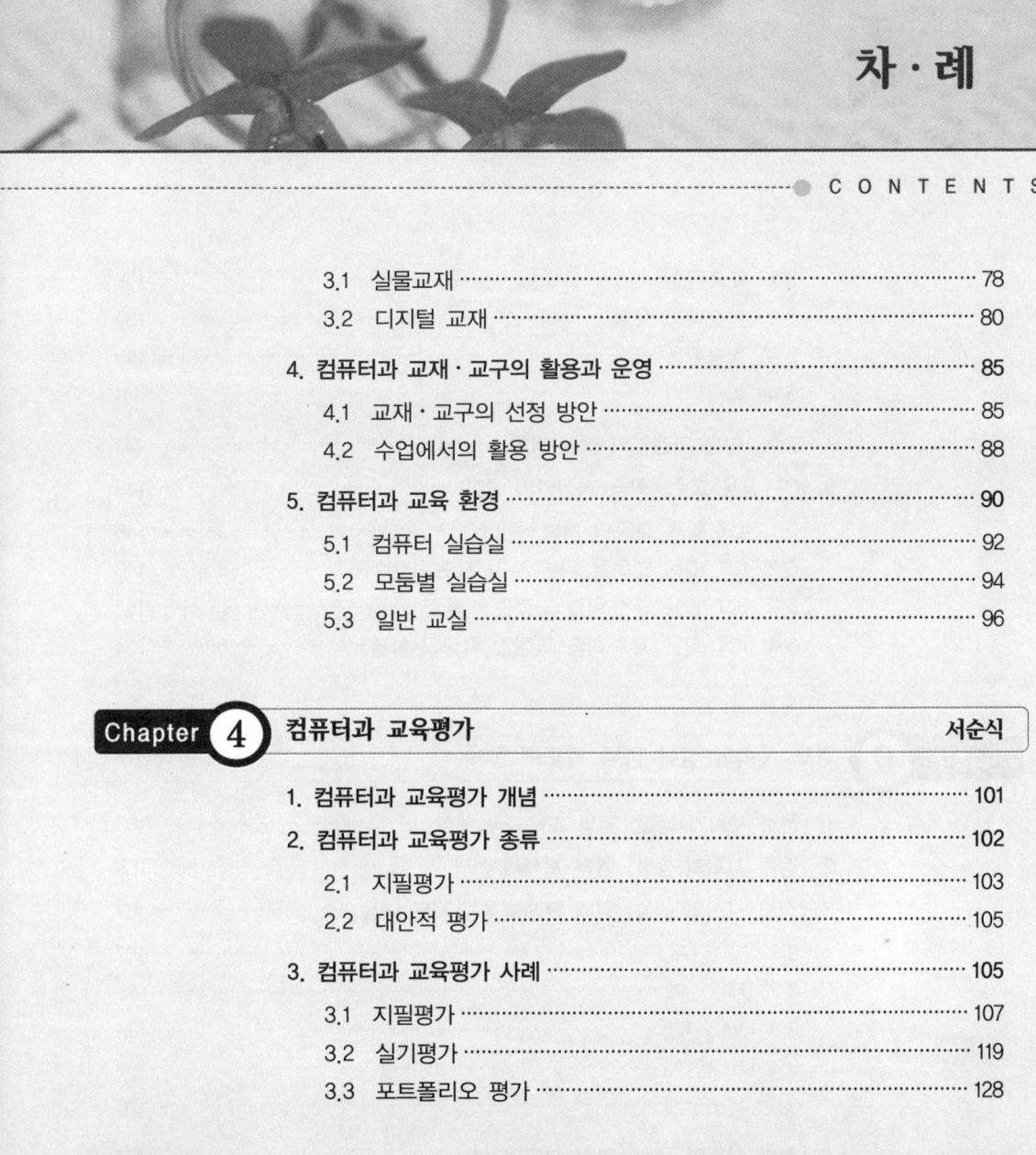

  3.1 실물교재 ··· 78
  3.2 디지털 교재 ·· 80
 4. 컴퓨터과 교재·교구의 활용과 운영 ·· 85
  4.1 교재·교구의 선정 방안 ·· 85
  4.2 수업에서의 활용 방안 ·· 88
 5. 컴퓨터과 교육 환경 ··· 90
  5.1 컴퓨터 실습실 ·· 92
  5.2 모둠별 실습실 ·· 94
  5.3 일반 교실 ··· 96

Chapter 4 컴퓨터과 교육평가   서순식

1. 컴퓨터과 교육평가 개념 ··· 101
2. 컴퓨터과 교육평가 종류 ··· 102
  2.1 지필평가 ··· 103
  2.2 대안적 평가 ··· 105
3. 컴퓨터과 교육평가 사례 ··· 105
  3.1 지필평가 ··· 107
  3.2 실기평가 ··· 119
  3.3 포트폴리오 평가 ·· 128

Chapter 5 컴퓨터과 교수·학습 과정안   김홍래

1. 교수·학습 과정안의 필요성 및 목적 ···································· 135
2. 교수·학습 과정안의 조건 ·· 136
3. 교수·학습 과정안 작성 전략 ··· 138

차·례

CONTENTS

    3.1 목표진술 ·· 138
    3.2 학습내용 선정 ·· 139
    3.3 학습활동 ·· 140
    3.4 학습평가 ·· 141
4. 교수·학습 과정안의 작성 방법 ·· 141
5. ICT 활용 교수·학습 과정안의 작성 ··· 146
    5.1 ICT 활용 교육의 개념 ··· 146
    5.2 ICT 활용 교육을 위한 수업 지도 방안 ···························· 146
    5.3 ICT 활용 교수학습 과정안 ·· 152
    5.4 ICT 활용 교수학습 과정안 작성의 실제 ·························· 154

Chapter 6   정보 사회의 생활 영역 지도의 실제   박선주

1. [정보 사회의 생활] 영역 교육과정 해설 ·································· 163
2. [정보 사회의 생활] 영역 지식체계 ·· 166
3. [정보 사회의 생활] 영역 단계별 학습지도 내용 ······················ 167
    3.1 제 1단계 ·· 167
    3.2 제 2단계 ·· 168
    3.3 제 3단계 ·· 168
    3.4 제 4단계 ·· 169
    3.5 제 5단계 ·· 170
4. [정보 사회의 생활] 영역 지도의 실제 ······································ 171
    4.1 1단계(예시 : 2학년 – 사이버 공간에서의 예절) ············· 171
    4.2 2단계(예시 : 4학년 – 출동! 사이버 구조대!) ················· 178
    4.3 3단계(예시 : 6학년 – 저작권) ·· 187

컴퓨터 교수법 및 교재연구

차 · 례

CONTENTS

Chapter 7 정보기기의 이해 영역 지도의 실제 한병래

1. [정보기기의 이해] 영역 교육과정 해설 ………………………………… 199
2. [정보기기의 이해] 영역 지식체계 ……………………………………… 200
3. [정보기기의 이해] 영역 단계별 학습지도 내용 ……………………… 201
   3.1 단계별 지도내용 운영 ………………………………………………… 201
   3.2 [정보기기의 이해] 영역 단계별 학습지도 내용 …………………… 202
4. [정보기기의 이해] 영역 지도의 실제 …………………………………… 209
   4.1 1단계(예시 : 2학년 – 컴퓨터 구성 요소의 이해) ………………… 209
   4.2 2단계(예시 : 4학년 – 컴퓨터의 관리) ……………………………… 216
   4.3 3단계(예시 : 6학년 – 컴퓨터 동작의 이해) ……………………… 222

Chapter 8 정보처리의 이해 영역 지도의 실제 김현배

1. [정보 처리의 이해] 영역 교육과정 해설 ……………………………… 233
2. [정보 처리의 이해] 영역 지식체계 …………………………………… 235
3. [정보 처리의 이해] 영역 단계별 학습지도 내용 …………………… 236
   3.1 제 1단계 ………………………………………………………………… 236
   3.2 제 2단계 ………………………………………………………………… 236
   3.3 제 3단계 ………………………………………………………………… 237
   3.4 제 4단계 ………………………………………………………………… 237
   3.5 제 5단계 ………………………………………………………………… 238
4. [정보 처리의 이해] 영역 지도의 실제 ………………………………… 238
   4.1 1단계(예시 : 1학년 – 다양한 정보의 세계) ……………………… 238
   4.2 2단계(예시 : 3학년 – 순서대로 표현하기) ……………………… 246
   4.3 3단계(예시 : 5학년 – 멀티미디어 정보의 표현) ………………… 253

차·례

CONTENTS

　　4.4 재미있게 배워요 ………………………………………………… 259

Chapter 9 정보가공과 공유 영역 지도의 실제　　　　전우천

1. [정보 가공과 공유] 영역 교육과정 해설 …………………………… 265
2. [정보 가공과 공유] 영역 지식 체계 ………………………………… 267
3. [정보 가공과 공유] 영역 단계별 학습지도 내용 ………………… 269
　　3.1　제 1단계 ………………………………………………………… 269
　　3.2　제 2단계 ………………………………………………………… 269
　　3.3　제 3단계 ………………………………………………………… 270
　　3.4　제 4단계 ………………………………………………………… 270
　　3.5　제 5단계 ………………………………………………………… 271
4. [정보 가공과 공유] 영역 지도의 실제 ……………………………… 271
　　4.1　1단계(예시 : 2학년 - 사이버 공간 접속) …………………… 271
　　4.2.　2단계(예시 : 4학년 - 정보 검색) …………………………… 279
　　4.3.　3단계(예시 : 6학년 - 발표용 문서) ………………………… 286

Chapter 10 종합 활동 영역 지도의 실제　　　　이재호

1. [종합 활동] 영역 교육과정 해설 …………………………………… 297
2. [종합 활동] 영역 지식 체계 ………………………………………… 298
3. [종합 활동] 영역 단계별 학습지도 내용 …………………………… 299
　　3.1　1단계: 정보 사회에 대한 올바른 인식과 이해 …………… 299
　　3.2　2단계: 문제 해결을 위한 정보의 수집, 생성 및 보호 …… 300
　　3.3　3단계: 책임 있는 협력 활동을 통한 문제 해결 …………… 301
　　3.4　4단계: 다양한 멀티미디어 정보를 활용한 정보 교류 …… 302

3.5　5단계: 사이버 공간에서 올바른 정보 공유 ·················· 303
4. [종합 활동] 영역 지도의 실제 ·················· 304
　4.1　1단계(예시 : 2학년 – 미래의 지식 기반 사회 상상하기) ········ 304
　4.2　2단계(예시 : 4학년 – 네티켓을 지켜요) ·················· 312
　4.3　3단계(예시 : 6학년 – 데이터를 이용하여 유용한 정보 만들기) 323

컴퓨터과 교육과정의 이해

우리나라 교육과정에서 컴퓨터 교육은 매우 주변적인 교육으로 인식하여 왔다. 그러나 정보통신기술의 발전은 사회 구성원들이 컴퓨터교육의 필요성을 인식하게 하는 계기가 되었으며 공식적인 학교 교육을 통하여 가르쳐야 하는 도구교과로서 자리할 수 있게 되었다. 따라서 본 장에서는 컴퓨터 교육과정의 변천과정과 교육과정의 구성, 내용, 운영 방법에 대하여 살펴보고자 한다.

학습목표 >>>

- 컴퓨터 교육의 중요성을 다양한 관점에서 그 타당성을 탐구하고 제시할 수 있다.
- 우리나라 컴퓨터 교육과정의 변천과정을 이해하고 설명할 수 있다.
- ICT교육운영지침의 내용을 이해하고 그 특징을 분석할 수 있다.

1 우리나라 컴퓨터 교육의 변천

우리나라 컴퓨터 교육은 시대의 변화와 기술의 발전에 따라 그 목적과 내용을 달리하였다. 일반적으로 컴퓨터 교육의 역사는 필요성 대두기('60년대), 태동기('70년대), 전개기('80년대 중반), 확산·정착기('90년대 초·중반), 발전기('97년 이후)로 구분한다(한국교육학술정보원, 2004). 이것은 정보기술의 발달이 컴퓨터 교육 정책의 변화를 끌어낸 결과이다. 따라서, 학교 컴퓨터 교육은 기술의 발달과 맥을 같이 하였으며 사회적 요구를 교육과정에 반영하였다.

대두기에 정부는 업무처리를 위하여 컴퓨터를 최초로 도입하였으며,

컴퓨터과 교수법 및 교재연구

일부 대학에서는 교육을 목적으로 도입하였다. 태동기는 '전자계산기교육계획('70)'에 의거하여 상업계 고등학교에서 '전자계산 일반'을 필수과목으로 'COBOL 프로그래밍' 등 4과목을 선택과목으로 지도할 수 있도록 하였다. 이 시기의 컴퓨터 교육은 직업 기능인 육성을 목표로 주로 실업계 고등학교를 중심으로 이루어졌다. 교육의 내용은 주로 컴퓨터의 역사, 구성, 개념, 특성, 작동원리, 이용분야와 프로그래밍 등이 중심이 되었다. 3차 교육과정에서 컴퓨터 교과는 실업계 고등학교에서 독립된 형태로 운영되었으나 일반계 고등학교에서는 '기술'과목에 일부 내용이 포함된 흡수방식으로 운영되었다.

전개기는 직업 교육 중심의 컴퓨터 교육이 일반 보통교육으로 확대된 시기이다. 이때는 4차 교육과정의 고등학교 '산업기술'과 '수학' 교과에 컴퓨터 과학의 내용이 포함되었으며, '83년에는 초·중등학교의 특별활동에 컴퓨터 교육을 장려하였으며 이를 위한 다양한 연구를 활발히 수행하였다. 이 시기의 컴퓨터 교육은 컴퓨터 문맹 탈피를 위한 소양 교육을 중심으로 일반계 고등학교의 일부 교과와 초·중등학교의 특별활동을 중심으로 이루어졌다. 컴퓨터 교육의 내용은 '전자계산기 개요'와 '전자계산기 응용', '순서도와 알고리즘'과 같이 컴퓨터에 관한 지식과 프로그래밍으로 구성되었다. 이 시기에도 컴퓨터 교육은 타 교과의 일부 단원에 포함된 흡수 방식으로 운영되었다.

확산기는 컴퓨터 교육이 초등학교까지 확대·강화된 시기이다. 이때는 5차 교육과정 개정을 통하여 초등학교 5~6학년 '실과', 중학교 '기술', '가정'과 고등학교 '정보산업' 등에 컴퓨터 관련 내용이 다수 포함되기에 이르렀다. '87년 '학교 컴퓨터교육 강화 방안' 수립으로 컴퓨터 교육의 기본 방향과 과제를 설정하였으며, '89년 '학교 컴퓨터 교육 지원·추진계획'을 확정함으로써 학교에 컴퓨터를 보급하고 행정적·재정적 지원 방안을 마련하였다. 이때, 6차 교육과정은 중학교에 '컴퓨터' 선택교과를 도입('92.6)하였고, 초등학교의 5~6학년에 '컴퓨터 다루기', '컴퓨터 관리하기', '컴퓨터로 글쓰기'를 도입('92.9)하였으며, 고등학교에는 '정보산업'을 독립선택교과로 도입하였다. 가장 큰 변화는 '95년 '교육정보화 종합추진 계획'을 발표를 기점으로 컴퓨터 교육이 '교육정보화' 정책의 한 부분으로 포함되기에 이르렀다. 이를 통하여 '멀티미디어교육지원센터'를 설립하여 학교 컴퓨터 교육을 체계적으로 지원하고, 에듀넷을 구축하여 운영을 시작하였다. 이 시기의 컴퓨터 교육은 개인용 컴퓨터의 다양한 응용 소프트웨어를 도구적으로 일상생활에서 활용할 수 있는 능력을 육성하고자 하였다. 컴퓨터 교육의 내용은 '운영체제', '워드프로세서', '스프레드시트', '데이터베이스' 등과 같은 응용 프로그램의 활용을 중심으로 구성되었다. 이 시기의 컴퓨터 교육은 타 교과의 일부 단원에 포함된 흡수 방식을 기본으로 선택교과는 독립교과로 운영되었다.

발전기는 컴퓨터 교육이 정착되고 체계적으로 시행되는 시기이다. 교육부는 '교육정보화촉진시행계획('97.1)'에서 정보화촉진 10대 중점과제를 설정하여 인재육성을 위한 교육정보화 기반 구축에 집중적인 투자를 계획하였다. 한편, 7차 교육과정('97.12)은 초등학교 5~6학년 실과(기술·가정)의 각 1단원, 중학교에서는 재량 활동 시간에 선택과목으로 '컴퓨터'를 이수할 수 있도록 하고, 고등학교에서는 일반 선택과목으로 '정보사회와 컴퓨터'를 운영할 수 있도록 하여 정보화교육 관련 내용을 구성하였다. 또한 교육정보화 사업의 종합적 추진을 지원하기 위하여 '한국교육학술정보원'을 설립('99)하였으며, 고등학교 과정에서 일정 수준의 정보소양 교육을 실시하고, 이를 인증하는 제도로서 학생정보소양인증제가 도입되었다. 이와 같은 정책과 21세기 인재 양성을 효율적으로 추진하기 위하여 '교육정보화 종합계획'을 발표(2000.1)하고 초등학교 1학년부터 컴퓨터 교육을 필수화(2001.2)하는 방안이 발표되었으며, 중학교까지 정보소양인증제를 확대 시행하는 방안을 발표하였다. 이를 근거로 교육인적자원부는 '초·중등학교 정보통신기술교육운영지침'을 마련(2000.8)하고 정보통신기술을 소양교육과 활용교육으로 확대한 'ICT 활용 학교 교육 활성화 계획'을 수립(2001.3)하기에 이르렀다. 이를 통하여 컴퓨터 교육은 재량시간을 통하여 체계적으로 수행할 수 있게 되었다. 이 시기의 컴퓨터 교육은 응용 프로그램의 활용을 바탕으로 문제 해결 능력을 육성하고자 하였다. 컴퓨터 교육의 내용은 정보윤리, 컴퓨터의 기초, 응용 프로그램의 활용, 인터넷의 활용을 중심으로 구성되었다.

현재, 컴퓨터 교육은 ICT 교육 운영지침의 개정을 통하여 제2의 발전기를 맞이하고 있다. 기존의 ICT 교육 운영지침(2000.8)은 인터넷과 컴퓨터 기술의 발전으로 인하여 내용이 진부해졌으며 국가 및 사회의 IT소양과 정보사회에서 문제해결력에 대한 요구 증대로 인하여 내용의 수정 및 보완이 필요하게 되었다. 따라서 교육인적자원부는 교육과정의 내용을 보다 더 확대 심화한

컴퓨터과 교수법 및 교재연구

개정안(2005.12)을 마련하였다. 개정안은 정보화의 역기능에 대한 교육의 강화, 정보통신기술의 원리·개념·알고리즘 등의 컴퓨터 과학 내용 강화, ICT 교육과정의 계열성 확보, 교과별 활용 방안의 확대 등을 포함하고 있다.

2 7차 교육과정에서의 컴퓨터 교육

지금까지는 컴퓨터교육의 역사적 변천에 대하여 살펴보았다. 현재 적용되고 있는 7차 교육과정은 1997년 12월 30일 교육부 고시 제1997-15호에 의해 개정 고시되었으며, 연차별로 초등학교는 2000년, 중학교는 2001년, 그리고 고등학교는 2002년부터 각급 학교에 적용되고 있다. 제7차 교육과정은 "21세기의 세계화·정보화시대를 주도할 자율적이고 창의적인 한국인 육성"을 위하여 기초·기본 교육의 충실, 자기주도적 학습 능력의 신장, 학습자 능력에 적합한 학습자 중심 교육의 실천을 기본 방향으로 하고 있다. 7차 교육과정의 가장 큰 특징은 「국민공통기본교육과정」의 신설이다. 「국민공통기본교육과정」의 기간은 초등학교 1학년부터 고등학교 1학년까지의 10년간에 해당한다. 이 기간 동안 공통 기본 교과로는 국어, 도덕, 사회, 수학, 과학, 실과, 체육, 음악, 미술, 외국어(영어) 등 10개의 교과가 있다. 이외에 재량활동과 특별활동이 별도로 편성되어 있다. 「국민공통기본교육과정」에서는 「기본공통과정」을 학습한 이후, 학습자의 능력과 희망에 따라 「심화과정」 또는 「보충과정」을 학습하게 되어 있다. 한편, 11학년과 12학년에서는 학생들의 희망에 따라 「일반선택」과 「심화선택」을 할 수 있도록 하였다.

7차 교육과정에서 컴퓨터교육과 관련된 가장 큰 변화는 컴퓨터 교육의 필수화이다. 제6차 교육과정까지 컴퓨터 교육은 '실과' 교과의 일부와 특별활동을 통하여 이루어졌으나, 제7차 교육과정에서는 재량활동 2시간 중 1시간을 배당함으로써 초등학교 1학년부터 10학년까지 매주 1시간씩 체계적인 교육이 이루어질 수 있게 되었다. 컴퓨터 교육과 관련된 교과는 다음과 같다. 초등학교는 '재량시간'과 '실과' 5, 6학년의 2개 단원, 중학교는 '기술·가정'의 일부 단원과, 재량활동 시간의 '컴퓨터' 교과, 고등학교는 일반 선택의

'정보사회와 컴퓨터' 그리고 심화 선택의 '이산수학' 등이 이에 해당된다. 이는 6차 교육과정보다 매우 많은 시간이 배정된 것으로 컴퓨터 교육의 중요성을 반영한 것이라고 할 수 있다.

제7차 교육과정에서 컴퓨터 교육과 관련된 또 다른 변화는 관련 용어의 변경이라고 할 수 있다. 그 동안 교육인적자원부는 '컴퓨터 교육'이라는 용어를 주로 사용하여 왔으나, 제7차 교육과정에서는 정보통신기술교육(Information and Communication Technology : ICT)이라는 용어로 변경하여 사용하고 있다. ICT 교육은 정보소양교육과 활용 교육을 모두 포함하는 것으로서, 정보소양 중심의 교육을 활용 교육까지 확대한 것이다. 제6차 교육과정까지 ICT 소양 교육은 중등학교에서 선택교과로 운영하고 있는 정보 관련 교과 외에는 별도의 교육을 체계적으로 받을 수 없었다. 그러나 제7차 교육과정에서는 1학년부터 10학년까지 주당 1시간씩 의무적으로 정보통신기술교육을 할 수 있도록 함으로써 공교육 내에서 모든 학생들에게 정보 접근의 기회를 균등하게 제공하고, 이를 통하여 정보 격차를 해소할 수 있는 기반이 마련되었다.

재량시간에 실시하는 소양 교육의 내용은 5단계(1단계 : 초등 1, 2학년, 2단계 : 초등 3, 4학년, 3단계 : 초등 5, 6학년, 4단계 : 중1, 2, 3학년, 5단계 : 고1학년), 5가지 내용 영역(정보의 이해와 윤리, 컴퓨터 기초, 소프트웨어의 활용, 컴퓨터 통신, 종합 활동)으로 구성된다.

한편, ICT 활용 교육은 국민 공통 기본 교육과정이 적용되는 1학년에서 10학년까지 각 교과에서 정보통신기술을 활용하여 10% 이상 수업을 하도록 권장하는 내용으로, ICT 교육이 단지 특정 교과나 기능 위주의 교육으로 다루어지지 않도록 하기 위한 노력이다. 이러한 ICT 활용 교육은 기존의 일제 수업 위주의 수업 환경에서 모둠별 협동 학습의 환경을 구축하는 데 일조하고 있다. 즉, 학생들은 모둠별로 컴퓨터를 활용하여 인터넷상의 풍부한 자료를 탐색하고 스스로 이 정보들을 활용하여 학습의 산출물을 생산하고 공유하는 학습 활동이 활발하게 이루어지고 있다. 이 외에도 교단 선진화 기기를 활용하여 멀티미디어 자료와 함께 학습 내용을 제공함으로써 생생한 학습 경험의 폭을 확대하고 있다. 또한, 전자게시판, 전자우편, 채팅 등을 통하여 시간과 공간의 제약을 초월하여 교육적 의사소통을 활성화하여 교육 현장에서 교육 이해 관계자들 사이에서는 교육적 이해 정도를 높이고 학생과 교사들 사이에

컴퓨터과 교수법 및 교재연구

서는 서로간의 신뢰감을 회복할 수 있는 중요한 수단으로 자리매김하고 있다. 이러한 교육과정상의 정보통신기술 교육은 교원연수, 교육용 콘텐츠의 개발, 새로운 학습 환경의 구축을 위한 인프라 지원 등을 통하여 더욱 활성화되고 효율적으로 추진될 수 있을 것이다. 이를 통하여 학생들은 직접 필요한 상황에서 정보를 적용해보고 자기 주도적으로 문제점을 인식하여 새로운 정보를 찾아 적용해볼 수 있는 문제해결력을 기를 수 있을 것이다.

③ 제1차 ICT 교육 운영지침(2000.8)

21세기 지식정보화 사회를 선도하는 자율성과 창의성을 갖춘 인재육성 방안으로 교육인적자원부에서는 인터넷 등 정보통신기술(ICT)을 활용한 교수-학습 방법을 개선하고 초·중등학교 정보통신기술교육 운영지침을 마련하였다. 초·중등학교에서 ICT에 관한 교육은 학생의 학습과 일상생활에서 당면하는 여러 가지 문제 해결에 적절하게 ICT를 활용할 수 있게 하는 것에 중점을 두고 있다. 단순히 컴퓨터 등 ICT를 활용할 수 있는 지식과 기능을 가지고 있다는 것이 실제 문제 해결 활동에 직결되지 않으므로, ICT교육은 그 자체로서의 존재뿐만 아니라 타 교과와도 밀접한 관련을 맺고 있다.

국민공통 기본 교육과정에서의 ICT에 관한 소양 교육과 각 교과별 교수-학습 과정에서의 활용을 위한 학교 교육과정 편성·운영 자료로, '초·중등학교 정보통신기술 교육 운영 지침(2000.8)'을 시·도 교육청에 통보하였다. 그 중점 사항을 정리하면, ① ICT를 기초로 정보를 다루는 능력 함양 ② ICT 활용에 필요한 지식과 기능 및 정보 윤리 등을 균형있게 습득할 수 있도록 내용 선정 ③ 교과의 학습과 일상생활에서 당면하는 다양한 문제의 해결 활동이 연계되도록 실용성 강화 ④ 지역 사회의 요구 및 학교의 교육 여건, 학생의 능력 등을 반영하여 융통성 있게 적용 등이다.

3.1. ICT 소양 교육

국민공통 기본교육과정의 1학년에서 10학년까지의 ICT 소양 교육 내용 체계를 단계별, 영역별로 제시하였다. 각급 학교에서는 ICT 소양 교육을 위한 영역별, 단계별 지도 내용을 바탕으로 학교의 실정, 학생의 능력과 수준, 교과와의 관련 등을 고려하여 구체적인 교육 실천 계획을 수립하여 운영하도록 하였다.

〈표 1-1〉 ICT 소양 교육 단계별 내용 체계표

단계 영역	1단계	2단계	3단계	4단계	5단계
정보의 이해와 윤리	• 정보 기기의 이해 • 정보와 생활	• 정보의 개념 • 정보 윤리의 이해	• 정보 활용의 자세와 태도 • 올바른 정보 선택과 활용	• 정보 윤리와 저작권 • 정보화 사회의 개념 이해	• 건전한 정보의 공유 • 정보화 사회와 일의 변화
컴퓨터 기초	• 컴퓨터의 구성 요소 • 컴퓨터의 기초 작동방법 • 컴퓨터와 건강 • 컴퓨터 기본 관리	• 운영 체제의 기초 • 컴퓨터 바이러스의 이해	• 하드웨어와 소프트웨어의 이해 • 운영 체제 사용법 익히기 • 유틸리티 프로그램 활용	• 소프트웨어 업그레이드	• 운영 체제의 종류 알기 • 프로그래밍의 기초
소프트웨어의 활용	• 교육용 소프트웨어 활용 학습	• 워드프로세서를 이용한 자료의 작성과 관리 • 멀티미디어의 기초 • 프레젠테이션의 기본 기능	• 워드프로세서의 고급기능과 활용 • 다양한 교육용 소프트웨어 활용 • 프레젠테이션 활용	• 스프레드시트 활용 • 데이터베이스 기본 기능 • 멀티미디어 활용	• 다양한 형태의 자료 통합하기 • 데이터베이스 활용
컴퓨터 통신		• 인터넷 기본 사용 방법	• 전자 우편과 정보 나누기	• 전자 우편 관리와 인터넷 환경 설정	• 사이버 공간 참여 및 활동 • 다양한 정보 검색과 활용
종합 활동		• 통신을 이용한 자료 수집과 활용	• 정보 검색 및 활용 • 협동 프로젝트 학습	• 자료 형태 변환하기 • 홈페이지 작성	• 인터넷 학급 신문 만들기 • 홈페이지 유지 및 관리

3.2 ICT 활용 교육

ICT 활용 교육은 국민공통기본 교육과정의 교과별 교수-학습과 각 교과별 ICT의 활용을 10% 이상 반영하여 수업을 진행하도록 하고, 교과별 활용은 ICT 소양 교육의 단계별 지도 내용을 기초로 각 교과의 특성에 알맞게 재구성하여 지도하도록 하였다. 따라서 각급 학교에서는 교과별 교수-학습 지도 계획 수립 시 해당 단계 수준에 맞는 ICT 활용 교육을 10% 이상 반영하여 지도하여야 한다.

3.3 ICT 교육의 학교급별 적용

ICT 교육은 초등학교의 경우, 2001년에 1, 2학년을, 2002년에 3, 4학년을, 2003년에는 전 학년에 걸쳐 적용하고, 중등학교는 학교의 재량에 따라 정보소양인증제 등과 연계하여 7차 교육과정 적용 이전에도 시행이 가능하도록 하였다. 각급 학교에서는 ICT 소양 교육과 활용 교육에 대하여 학교 여건을 고려하여 가능한 한 함께 적용하도록 하였다. 또한 고등학교 2, 3학년은 ICT를 다양하게 활용하여 학습하거나 그 이상의 단계를 설정하여 운영할 수 있도록 하였다.

(1) 초등학교

ICT 소양 교육 지도시간에 대해 범교과 학습의 '정보화교육' 및 '학습하는 방법의 학습'의 일환으로 학교 교육활동에서 전반적으로 익히고 활용해야 할 정보처리능력을 육성함에 유의하여야 한다. 그리고 학교 방침이나 여건에 따라 재량활동(1-4학년은 재량활동, 5-6학년은 재량활동이나 특별활동, '실과' 교과의 컴퓨터 관련 영역에 배당된 시간) 또는 별도 시간을 활용하여 연간 34시간 이상을 확보하여 운영한다. 학생용 교재는 교육감 인정도서(교육청에서 자체 제작하거나 외부 기관에서 제작) 또는 학교에서 이 지침과 시·도 교육청의 지침 내용을 확인하여 재구성한 학습 자료를 사용할 수 있다.

ICT 소양 교육의 지도 담당은 담임교사가 지도하는 것을 원칙으로 하되, 학교의 여건에 따라 시간 강사 등 전담 지도 인력을 확보하여 활용할 수 있다.

(2) 중학교

ICT와 관련하여 교과를 선택할 경우 ICT 교육 4단계에 해당하는 내용을 지도하기 위해 중학교에서는 교과 재량 활동의 선택과목인 '컴퓨터'를 선택하여 지도할 수 있다. 그렇지 않은 경우 1, 2학년의 '기술·가정' 교과의 컴퓨터 관련 영역을 분석하여 교과 재량활동(심화·보충학습 또는 기타 선택과목 등)으로 운영할 수 있다. 또한 학교의 실정에 따라 재량활동이나 특별활동 시간 등의 별도 시간을 확보하여 부족한 ICT 관련 내용을 지도할 수 있다.

(3) 고등학교

ICT 교육 5단계에 해당하는 내용을 지도하기 위하여 고등학교에서는 1학년의 교과재량활동을 활용하여 지도하되, 선택중심 교육과정의 일반선택과목인 '정보사회와 컴퓨터'를 선택하여 지도할 수 있다. 실업계의 경우 ICT 관련 전문교과를 ICT 관련내용으로 지도할 수 있다. ICT 관련 교과를 선택하지 않은 경우, 학교의 실정에 따라 재량활동이나 특별활동시간 등의 별도 시간을 확보하여 5단계에 해당하는 ICT 관련 내용을 지도할 수 있다. 또한 제7차 교육과정 적용 이전이라도 학교 재량에 따라 ICT 교육이 필요하다고 판단되는 경우 학교의 실정을 감안하여 별도의 시간을 확보하여 운영할 수 있다. 그 외에 학생 개인별 정보소양인증제와 연계하여 '인증시험'이나 '과정이수'에 의한 방법 등으로 운영할 수 있다.

4 제2차 ICT 교육 운영지침(2005.12)

제1차 ICT 교육 운영지침(2000.8)은 초·중등학교에서 컴퓨터교육을 교육과정의 틀 내에서 공식적으로 가르칠 수 있는 기반을 제공하였다. 교육과정의 편재에는 재량활동으로 되어 있었지만 실제로는 매주 1시간씩 ICT 교육을 할 수 있는 기반을 마련한 것이다. 이와 같은 ICT 교육은 사회의 변화, 교육 방향의 변화, 사회의 요구에 따라 개정의 필요성이 대두되었다. 따라서 제2차 ICT 교육 운영지침(2005.12)은 초·중등학교에서 컴퓨터교육을 단순 기능 교육에서 원리 중심의 과학교육으로 확대 발전하는 발판을 마련하였다. 개정안의 커다란 변화는 정보화 역기능에 대한 교육의 강화, 컴퓨터과학에 관한 내용의 확대, 문제 해결 중심의 교육내용, 학교급별 간 내용의 계열성 확보 등을 들 수 있다.

이 지침 마련을 위하여, 교육부는 컴퓨터교육학회, 정보교육학회에 연구를 위탁하였고 학회는 2005년 초부터 개정을 위한 연구를 수행하였으며 최종적으로 학계와 시민단체의 요구를 수렴하여 2005년 12월 31일 확정 고시하였다.

4.1 기본 방향

본 개정안은 [그림 1-1]과 같이 정보통신기술 교육을 다음과 같이 소양 교육과 교과 활용교육으로 나누고, 소양 교육에서는 컴퓨터 과학 요소 및 정보통신윤리 분야를 강화하며 소양 교육과 교과 활용교육 간의 연계를 통하여 효과적으로 교육 목표를 달성할 수 있도록 하였다.

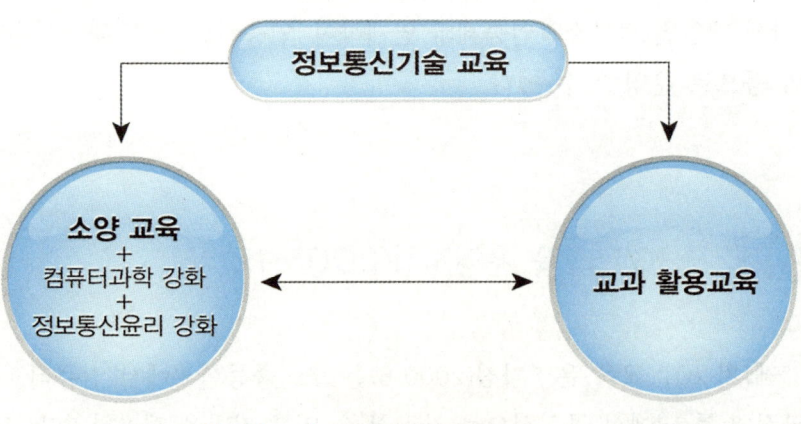

[그림 1-1] 개정안의 기본 방향

첫째, 정보통신윤리 교육을 강화하였다. 정보화의 순기능과 더불어 역기능에 대비하여 초·중등교육에서 정보통신윤리가 확립될 수 있도록 근본적이고도 충분한 교육이 이루어지도록 하였다.

둘째, 미래 지향적인 정보통신기술에 대한 교육이 이루어지도록 하였다. 즉, 창의력, 문제 해결력, 논리적 사고력 등 고등 사고 능력을 함양할 수 있는 정보통신기술 교육을 지향하며, 이를 통해 미래 지식 정보 사회를 유지·발전시킬 수 있는 잠재적 인재를 육성하고자 하였다.

셋째, 원리 중심의 컴퓨터과학교육을 강화하였다. 단순한 기능 중심의 응용 소프트웨어 조작 방법에 대한 내용을 축소하고 정보통신기술에 대한 원리, 개념 등 컴퓨터 과학 측면의 교육을 강화하며 정보 전달·교류의 수단으로 활용되던 인터넷을 정보를 생성하고 교환하는 장으로 확장시켜 재구성하였다.

넷째, 교육 내용 간의 연계성과 계열성을 확보하였다. 기존의 정보통신기술에 대한 학교급별, 과목별 교육내용의 중복 해소와 체계적인 교육이 가능하도록 교육내용을 구성하였다.

다섯째, 교과 교육과정과 밀접하게 연계될 수 있는 교과 활용교육 유형과 예시를 제시하였다. 각 교과별로 다양하고 실질적인 예시를 제시하되 ICT 소양 교육과 교과 활용교육이 연계될 수 있도록 구성하였다.

4.2 목표

ICT 교육 운영지침에 제시되어 있는 ICT 교육의 목표는 다음과 같다. 초·중등학교 학생들이 정보통신기술에 대한 기초적인 능력을 기르고 이의 활용 방법을 익혀 정보를 스스로 수집·분석·가공·생성·교류하는 능력을 습득함으로써 학습활동과 일상생활에서 발생하는 문제에 대한 해결력을 신장하고, 정보통신윤리의 실천을 통하여 정보 사회에 올바르고 능동적으로 대처할 수 있는 능력을 함양한다.

각 영역별 지도 내용에 대한 목표는 다음과 같다.

컴퓨터과 교수법 및 교재연구

'정보 사회의 생활' 영역은 정보의 올바른 사용 방법과 정보 보호 및 표현 방법 학습을 통해 일상생활에서 정보통신윤리를 실천하도록 함으로써 정보 사회의 일원으로 바람직한 생활을 할 수 있도록 한다.

'정보 기기의 이해' 영역은 컴퓨터를 포함한 각종 정보 기기의 동작 원리와 작동 방법 및 사이버 공간의 환경 구성을 이해하도록 함으로써 학생들의 일상생활과 학교교육 활동을 위한 기초적인 능력이 함양되도록 한다.

'정보 처리의 이해' 영역은 다양한 정보의 종류를 인식하고 효율적인 문제 해결 방법을 찾아내는 능력을 키우도록 한다. 또한 정보통신기술의 적용이 가능한 알고리즘적 사고와 프로그램 작성 능력이 신장되도록 한다.

'정보 가공과 공유' 영역은 컴퓨터 활용 방법과 사이버 공간에서의 정보 전달 및 교류 방법을 이해함으로써 사이버 공간을 직접 만들고 관리하는 방법을 익히도록 하며 사이버 공간에서 표현되는 자료의 제작과 그 제한점을 이해하도록 한다.

'종합 활동' 영역은 일상 및 교과 활동에서 정보통신기술의 원리 이해, 정보통신기술의 활용, 정보 사회로의 참여가 함께 이루어질 수 있는 자기주도적 과제나 팀 프로젝트를 통해 창의력, 문제 해결력, 논리적 사고력과 같은 고등 사고력이 신장되도록 한다.

4.3 단계별 지도 내용

단계별 내용의 구성은 국민 공통 기본 교육 기간에 적용할 수 있도록 5단계로 구분하여 제시하였으나, 단계별 지도 내용과 내용의 배열은 반드시 학습의 순서를 의미하는 것이 아닌 예시적인 성격을 지니고 있으므로, 각 학교에서는 학교의 실정, 학생의 능력과 수준, 교과와의 관련 등을 고려하여 학년별 또는 학기별 하위 단계를 설정하고, 목표 달성에 알맞게 탄력적으로 조정할 수 있다.

단계별 내용의 적용은 학년제 운영의 현실적인 교육 여건에 따라 가급적 1단계는 초등학교 1, 2학년, 2단계는 초등학교 3, 4학년, 3단계는 초등학교 5, 6학년, 4단계는 중학교 1, 2, 3학년, 5단계는 고등학교 1학년 적용을 기준으로 하였으나 각 학교에서는 학생의 관심, 적성, 능력 및 발달수준 등을 고려하여 무학년제로 융통성 있게 운영할 수도 있다.

각 학교에서는 이 지침을 바탕으로 ICT 교육에 필요한 구체적인 교육 실천 계획을 수립하여야 하며, 교과·재량 활동·특별 활동의 시간을 활용하거나 별도의 시간을 확보하여 수업 시간 수를 균형 있게 배정하도록 한다.

4.4 내용 체계

〈표 1-2〉 ICT 교육 내용 체계

단계 영역	제 1단계	제 2단계	제 3단계	제 4단계	제 5단계
정보 사회의 생활	• 정보 사회와 생활 변화 • 컴퓨터로 만나는 이웃 • 컴퓨터 사용의 바른 자세 • 사이버 공간의 올바른 예절	• 사이버 공간의 이해 • 네티켓과 대인 윤리 • 인터넷과 게임 중독의 예방 • 정보 보호와 암호 • 바이러스, 스팸으로부터의 보호	• 협력하는 사이버 공간 • 사이버 폭력과 피해 예방 • 개인 정보의 이해와 관리 • 컴퓨터 암호화와 보안 프로그램 • 저작권의 보호와 필요성 • 정보 사회와 직업	• 사이버 기관과 단체 • 사이버 공간의 윤리와 필요성 • 암호화와 정보 보호 기술 • 지적 재산권의 이해와 보호 • 정보 산업의 발전과 미래	• 올바른 네티즌 의식 • 정보 보호 법률의 이해 • 네트워크 속에서의 정보 보호 • 정보 사회와 직업 선택
정보 기기의 이해	• 컴퓨터 구성 요소의 이해 • 컴퓨터의 조작	• 운영 체제의 사용법 • 컴퓨터의 관리 • 소프트웨어의 이해 • 유틸리티 프로그램 활용 • 주변 장치의 활용	• 컴퓨터 동작의 이해 • 컴퓨터 사용 환경 설정 • 네트워크의 이해 • 정보 기기의 이해와 활용	• 운영 체제의 이해 • 네트워크의 구성 요소와 원리 • 컴퓨터 내부 구조의 이해 • 자신의 컴퓨터 구성	• 운영 체제의 동작 원리 • 서버와 네트워크 구조
정보 처리의 이해	• 다양한 정보의 세계 • 재미있는 문제와 해결방법	• 숫자와 문자 정보의 표현 • 문제 해결 과정의 이해	• 멀티미디어 정보의 표현 • 문제 해결 전략과 표현 • 프로그래밍의 이해와 기초	• 알고리즘의 이해와 표현 • 간단한 데이터 구조 • 입·출력 프로그래밍	• 데이터베이스의 이해와 활용 • 프로그램 제작 과정의 이해 • 응용 소프트웨어 제작

컴퓨터과 교수법 및 교재연구

정보 가공과 공유	• 생활과 정보 교류 • 사이버 공간과의 만남	• 사이버 공간에서의 정보 검색과 수집 • 문서 편집과 그림 작성	• 사이버 공간 생성, 관리 및 교류 • 수치 자료 처리 • 발표용 문서 작성	• 정보 공유 및 협력 • 정보 교류 환경의 설정 • 웹 문서 제작 • 멀티미디어 자료의 활용	• 멀티미디어 자료의 가공 • 웹 사이트 운영 및 관리
종합 활동	• 정보 사회에 대한 올바른 인식과 이해	• 문제 해결을 위한 정보의 수집, 생성 및 보호	• 책임 있는 협력 활동을 통한 문제 해결	• 다양한 멀티미디어 정보를 활용한 정보 교류	• 사이버 공간에서의 올바른 정보 공유

4.5 ICT 활용 교육

교과별 ICT 활용을 위한 기본 방향은 다음과 같다. 첫째, 정보통신기술의 활용은 각 교과별 교수·학습에 10% 이상 반영한 수업이 진행될 수 있도록 한다. 다만, 교과의 특성을 고려하여 융통성 있게 적용하되 교과교육의 목적을 효율적으로 달성하기 위하여 정보통신기술을 수단으로 활용하는 교육이므로 교과 교육에서 수업 목표 달성의 극대화를 위한 방법이나 전략으로 정보통신기술을 활용하도록 한다. 둘째, 교과별로 정보통신기술을 활용할 때에는 학습자의 능력과 수준, 정보통신기술 관련 환경을 고려하여 효과적인 교수·학습이 이루어지도록 한다. 셋째, 교과별 활용 시, 단계별 지도내용을 기초로 각 교과의 특성에 알맞게 재구성하여 학습자의 지적 호기심을 증대시키고, 자기 주도적 학습 능력을 배양시키며, 고등 사고력을 신장시키는 방향으로 이루어지도록 한다. 넷째, ICT 활용 자료는 학습의 전개과정에서 학습자들이 자신의 문제로 느끼고 이를 해결할 수 있도록 다양한 실생활 자료를 중심으로 제시하여 학습의욕을 증대시키도록 한다. 다섯째, 교과별 ICT 활용 내용을 제시할 때에는 다양한 형태의 자료를 다루되, 가능한 공공성을 가진 기관의 것으로 사용하고 저작권상의 문제가 발생하지 않도록 한다. 여섯째, 정보통신기술을 활용하는 경우에도 가급적 인간적 만남과 상호작용이 적절히 배려될 수 있도록 수업설계를 전략화한다.

5 개정안의 특징 및 운영 방안

5.1 개정안의 특징

5.1.1 소양과 활용의 조화

개정안의 가장 큰 장점은 정보사회에서 컴퓨터를 활용한 정보문제를 처리하기 위해 활용되어야 할 기본적인 ICT 소양과 활용능력의 향상에 있다. 이전 내용체계에서는 응용 소프트웨어 위주의 활용 위주로 구성되어 컴퓨터 교육의 참된 본질을 외도할 우려가 있었으며 또한 단순한 응용 소프트웨어의 기능을 가르치게 되어 자칫하면 피상적인 내용만을 전달할 우려가 있었다. 본 개정안은 컴퓨터 교육의 3대 요소인 '지식', '기능' 및 '가치관'이 조화를 이룰 수 있도록 개발되었다. '지식'은 전산학의 기본 이론 및 프로그래밍을 의미하며, '기능'은 응용 소프트웨어 및 다양한 저작도구를 이용한 문제해결을 의미하며, '가치관'은 정보통신윤리를 포함한 포괄적인 컴퓨터 관련 윤리를 의미한다. 본 개정안에서 '정보사회의 생활'은 가치관 차원, '정보기기의 이해' 및 '정보처리의 이해'는 지식 차원을, 또한 '정보가공과 공유' 및 '종합 활동'은 기능 차원에 각각 해당된다고 볼 수 있다.

5.1.2 내용의 구체화 및 체계화

개정안의 내용 체계는 이전 체계에 비해 좀 더 구체화되고 체계적이고 또한 현실성 있는 내용을 제시하고 있다. 다음 〈표 1-3〉은 개정안의 각 영역별 내용체계에 대한 특징을 나타낸다.

컴퓨터과 교수법 및 교재연구

〈표 1-3〉 새로운 개정안의 내용 체계의 특징

영 역	특 징
정보사회의 생활	• 단순한 기본예절뿐만 아니라, 저작권 및 암호화 등 구체적인 내용을 반영 • 인터넷과 게임 중독, 사이버 폭력 등 현실적인 내용 반영
정보기기의 이해	• 운영 체제의 사용법, 이해 및 동작 원리 등의 순으로 체계성을 반영함 • 네트워크에 대한 내용을 강조함
정보처리의 이해	• 정보의 표현으로부터 시작하여, 프로그래밍의 기초 및 알고리즘의 표현 등으로 체계성을 반영
정보가공과 공유	• 멀티미디어 자료의 수집, 생성, 활용 및 가공으로 체계성 반영 • 멀티미디어 자료의 활용과 더불어 웹문서의 제작 및 관리 실시
종합활동	• 1단계에서는 지식과 기능에 대한 비중이 약해 가치관 중심을 교육으로 시작하여 점차 확대함

5.1.3 프로그래밍 교육의 강화

OECD PISA 보고서(2003)에 의하면, 우리나라는 최고 수준의 ICT 활용 교육 인프라를 구축하고 있으나, 활용률은 최하위 수준으로 발표되었다. 구체적으로 OECD 25개국의 만 15세 학생들의 컴퓨터 이용 목적은 전자통신 (이메일, 채팅 등), 인터넷 검색, 게임, 음악파일 다운로드, 문서 작성의 순이나, 한국의 경우 음악 다운로드, 전자 통신, 웹 서칭, 게임 등의 순으로 조사되었다. 이는 한국 학생들의 경우 컴퓨터를 학습 목적보다는 흥미 또는 오락 위주로 사용을 한다는 것을 의미한다. 특히 프로그래밍의 경우 다른 나라와 비교할 때 최하위 수준으로 조사되었다.

프로그래밍은 ICT 활동에 있어서 고차원적인 사고를 필요로 하는 활동인데 비해서 공교육차원에서는 배려받지를 못하고 주로 학원 등 사교육을 통해 배운다. 본 개정안에서 프로그래밍 교육의 강화는 전반적인 ICT 교육수준을 향상시킬 수 있는 밑거름이 될 것이다.

5.1.4 문제해결력 및 창의력 강화

본 개정안에서 강화된 소양교육의 핵심은 문제해결력 및 창의력을 신장할 수 있는 바탕을 제공한다는 점이다. 문제해결과정을 논리적으로 제시하고 해결할 수 있는 알고리즘 영역의 부각은 단순한 문제해결력의 향상뿐만 아니라 다양한 창의성을 개발할 수 있는 좋은 여건을 마련한다고 볼 수 있다. 응용 소프트웨어 및 저작도구에 기초한 교육에서는 높은 수준의 문제해결력과 더불어 창의성을 발휘할 수 있는 여지가 많지 않다. 이와 같은 컴퓨터의 원리에 중점을 둔 교육의 ICT 교육의 정체성을 확립하고 그 활용도를 더욱 높일 것이다.

5.1.5 현장 활용성 및 적용성의 증대

본 개정안은 구체적인 내용 체계를 제시하고 있고 또한 상세한 예시를 해설서에 포함하고 있기 때문에 학교 현장에서 바로 적용할 수 있는 장점이 있다. 전체적으로 해설서는 다음과 같은 특징을 가질 수 있도록 집필되었다.
첫째, 해설서는 내용 및 용어에 대해 쉽게 이해할 수 있도록 평이한 문장으로 기술하였다. 둘째, 기본방향, 성격, 목표에 진술된 내용과 영역별, 단계별 내용이 일관되도록 기술하였다. 셋째, 세부 학습목표에 따른 핵심내용, 전략적 방법, 구체적 예시를 진술하였다. 넷째, 각 단계의 시작에서 학습자 발달단계와 각 영역의 단계를 연관시켜 교육내용이 설정된 당위성을 우선 제시하고 세부내용을 기술하는 형태를 지닌다. 다섯째, 구체적인 소프트웨어 명칭을 지칭하는 것을 지양한다. 마지막으로 전 단계와 현 단계의 연결 관계를 기술한다.
예를 들어, '종합활동'의 경우 '제목', '활동개요', '대상학년', '주요 학습형태', '학습목표', '학습 내용'(단계, 주제 및 활동 내용으로 세분화됨), '교수·학습 활동', '지도상의 유의점' 및 '예시자료' 등 상세하고 구체적인 지도자료를 제공한다.

컴퓨터과 교수법 및 교재연구

5.2 ICT 교육과정의 운영 방안

5.2.1 시행 및 지도 시간의 확보

(1) 초등학교

- 1~4학년은 재량활동, 5, 6학년은 재량활동이나 특별활동, 「실과」교과의 컴퓨터 관련 영역에 배당된 시간을 활용하여 연간 34시간 이상(1학년은 30시간)을 확보하여 운영한다.
- 학생용 교재는 교육감 인정도서 또는 학교에서 이 지침과 시·도 교육청 지침 등에 따라 재구성한 학습자료를 사용할 수 있다.
- 정보통신기술 교육에 대한 지도는 담임교사가 하는 것을 원칙으로 하되, 학교의 여건에 따라 교과전담교사나 시간 강사 등 전담 지도 인력을 확보하여 활용할 수 있다.

(2) 중등학교

- 중학교에서는 1, 2학년의 「기술·가정」교과의 컴퓨터 관련 영역과 교과 재량활동 시간을 활용하여 지도할 수 있다.
- 고등학교에서는 1학년의 교과 재량활동 시간을 활용할 수 있다.
- 정보통신기술 관련 교과를 선택하지 않은 경우, 학교의 실정에 따라 별도의 시간을 확보하여 운영할 수 있다.
- 중등학교의 정보통신기술 교육은 학교의 재량에 따라 실시하며, 학생 정보소양인증제와 연계하여 시행한다.

5.2.2 운영 방안

(1) 지도 계획의 수립

- 각급 학교에서는 시·도 교육청 지침을 바탕으로 학교의 여건에 적합한 정보통신기술 교육 지도 계획을 수립하여 시행한다.

- 국가 수준 교육과정에 제시된 정보통신기술 관련 교과나 과목은 이 지침에 제시된 내용 체계와 연계하여 지도한다.
- 국민 공통 기본 10개 교과에 정보통신기술 활용 교육이 10% 이상 반영되도록 각 교과 수업시간에 적극 활용한다.
- 연간 지도 계획 수립 시에는 요일 및 교과 간의 균형이 이루어지도록 배정하고 학교의 실정에 따라 시간을 통합하거나 연속하여 편성할 수 있다.
- 정보통신기술의 도구적인 특성과 학교의 여건을 고려하여 단계별 학습 내용을 학년 초에 먼저 지도한 후, 각 교과의 교수·학습에 활용할 수 있다.
- 학교의 정보화 관련 시설·설비 상태, 교원과 학생의 정보통신기술 능력과 수준, 학부모 및 지역 사회의 요구 등 교육 여건을 충분히 반영하여 단계별 내용을 조정하여 편성할 수 있다.
- 학생의 흥미와 학습 효과를 높이기 위하여 컴퓨터실을 비롯한 필요한 시설과 설비 및 학내 전산망 등을 갖추어 실천 중심의 학습이 되도록 한다.

(2) 교수·학습 방법

- 각 교과별 교수·학습과 연계하여 정보통신기술 교육이 다양하게 활용될 수 있도록 지도한다.
- 학교의 실정과 학생의 흥미와 관심, 능력 수준을 고려하여 학습 집단을 다양하게 편성하여 지도한다.
- 교수·학습은 실습, 토의, 조사 등 활동 중심으로 이루어지도록 하고, 학생 스스로 문제를 발견하고 해결할 수 있는 과제를 포함하도록 한다.
- 실생활에서 접할 수 있는 사례들을 중심으로 지도하여 실제 생활에 도움이 되게 한다.
- 각 교과별 지도에서 팀티칭, 협동 학습 등 다양한 교수학습방법이 활용될 수 있도록 한다.
- 전 영역의 실습 소재나 재료를 생활 주변에서 찾아, 습득한 지식과 기능을 각 교과 학습에 적극적으로 활용할 수 있도록 한다.

- 교수학습 과정에서는 교수학습지원센터, 인터넷, CD-ROM 타이틀 등 다양한 매체와 학습 자료들을 최대한 활용하여 지도한다.

(3) 평가

- 정보통신기술 활용교육에 대한 평가는 어느 특정 영역과 내용에 치우치지 않도록 전반적으로 평가하되, 다음 사항에 중점을 둔다.
  - 기본적인 개념이나 원리, 사실 등 관련 지식의 이해 정도
  - 응용력·창의력을 발휘하는 문제 해결 능력
  - 실습능력, 도구를 바르게 사용하는 능력과 성실하게 학습에 임하는 태도
- 각 영역별 특성을 고려하여 학습 과정이나 결과를 수시로 평가하고, 학습 활동의 관찰, 면담 등 여러 가지 방법을 활용하되, 사전에 평가 기준, 방법, 시기 등을 계획하여 실시한다.
- 평가는 정보통신기술을 이용한 주제 탐구, 인터넷을 통한 자료의 수집과 보고서 작성 등 다양한 형태로 실시한다.
- 문제 해결에 대한 태도, 가치관의 평가는 자율적인 학습 경험을 발전시켜 나갈 수 있는 자기 평가와 실천에 주안점을 두고 평가하도록 한다.
- 정보통신기술을 활용한 각 교과별 학습에 대한 평가는 해당 교과의 특성에 따라 시행할 수 있다.
- 실기 평가에서는 결과뿐만 아니라 준비 및 과정도 중시하여 평가한다.
- 평가 결과는 학습 목표, 학습 지도 방법, 지도 계획 등에 반영하여 정보통신기술 교육의 개선 자료로 활용한다.

요점정리

1. 우리나라의 컴퓨터 교육은 시대의 변화 기술의 발전에 따라 그 목적과 내용을 달리하였다.

2. 7차 교육과정에서 컴퓨터 교육의 가장 큰 변화는 컴퓨터 교육의 필수화이다. 제6차 교육과정까지는 타 교과의 일부와 특별활동을 통하여 이루어졌으나, 7차 교육과정에서는 재량활동 시간을 통하여 1학년부터 10학년까지 교육하도록 하였다.

3. ICT 교육은 소양교육과 활용 교육으로 구성되어 있다. 소양교육은 컴퓨터와 인터넷을 활용한 문제해결 교육으로 1학년부터 10학년까지 영역별 단계별로 구성되었다. 활용교육은 소양교육을 바탕으로 일반 교과의 교수·학습을 향상시키기 위하여 교과 교육과정에 10% 이상 반영하도록 하였다.

4. 개정된 ICT 교육 운영지침은 정보윤리교육을 강화하고 ICT의 원리, 개념, 알고리즘 등과 같은 컴퓨터 과학을 강조하였다.

5. 개정된 ICT 교육 운영지침은 교육내용에 대한 학교급별 중복 발생과 수준의 불일치를 해결하고 계열성을 확보하였다.

컴퓨터과 교수법 및 교재연구

연 습 문 제

1. 정보통신술의 변화가 컴퓨터 교육의 변화를 가져온 까닭을 예를 들어 설명하시오

2. 7차 교육과정에서 컴퓨터 교육의 의미와 역할에 대하여 설명하시오.

3. 개정된 ICT 교육 운영지침의 특징을 설명하시오.

4. 컴퓨터과학은 무엇을 탐구하는 학문이며 ICT 교육 과정에 포함된 내용은 무엇인지 분석하시오.

참고문헌

교육인적자원부·한국교육학술정보원(2003). 교육정보화 백서. 한국교육학술정보원.

교육인적자원부(2000). 초·중등학교 정보통신기술교육운영지침 해설서. 교육부.

교육인적자원부(2005). 초·중등학교 정보통신기술교육운영지침. 교육부.

김홍래(2006). 초등학교 ICT교육과정의 내용체계에 관한 연구. 정보교육학회 논문지 제10권 제1호. pp.129-142.

손병길 외(1992). 학교에서의 컴퓨터 도입과 활용을 위한 지침 개발 연구. 한국교육개발원.

손병길 외(2000). 제7차 교육과정 대비 초·중등 정보 교육 개선 방안 연구. 한국교육학술정보원.

이옥화 외(2003). **컴퓨터교육 4.U 컴퓨터교육의 기초**. 교육과학사.

이태욱, 유인환, 이철현 공저(2001). **ICT교육론**. 형설출판사.

정미라 외(2002). **어린이와 멀티미디어**. 이화여자대학교출판부.

전성연, 백영균 공저(1989). **교육과 컴퓨터**. 양서원.

한국교육개발원 컴퓨터교육연구센터(1991). 컴퓨터교육장학편람. 교육부.

한국정보교육학회 컴퓨터교재개발분과위원회 편저(2003). **컴퓨터 교육론**. 삼양출판사.

한국정보교육학회 컴퓨터교재개발분과위원회 편저(2004). **컴퓨터과 교수법 및 교재연구**. 생능출판사.

한국정보교육학회 컴퓨터교재개발분과위원회 편저(2004). **컴퓨터 교육론**. 삼양미디어.

Chapter 02 컴퓨터과 교수설계

 컴퓨터과 학습목표 달성을 위해서 교사 또는 수업설계자는 "어떠한" 교수전략으로 접근할지, 교수매체 및 평가 등을 "어떻게" 할 것인지 결정해야 하는데, 교수설계과정은 이러한 의사결정을 지원하는 역할을 한다. 교수설계는 교수체제설계/개발(instructional systems design/development)과 같이 보다 확대된 의미로 사용되기도 한다. 본 장에서는 컴퓨터과 교수설계를 위한 접근 방법을 우선 살펴보고 교실에서의 교수학습 중 매체의 활용에 주안점을 두고 있는 ASSURE 모형에 대해 정리하고자 한다.

> **학습목표 >>>**
> - 컴퓨터과 교수설계의 필요성을 인지하고 설계과정의 각 단계를 진술할 수 있다.
> - 교수설계 각 단계의 구체적인 설계지침을 이해하고 컴퓨터과 교수·학습을 위한 교수설계를 할 수 있다.
> - ASSURE 모형의 각 단계별 활동을 이해하고 컴퓨터과 교수·학습을 위한 매체 선정 및 활용을 할 수 있다.

 교사는 자신이 가르치는 학생들이 의도된 교수목표 달성을 하도록 일련의 수업절차를 계획하고, 실행에 옮기며, 그 결과를 평가하고, 보다 나은 수업을 위한 피드백을 제공받는 등의 순환적인 활동을 한다. 이러한 실천은 컴퓨터과의 교수-학습에도 적용될 수 있다. 과연 교수 행위는 무엇이며, 바람직한 교수를 위한 설계는 어떻게 해야 하는가? 교수(instruction)란 학습자가 학습의 결과를 달성하는 데 도움을 주기 위해, 의도적이고 계획적으로 활동을 계획하고 관리하는 과정이며, 교수설계(instructional design: ID)란 특정 학

# 컴퓨터과 교수법 및 교재연구

습 목표의 달성을 위해서 수업을 어떻게 전개할 것인가를 다루는 전략이다. 교수설계는 교수체제설계/개발(instructional systems design/ development: ISD)이라는 보다 확대된 의미로 사용되기도 하는데, 교수설계는 교수행위를 분석(analysis)하고, 설계(design)하며, 개발(development)하여, 이를 실행(implementation)하고, 평가(evaluation)하는 일련의 체계적인(systematic) 절차이며, 체제적(systemic) 접근을 요구한다. 본 장에서 제안하는 컴퓨터과 교수설계모형을 도식화하면 [그림 2-1]과 같다.

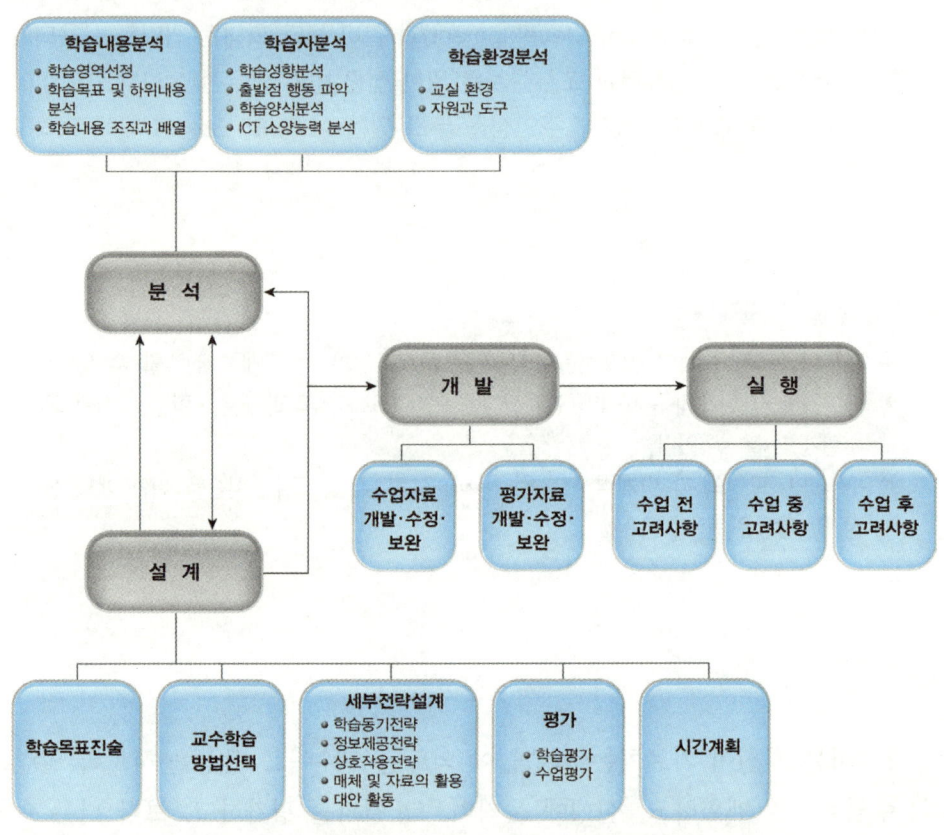

[그림 2-1] 컴퓨터과 교수·학습을 위한 교수설계모형

1 분석

본 장에서 제시하는 컴퓨터과 교수·학습을 위한 교수설계모형은 교사가 교실에서 학생을 대상으로 효과적인 수업을 하고자 하는 상황을 전제로 한다. 수업체제 개발의 전체 과정을 포괄하는 일반적인 교수설계모형들(Instructional Systematic Design Models)은 요구사정 및 분석(needs assessment & analysis)을 포함한다. 요구사정 및 분석에 이어 학습내용에 대한 분석, 학습자에 대한 분석, 그리고 학습 환경에 대한 분석을 수행하게 된다. 그렇지만 교실학습 상황의 경우, 요구사정 및 분석은 생략될 수 있다고 판단하여 컴퓨터과 교수설계모형에 포함시키지 않았다.

1.1 학습내용 분석

학습내용 분석이란 학습이 끝나는 시점에서 학습자가 학습 목표 달성을 위해 배워야 할 내용을 분석하는 것을 뜻한다. 교수자는 학습목표 달성에 꼭 필요한 학습내용만을 선별하고, 어떠한 순서에 의해 제시하는 것이 효율적이며 효과적이고 매력적인지 결정해야 한다. 이를 위해 교사는 ① 학습 영역을 선정하고, ② 학습 목표 및 하위 학습내용을 분석하며, ③ 학습내용을 조직 및 배열한다.

1.1.1 학습 영역 선정

학습 영역이라 함은 학습 내용의 성격을 말하는 것인데, 학습 영역의 특성은 학습 목표 달성에 필요한 학습 방법 및 전략을 선정할 때 고려된다. 학습 영역 분류는 Bloom, Gagne, Merrill 등의 여러 학자에 의해 다양하게 소개된 바 있다.

컴퓨터과 교수법 및 교재연구

〈표 2-1〉 Bloom과 Gagne 분류 비교

Bloom은 인간의 학습된 능력을 인지적(cognitive), 정의적(affective), 심체적(psychomotor) 영역으로 분류한 최초의 학자로, 인지적 영역을 지식, 이해, 적용, 분석, 종합, 평가로 세분화 하였다. 이에 반해 Gagne는 세 영역 모두를 포함한 학습결과의 통합적 분류를 처음으로 제안 하였다. 두 학자의 분류는 다음 표와 같이 비교될 수 있다.

Bloom의 분류		Gagne의 분류
인지적 영역	지식 이해	언어정보
	적용 분석 종합 평가	지적기능 • 변별학습 • 구체적 개념 • 정의된 개념 • 규칙 • 고차적 규칙
	분석, 종합, 평가	인지전략
정의적 영역		태도
심체적 영역		운동기능

Bloom이 제시한 인지적 영역의 분류에서 지식(knowledge), 이해(comprehension)는 Gagne의 분류에서 제시된 언어정보 개념으로 통합되었다. 또한 Bloom이 제시한 4가지 영역 즉, 적용, 분석, 종합, 평가는 지적기능으로 통합되었다. 적용의 경우 Gagne의 지적기능에서 개념과 규칙에 해당되며, 분석·종합·평가는 고차적 규칙 활용에 모두 나타나며, 인지전략 범주에도 해당된다 (Driscoll, 2000).

Gagne의 학습의 결과(learning outcomes) 또는 학습된 능력에 대해 살펴보고자 한다. Gagne(1985)에 따르면, 모든 학습 내용은 학습의 결과(learning outcomes)에 따라 언어정보(verbal information), 지적기능(intellectual skill), 인지전략(cognitive strategy), 운동기능(psychomotor skill), 태도(attitude)의 5가지 영역으로 구분된다. "언어정보"는 선언적 지식에 해당하는 단순한 사실, 사건, 사물의 명칭과 기억된 정보를 단순히 재진술하는 것으로 컴퓨터 입력장치 또는 출력장치의 이름을 열거하기 등이 그 예이다. "지적기능"은 변별, 개념 및 원리의 이해, 원리 및 규칙의 적용, 문제해결 학습을 의미한다. 학교 교육에서 중요하게 다루는 대부분의 학습이 이에 해당하며, 위계적으로 구성되어 있는 다섯 가지 하위 범주(변별, 구체적 개념, 정의된 개념, 규칙, 고차적 규칙)의 획득 및 활용을 의미한다. 직각삼각형의 빗변을 제외한 두변의 길이가 주어졌을 때, 빗변의 길이 구하기는 지적기능 학습 영역의 예이다. "운동기능"은 인지 활동을 수반하는 신체적 동작을 수행하는 것과 관련된 학습 영역이다. 좋아하는 시의 내용을 컴퓨터 자판을 이용하여 문서창에 입력하기, 자전거 타기 등과 같이 몸과 마음을 이용하여 수행하는 학습목표가 포함되어 있는 경우가 이에 해당한다. "인지전략"은 학습자 자신의 사고나 학습 과정을 통제하기 위해 다양한 학습방법이나 기법을 활용하는 것을 의미한다. 드라이버 설치 순서를 암기하기 위해 친숙한 노래 멜로디에 설치 순서를 붙여 부르는 것은 인지전략 학습 영역의 예라고 할 수 있다. "태도"는 학습을 통해 획득된 특정 행동양식으로 실행 또는 선택하는 경향성을 의미한다. 멀티미디어 학습실 이용할 때 바른 자세로 컴퓨터 사용하기, 자연에 대한 호기심 기르기, 사이버 윤리 의식 고취 등과 같은 내용이 포함되어 있는 경우이다. 각각의 영역은 상이한 과정을 통해서 학습이 되기 때문에 이를 지원하는 교수방법도 각 영역에 따라 고려되어야 한다. 다섯 가지 학습의 영역에 따른 학습 조건을 정리하면 다음 〈표 2-2〉와 같다.

〈표 2-2〉 **학습 영역에 따른 학습 조건**

영역	수행	학습의 조건(내적/외적)
언어정보	저장된 정보 진술 또는 의사소통하는 정보 재생	• 의미있는 정보를 위한 맥락 재생 • 새로운 지식 습득하는 학업수행 • 피드백 제공
지적기능	과거에 학습한 선수기능의 상기	• 하위기능의 재생 • 언어나 다른 수단에 의한 안내 • 학습자들에 의한 적용 • 시점 및 정확한 피드백 제공
인지전략	학습자의 사고와 학습을 관리·조절하는 과정으로 효율적 기억 방법, 학습관리방법 실행	• 관련된 법칙이나 개념의 재생 • 새로운 문제 상황의 연속적 제시 • 학습자에 의한 해결책의 시범
태도	사람, 물건, 사건에 대한 정적·부적 행동의 성향	• 개인적 행동에 필요한 정보나 지적 기능 재생 • 모범적 인간에 대한 존경심 확립 및 기억 • 직접 또는 간접 경험을 통해 개인적 행동에 대한 강화 제공
운동기능	일련의 신체적 운동을 수행하기 위한 운동의 계열이나 활동을 시범적으로 수행	• 하위 운동기능의 재생 • 실행의 하부 순서의 기억 재생 • 전체적 운동기능 연습 및 정확한 피드백 제공

학습영역선정을 위한 구체적인 실행지침은 다음과 같다. 첫째, 전체 학습 내용의 속성을 위에서 제시한 다섯 가지의 범주 혹은 영역으로 분류한다. 둘째, 교과별로 제시된 내용 영역(예: 수학교과에서 수, 연산, 기하 등)을 고려하여 앞에서 분류한 학습 영역과 학습 내용 간의 연계성을 고려한다. 아래 [그림 2-2]는 초등학교 5학년에서 다루어지는 '원의 넓이 구하기' 학습 내용을 위계 분석 방법을 이용하여 분석한 것이다.

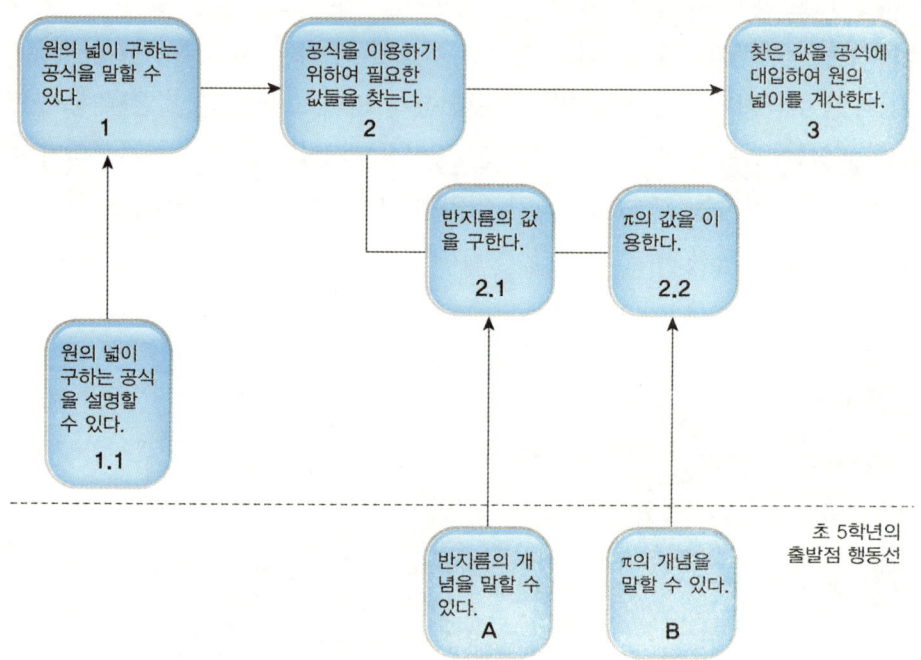

[그림 2-2] **학습목표 및 하위 내용 분석 사례**

1.1.2 학습 목표 및 하위 내용 분석

학습 목표 및 하위 내용 분석은 최종 학습목표가 달성되기 위해서 필수적인 지식·기능·태도를 분석하는 것으로 최종 학습목표 및 중간 단계에서 달성되어야 하는 목표들을 도출하게 된다. 구체적인 실행절차는 다음과 같다.

첫째, 학습 내용을 분석할 때, 학생의 입장에서 학습 목표를 수행하기 위하여 필요한 모든 관찰 가능한 결과를 추출하고 학습의 전체 흐름을 분석한다. 이때, 교사의 입장에서 자신이 가르치고자 하는 내용을 분석·정리하지 않도록 주의한다.

둘째, 학습 내용 분석 방법을 선정하기 위하여 다음과 같은 사항을 고려한다(Dick & Carey, 2001).

- 지적기능 영역의 경우 학습목표를 위계적으로 분류할 수 있는데, 그 하위범주는 고차적 규칙, 규칙, 정의된 개념, 구체적 개념, 변별로 구분된다. 최종 학습목표를 성취하기 위해 요구되는 하위 목표 및 내용을 확인하기 위해서는, 진술된 최종 목표를 달성하기 위해 '학습자가 이 과제들을 학습하기 위해서는 최소한 무엇을 알고 있어야 하는가?'를 궁리해 봄으로써 최종 목표 달성에 필요한 하위 기능들을 찾아낼 수 있다.
- 인지전략은 지적기능과 동일한 분석방법을 따르는 것이 권장된다.
- 운동기능에 속하는 학습내용은 절차적 분석을 따르게 된다. 이는 '학습자들이 어떠한 순서에 의해서 각 단계를 수행하며, 각 단계를 수행할 때 무엇을 하게 되는가?'에 대한 대답을 구함으로써 운동 기능 목표의 각 요소들을 찾게 된다.
- 언어정보는 논리적 구조가 없기 때문에, 언어정보를 일정한 의미에 따라 유목화할 수 있는 군집분석 방법을 시도할 수 있다. 예를 들어서, 컴퓨터의 주변장치를 학습하는 경우, 출력장치 및 입력장치 등으로 분류하고, 인간의 신체구조를 학습하는 경우에는 신체적 부위별로 연관되는 용어들로 구분할 수 있다.
- 태도는 절차적, 위계적 혹은 군집적 분석방법을 통합하는 통합적 교수분석기법을 활용할 수 있다.

셋째, 각 학습 내용의 선수 학습 내용을 분석한다.

- 내용을 성공적으로 이해하기 위하여 미리 알고 있어야 하는 선수 지식(출발점행동)은 무엇인가?
- 본 학습 내용을 이해하기 위하여 필요한 선행 절차는 무엇인가?

넷째, 각 내용별로 난이도 수준을 상중하로 구별하여 학습 요소를 추출한다. 난이도별 학습 내용은 학습자의 특성에 따라 수준별로 제시할 수 있다.

1.1.3 학습 내용 조직과 배열

주어진 학습목표 달성을 위해서 교사가 "어떠한" 학습내용을 "어떻게" 제시하는지, 또한 학습자들이 그 학습에 어떻게 참여하느냐에 따라 학습 효과에 차이가 난다. 또한 수업목표의 유형에 따라 적절한 수업절차를 마련해 준다면 효율적이며 효과적이고 매력적인 수업을 이끌 수 있다. 학습내용의 조직과 배열은 상세화된 학습 요소의 학습 분량 선정 및 학습 순서의 결정을 의미한다. 구체적인 실행지침은 다음과 같다.

첫째, 한 학기 혹은 한 단원의 학습 내용을 분석하는 경우에는 전체 내용을 한 차시별 학습 분량으로 분류하되, 수업목표의 하위구성요소들을 계열적으로 순서화하여 그 순서대로 제시하여 보다 용이한 학습이 진행되도록 한다.

둘째, 한 차시 분량의 학습 내용을 고려하여 학습 순서를 결정하기 위해서는 다음과 같은 사항을 고려한다.
- 쉬운 내용에서부터 어려운 내용으로 발전시킬 것인가? 아니면 같은 내용끼리 묶어서 먼저 제시할 것인가?
- 학습자의 학습능력수준에 맞는 개별화 수업을 위해 학습내용을 어떻게 조직할 것인가?

셋째, 선수 학습 내용과 본 학습 내용 간의 순서를 설정한다.

1.2 학습자 분석

효과적인 교수-학습을 진행하기 위해서는 대상 학습자들에 대해 자세히 알아야 한다. 학습자의 학습 성향, 학습 내용과 연계된 특성 및 학습 집단의 특성 등을 조사하고 파악할 필요가 있으며, 이러한 분석에 맞추어 학습내용 및 학습자료, 매체를 활용한다. 학습자의 일반적인 학습 성향을 분석하고, 학습목표 달성을 위해 학습자들이 반드시 갖추고 있어야 하는 출발점 행동(학습관련 지식, 기능, 태도)을 파악하고, 학생들의 학습양식 및 ICT 소양 등에 대하여 분석한다. 학습자의 특성을 분석하면 학습목표 달성을 위해 어떠한 학습방법 및 매체를 활용해야 하는지 결정하는 데 도움을 얻을 수 있다.

1.2.1 학습 성향 분석

학습 성향이란 학습자가 가지고 있는 인지적·정의적 특성을 말한다. 학습 성향은 학습 양식 및 학습 방법, 학습 태도 등의 개인적인 속성과 연령, 학년, 교우 관계, 학습 집단의 전체 분위기 등과 같은 문화적, 사회적 성향을 포함한다. 특히 컴퓨터과 교수학습을 위한 설계는 ① 교과내용의 범주에 따른 ICT 활용 방안 구안, ② ICT 활용 시 매체의 적절한 사용 및 선정, ③ 방대한 인터넷 자료로부터 학습자들이 받을 수 있는 인지적 과부하에 대한 고려, ④ 학습자 특성에 기초한 ICT 활용방안 등을 고려해야 한다. 학습 성향 분석을 위한 구체적 지침은 다음과 같다.

첫째, 학습자의 학습과 관련된 개인적 성향을 파악하기 위하여 다음과 같은 사항을 검토한다.

- 학생들이 선호하는 정보 제시의 형태(시각·청각 정보 등)는 무엇인가?
- 학생들이 선호하는 학습 방법(강의, 토론, 모둠학습, 개별학습 등)은 무엇인가?
- 학생들이 많이 활용하는 학습 전략은 무엇인가?
- 학생들이 선호하는 학습평가 방법(지필 시험, 실기평가, 포트폴리오 평가 등)은 무엇인가?
- 학생들이 보다 잘 집중하는 매체(TV, 인쇄자료, 컴퓨터 등)는 무엇인가?
- 학습자의 동기 수준, 학습 내용에 대한 태도 등은 어떠한가?
- 학습자의 성향이 외향적인가 내향적인가?

둘째, 학생 집단의 전체적인 성향을 파악하기 위하여 다음과 같은 사항을 고려한다.

- 전체 학습 집단의 특성은 어떠한가?
- 전체 학습자들의 학습 분위기는 어떠한가?
- 학습자 간의 교우 관계는 어떠한가?
- 교사에 대한 학습자들의 태도는 어떠한가?

학습자의 학습 성향을 파악하기 위하여, 교사가 검사문항을 직접 개발하거나, 기존 검사 도구를 활용할 수도 있다.

1.2.2 출발점 행동 파악

학습자들이 새로운 학습목표를 달성하기 위해서는 그 학습을 위해 요구되는 선수학습능력을 갖추고 있어야 한다. 그렇지 않은 경우, 학생이 아무리 수업에 열중한다 해도 학습자는 선수학습의 결손때문에 본 차시 학습에 곤란을 겪게 된다. 출발점 행동을 파악한다는 것은 대상 학습자(target audience)가 학습목표를 성공적으로 달성하기 위해 사전에 알고 있어야 하는 선수 학습 내용을 어느 정도 알고 있는지 파악하는 것을 의미한다. 이러한 분석을 통해, 교사는 자신이 설정한 학습목표가 적당한지, 어떠한 교수-학습방법과 매체를 활용하여 학습내용을 제시해야 하는지 판단할 수 있게 된다. 이를 위한 구체적인 실행은 다음과 같다.

첫째, 이전 단계의 학습 내용 분석과 관련하여 학습자의 선수 학습 능력 및 본 학습목표를 어느 정도 사전에 달성하고 있는지 파악하기 위하여 다음과 같은 사항을 고려한다.

- 학습자가 성공적으로 학업성취를 이루기 위하여 필요한 선수 학습 내용은 무엇이며, 학습자는 충분히 인지하고 있는가?
- 학습자가 학습 전에 본 학습 내용에 대하여 이미 얼마나 알고 있는가?

둘째, 출발점 행동을 파악하기 위하여, 교사는 몇 명의 학생들과 면담을 하거나, 전체 학생을 대상으로 간단한 퀴즈 혹은 문답 형식으로 실시할 수 있다. 이러한 출발점 행동 파악은 수업 시작 직후에 실시할 수 있고, 교과 정규 수업 이외 별도의 시간을 할애하여 사전에 실시할 수도 있다.

구체적인 학습자 분석의 예를 살펴보자. "온라인상에 자신의 은행 계좌를 개설하고 관리할 수 있다."는 학습목표를 달성하고자 하는 경우에, 대상 학습자의 학년에 따라 그들의 학습 성향 및 출발점 행동을 파악하는 실행사례를 검토해 보자. 예를 들어 대상 학습자가 고등학교 3학년인 경우와 초등학교

6학년인 경우, 두 집단의 성숙도에 차이가 나기 때문에 본 학습을 하고자 하는 이유, 동기수준, 주의 집중력 등이 상이한 학습자 집단의 특성을 고려해야 한다. 고등학교 3학년의 경우, 비교적 높은 읽기 능력을 가지고 있으며, 자신의 금전관리에 대한 책임감이 강하므로 계좌 관리에 흥미가 있을 것이다. 반면 초등학교 6학년의 경우, 어휘력, 수리 능력, 은행에 대한 이해가 모두 부족하고, 문제 해결 능력도 천차만별이며, 상대적으로 주의 집중력이 떨어지고, 은행 거래 경험도 부족할 것이라고 분석할 수 있다(Dick & Carey, 1990). 이렇게 학습자의 학습 성향 및 출발점 행동에 대한 정확한 분석은 적절한 교수방법을 선정하는 데 중요한 초석이 된다.

1.2.3 학습양식 분석

학습양식(Learning style)이란 학습자가 선호하는 수업이나 학습 환경에 관한 조건을 의미하는데, 한 학습자가 학습 환경을 지각하고 상호작용하는 방식을 결정하는 일련의 심리적 특성이라 할 수 있다. 다양한 학습양식에 대한 연구가 수행되고 있지만, 가장 빈번히 거론되는 연구 분야는 장(場) 의존성(field dependency)과 장(場) 독립성(field independency)에 관한 연구이다. 장 의존적인 학생은 개념이나 자료에 대해 총체적으로 지각하고 교사의 구조화된 안내와 시범을 원하며, 타인과 협동하기를 선호하는 등의 특징을 갖고 있다. 반면, 장 독립적인 학생은 교육 자료의 세부적인 사항에 초점을 맞추며, 독자적인 활동을 선호하고 경쟁을 좋아하며 스스로 정보를 구조화하는 경향이 있다. 학생들의 학습양식에 따른 구체적인 수업전략은 〈표 2-3〉과 같다.

컴퓨터과 교수법 및 교재연구

〈표 2-3〉 **학습양식 비교**

장 의존적인 학생	장 독립적인 학생
• 인정과 온정 차원의 물질적이고 언어적인 경험을 제시	• 학생과 단도직입적인 상호작용
• 사교적이고 몸으로 느낄 수 있는 보상에 의해 동기화	• 점수와 같이 비사교적인 보상에 의해 동기화
• 협동학습 활동 활용	• 완전학습 지향적 수업전략 활용
• 교정적 피드백 자주 사용	• 필요시에만 교정적 피드백 제공
• 학습 중 상호작용 허용	• 독자적 프로젝트 수행 강조
• 수업, 프로젝트, 숙제 등을 구조화	• 학생 자신의 구조를 개발하도록 격려
• 강의자, 시연자, 점검자, 강화자, 채점자, 자료설계자로서의 교사 역할	• 자문역, 경청자, 중재자, 촉진자로서의 교사 역할

이러한 상이한 학습양식은 각 학생에게 비교적 영속적으로 나타나는 특성이며, 학습양식에 따라 각 학생은 학습에 대한 접근 방법을 달리한다는 것이다. 교수-학습을 설계함에 있어서 자신이 담당할 학생들의 학습양식을 분석하는 것은 적절하고 구체적인 교수-학습 전략을 수립하는 데 필수적이라 할 수 있다.

1.2.4 ICT 소양능력 분석

학습자가 가지고 있는 정보통신기술(ICT) 사용 능력[1] 정도를 파악하기 위해서 다음과 같은 사항을 고려하되, 분석한 학습 내용과 연계하여 필요한 ICT 사용 능력이나 태도를 분석하여 기술한다. 소양 능력을 분석하기 위해서 교사가 직접 검사 도구를 개발하거나, 기존에 개발되어 있는 것을 활용할 수 있다. 검사를 위한 질문 문항의 예는 다음과 같다.

---

[1] 정보통신기술 사용 능력은 디지털화된 정보의 신뢰성을 평가·판단하고 필요한 정보를 검색·조합하여 새로운 지식으로 창출하는 능력으로, 단순히 컴퓨터나 인터넷을 활용하는 능력수준을 초월하여 디지털 정보를 지식으로 전환하여 실제 문제해결에 활용할 수 있는 능력을 의미한다. 디지털 리터러시는 크게 3가지로 구별되는데, 우선 디지털 기술을 활용할 수 있는 기술적 활용가능성(Technical Usability), 디지털화된 정보를 학습활동을 통해 지식으로 전환하여 문제해결에 활용할 수 있는 능력인 비트 리터러시(Bit literacy), 마지막으로 학습한 결과 창출한 자신의 지식을 남과 함께 공유하면서 더불어 살아가는 디지털 라이프에 기여할 수 있는 기반능력인 버추얼 커뮤니티 리터러시(Virtual Community Literacy)가 있다(Gilster, 1998).

- 전자우편을 이용하여 메시지를 전달할 수 있는가?
- 블로그, 게시판 등을 활용할 수 있는가?
- 수업 활동에 필요한 응용소프트웨어를 익숙하게 사용하는가?
- 인터넷에서 자신이 원하는 정보를 검색할 수 있는가?

1.3 학습 환경 분석

교수-학습 활동이 일어나는 물리적 환경을 조사하고 파악할 필요가 있다. 학습 환경 단계에서는, 교실환경 및 자원과 도구를 구체적으로 분석한다.

1.3.1 교실 환경 분석

교실 환경이란 교수-학습 활동이 일어날 수 있는 모든 환경의 특성을 의미하며, 여기에는 일반적인 교실, 교단 선진화 교실, 모둠학습실, 멀티미디어 학습실 등이 포함된다. 교수-학습 활동이 일어나는 교실의 특성을 파악하기 위하여 다음과 같은 사항을 고려한다.

- 어떤 교실(교단 선진화 교실, 멀티미디어 학습실, 모둠학습실 등)을 선택할 것인가?
- 선택한 교실에 설치된 기자재(컴퓨터, OHP 또는 beam projector 등)는 무엇인가?
- 기자재를 활용하기 위한 운영 프로그램이나 응용 소프트웨어는 어느 정도 갖추어져 있는가?
- H/W 나 S/W 문제로 인해 활용할 수 없는 기기가 있는가?
- 교실에 설치되어 있는 기자재가 학습자의 특성에 부합하는가?

1.3.2 자원과 도구 분석

수업을 위하여 활용 가능한 학습 자원, 학습 도구를 이전에 분석한 학습 내용과 연계하여 사용할 수 있는 자원과 도구를 파악한다. 다음과 같은 사항을 고려할 수 있다.

컴퓨터과 교수법 및 교재연구

- 교사가 손쉽게 활용할 수 있는 매체(컴퓨터, 칠판, OHP 등)는 무엇인가?
- 학습 내용과 연계하여 주변에서 쉽게 구할 수 있는 학습자료 또는 학습 도구(CD-ROM, 웹 자료, 컴퓨터 등)는 어떤 것인가?

2 설계

2.1 학습 목표 진술

학습목표를 진술한다는 것은 일련의 교수-학습 활동이 끝난 후, 학습자가 획득하기를 바라는 지식(knowledge), 기능(skill) 및 태도(attitude)를 측정 가능하도록 진술하는 것을 말한다. 학습목표는 학습과정 중에 학습자가 어떤 내용을 어떤 방식으로 배우게 될 것인가에 대한 진술이 아니라 학습이 종료되는 시점에서 학습자는 무엇을 성취해야 하는가에 대한 진술이다. 다음과 같은 요인들을 고려하여 최종 학습 목표를 설정한다.

- 교수-학습 활동이 끝난 후, 학습자가 학습의 결과로써 나타내기를 바라는 행동은 어떤 것인가?
- 학습 후에 학습자가 나타내기를 바라는 학습자의 행동을 어떤 동사로 제시할 것인가?
- 학습자가 어떤 조건 하에서, 그러한 행동을 하기를 바라는가?
- 학습자의 수행 수준을 판단하기 위하여 어떤 준거가 필요한가?

학습 목표 진술에 따른 이점은, 학습자가 새로운 학습을 시작하는 단계에서 학습목표를 명확히 인지하면 학습이 촉진된다는 점이다. 학습 목표 진술은 교사가 평가 문항을 선정, 작성하는 데에 있어 왜 평가를 실시하며 무엇을 어떻게 측정해야 하는지에 대한 지침을 제공하기도 한다. 학습목표는 그 목표의 대상이 누구인지(audience), 학습의 결과 학습자는 어떤 행동을 나타내야 하는지(behavior), 그 행동을 수행하는 조건은 무엇인지(condition), 새로 학습된 기능이 어느 정도 숙달되어야 하는지(degree)에 대한 최소한의 수준의 진술이다. 이를 학습목표 진술의 ABCD(Mager, 1975)라고 한다[2]. 학습목표 구체적으로 진술한 사례는 다음과 같다.

- 다양한 컴퓨터 입·출력 장치가 주어지면, 초등학교 4학년 학생은 입력장치를 정확하게 분류할 수 있다.(디바이스 컨버전스로 입출력이 동시에 이루어지는 기기가 많음)
- 여러 가지 출력장치의 종류와 그에 대한 설명이 주어지면, 초등학교 5학년 학생들은 관련있는 것끼리 정확하게 연결할 수 있다.
- 장시간 컴퓨터게임으로 인해 발생할 수 있는 부작용이 제시되면, 초등학교 6학년 학생들은 각 부작용의 원인을 컴퓨터 이용방법과 관련하여 설명할 수 있다
- 초등학교 4학년 학생들은 교내 멀티미디어실에서 다른 친구들에게 피해를 주지 않도록 조용히 그리고 안전하게 컴퓨터를 사용할 수 있다.

2.2 교수 방법 선정

학습목표가 도출된 후 학습목표 달성을 위해 적절하고 효율적이며 매력적인 교수-학습 방법을 선정하여야 한다. 학습자 특성에 따라 선택할 수 있는 교수방법은 아래 〈표 2-4〉와 같다.

〈표 2-4〉 학습자 특성에 따른 교수방법

학습자의 특성	교수 방법
외향적 성향	학습자 주도 방법: 토론법, 협동학습, 문제 중심 학습, 사례 기반 학습, 발견 학습, 탐구 학습
내향적 성향	강의법, 동료교수법, CAI, WBI, 개인교수법, 사이버 기반 토론학습

---

[2] 모든 학습목표 선정에 있어서 학습목표 진술의 ABCD를 갖추는 것을 원칙으로 하되, 상황에 따라서 명백한 요소는 제외하고 필요한 요소만 진술할 수 있다.

컴퓨터과 교수법 및 교재연구

　　모든 교수-학습 상황에 적합한 소위 만병통치약과 같은 교수방법이 있는 것은 아니다. 교사는 자신이 지금까지 분석한 다양한 결과들을 토대로 교수-학습 방법을 선택해야 한다. 교수-학습 방법을 선정하기 위하여 다음과 같은 사항을 고려한다.

- 선정된 학습 영역의 속성에 적합한 교수방법은 무엇인가?
- 교과별 특성에 따른 교수모형이나 방법이 있는가?
- 학습자가 선호하는 학습 방법은 무엇인가?
- 교사 자신이 손쉽게 활용할 수 있는 방법은 무엇인가?
- 교실 환경의 특성에 적합한 교수·학습 방법은 무엇인가?
- 학습 집단의 분위기에 적합한 교수·학습 방법은 무엇인가?

　　교사는 수업에서 제공할 학습 내용의 순서에 따라 교수·학습 방법의 순서를 결정한다.

2.3 세부 전략 설계

　　세부 전략 설계란, 지금까지 분석한 학습 내용, 학습자 및 학습 환경 등을 토대로 적합한 교수학습 방법 및 세부 전략을 설계하는 것을 의미한다. 구체적으로 ① 학습 동기화 전략, ② 정보 제공 전략, ③ 상호작용 전략, ④ 매체 및 자료의 활용 방안, ⑤ 대안 활동 등의 설계를 말한다.

2.3.1 학습 동기화 전략

　　학습자가 주어진 학습과제에 주의를 집중하고 관심과 흥미를 갖게 되고 수업목표의 가치를 인식한다면, 보다 적극적으로 학습에 임하게 될 것이고 수업의 효과는 배가될 것이다. 학습 동기 전략은 학습자가 학습하고자 하는 의욕, 흥미 등을 유발하고 지속하기 위한 전략을 의미한다. 학습 동기 전략을 선정하기 위하여 다음과 같은 사항을 고려한다.

- 학습자의 주의집중을 위하여 사용할 전략은 무엇인가?
- 학습 내용과 학습자간의 연계성을 만들기 위하여 사용할 전략은 무엇인가?

- 학습자가 자신의 능력과 수행에 자신감을 갖도록 하기 위하여 사용할 전략은 무엇인가?
- 학습자가 스스로의 학습 결과에 만족할 수 있도록 하기 위하여 어떤 전략을 사용할 것인가?

ARCS 모형을 고안한 Keller(1983, 1999)는 동기를 사람이 무엇을 할 수 있는지(can)가 아닌 무엇을 하고자 하는지(will)로 정의한다. Keller는 동기를 교수설계에 활용하기 위해 네 가지 측면으로 기술하였는데, 구체적으로는 주의집중(attention), 관련성(relevance), 자신감(confidence), 만족감(satisfaction)이다. 각각에 대한 학습 동기 유발 및 유지 전략을 다음 〈표 2-5〉와 같이 제시하고 있다.

〈표 2-5〉 동기 설계 요소 및 활용 전략

요소	활용 전략
주의집중	학습의 초기부터 학습이 종료될 때까지 수업을 흥미롭고 가치 있게 지각하도록 하기 위해 다음과 같은 전략을 사용한다. • 애니메이션, 도표 등을 이용하여 지각적 다양성 제공 • 일상적이지 않은 내용이나 사건을 제시하여 내용적 다양성 제공 • 학습자 스스로 생각하고 의견을 제시할 수 있도록 요구 • 다양한 표현 방법을 이용하여 정보 제공
관련성	수업을 자신의 요구 또는 목적과 관련된 것으로 인지하고 학습 중인 내용이 자신에게 유익하다는 것을 알려주기 위해 다음과 같은 전략을 활용한다. • 학습자 이름 또는 학습자가 선호하는 사례를 제시 • 학습 내용 자체 목적을 제시하거나, 학습자가 쉽게 접근할 수 있는 상황 고안 • 다양한 수준의 목적을 제시하고 학습자 스스로 선택할 수 있도록 배려
자신감	학생의 노력에 근거하여 학습을 성공시킬 수 있는 합리적인 기회를 제공하여, 학습 목표 달성에 대한 자신감을 갖도록 다음과 같은 전략을 활용한다. • 학습 목표 및 수업의 전체적 구조를 알림 • 평가 기준을 명확하게 제시 • 학습자 수준에 적합한 난이도의 학습 과제 제시 • 스스로 학습 과정을 조절할 수 있는 기회 제공
만족감	학생이 수업으로부터 받은 내적, 외적 보상에 대한 만족감을 얻기 위해 다음과 같은 전략을 활용한다. • 습득한 지식·기능을 적용해 볼 상황 마련 • 학습자 수준에 적합한 보상 제공 • 외적 보상의 제공보다는 내적 보상의 중요성 강조

컴퓨터과 교수법 및 교재연구

2.3.2 정보 제공 전략 설계

정보 제공 전략을 설계하는 것은 학습 내용을 제시하고 전달하는 방법을 선정하는 것을 말한다. 구체적인 질문은 다음과 같다.
- 학습 내용을 서술적으로 제시할 것인가, 질문 형식으로 제시할 것인가?
- 언어적 정보를 시각적 정보(표, 그림)로 전환할 수 있는가?
- 학습자의 성향에 따라 교수-학습 방법이 달라질 수 있는가?
- 내용을 연역적으로(개념에서 예시) 제시할 것인가, 귀납적으로(예시에서 개념) 제시할 것인가?
- 학습정보 제공에 도움이 되기 위해서 ICT를 어떻게 활용할 것인가?

2.3.3 상호 작용 전략 설계

상호작용전략은 학생과 교사, 학생 간의 상호작용을 촉진하는 전략을 말한다.
첫째, 학생과 교사 간의 상호작용을 위하여 다음과 같은 사항을 고려한다.
- 수업 중에 학습자의 의견을 언제 수집할 것인가?
- 학습자의 적극적인 학습 활동을 위하여 어떤 전략을 선정할 것인가?
- 학습자의 수행에 대하여 어떤 피드백을 제시할 것인가?
- 수업시간 이외의 상호작용을 위한 기회가 필요한가?

둘째, 학생과 학생 간의 상호작용을 위하여 다음과 같은 사항을 고려한다.
- 학습자의 소집단 활동으로 달성할 수 있는 학습 목표가 있는가?
- 수업 이외의 시간에 학생 간 상호작용을 위한 기회가 필요한가?
- 한 학생의 수행에 대하여 동료 학생들이 피드백을 제공할 수 있는가?

셋째, 선택한 상호작용 전략 중에서 ICT를 활용하여 수행할 수 있는 전략이 있는지 파악한다. 예컨대, 프로젝트 수업에서 모둠별로 수행한 내용을 전자게시판에 올리도록 하고 모둠 간에 의견을 교환하도록 한다. 이는 각 모둠이 활동한 내용이 전체 모둠에서 공유되도록 하고, 타 모둠의 의견을 반영하여 더 나은 활동이 되도록 하는 등 모둠 간 상호작용을 유도하기 위한 전략이다.

2.3.4 매체 및 자료의 활용 방안 설계

학습 매체와 자료를 언제, 어디서, 어떻게 활용할 것인지를 계획한다. 구체적인 실행지침은 다음과 같다.

- 학습 목표에 적합하고 학습 활동을 효과적으로 수행하기 위하여 어떤 매체와 자료를 활용할 것인지를 결정한다.
- ICT를 활용하여 효과적으로 수행할 수 있는 교수 활동이 무엇인지 결정한다.
- 학생의 학습 활동에서 ICT를 활용할 수 있는 방안을 고려한다.
- 교사의 매체 활용 능력과 수업 준비를 위하여 활용할 수 있는 시간적인 여건을 고려한다.

일반적으로 사용할 수 있는 교수매체의 특성을 정리하면 다음 〈표 2-6〉과 같다.

〈표 2-6〉 교수매체의 장단점 및 활용 상황

교수매체	장점	단점	활용 상황
인쇄매체	• 휴대가 간편 • 활용범위 다양 • 정보의 조직화 • 개별학습 적합 • 대량 제작 가능	• 일정 수준의 독해력 요구 • 복잡한 자료 제작과 수정이 어려움	• 강의법의 보조 자료로 활용 • 다른 기자재의 사용이 곤란할 때
칠판/ 화이트보드	손쉽게 사용가능함	많은 양의 자료를 제시하기 어려움	• 학습 내용을 제시할 때 • 수업 내용을 정리할 때
OHP	• 손쉽게 제작 및 사용 편리 • 수업 중 덧붙여 쓰거나 그리기 가능 • 겹치기, 실루엣, 연속적 제시 가능	• 개별화 교수에 부적합 • 정교한 자료제시를 위해 특수 장치 및 기능이 요구됨	• 학습 내용을 제시할 때 • 투명 자료를 제시할 때
실물환등기	• 실물자료 제시 • 입체감 표현	• 어두운 방이 전제됨 • 휴대가 불편함	불투명 자료, 또는 원 자료 편집이 곤란할 때
교육방송	실제적인 영상 제공	고정적 속도와 진행계열로 일방적 의사전달	실제 상황을 기본으로 하는 사례 제시 때
컴퓨터/인터넷 (ICT)	• 개별화된 학습제공 • 다양한 정보를 검색·활용 • 정보교환 및 의사소통 가능	• 설비비용 과다 • H/W, S/W 관리 어려움 • 그래픽 해상도 제약	• 실제 상황을 재현한 가상 상황 제시할 때 • 학습 정보 검색 및 저장

컴퓨터과 교수법 및 교재연구

2.3.5 대안 활동 설계

수업 중에 갑자기 발생할 수 있는 문제 상황을 미리 예상하고 그에 따른 대안 활동을 계획해야 한다. 이러한 대안 활동을 위한 준비는 다음과 같다.

첫째, 수업 중 다음과 같은 경우에 어떤 대안 활동이 필요한지 고려한다.
- 선정한 매체가 고장난 경우, 어떤 활동을 대안적으로 수행할 것인가?
- 학습자의 학습 동기가 지나치게 낮은 경우에 어떤 활동을 대안적으로 수행할 것인가?
- 수업 진행을 위한 학습자의 개별 활동이 충분하게 이루어지지 않은 경우에 어떤 활동을 대안적으로 수행할 것인가?
- 학습자가 직접 발표하는 수업에서 학습자의 발표 준비가 미비한 경우에 어떤 대안 활동을 수행할 것인가?
- 미리 계획했던 교수-학습 활동이 정해진 수업 시간보다 일찍 끝났을 때, 남은 시간을 위한 대안 활동은 무엇인가?

둘째, 대안 활동을 실행하기 위하여 필요한 자료가 무엇인지 선정한다.

2.4 평가

우리는 교수-학습 프로그램 개발 완료 후나 교수-학습을 마친 후에 실시되는 평가를 통해 수업이나 교수자료 및 프로그램의 전반적인 효과성, 즉 교육목표의 달성여부, 교수-학습 프로그램의 종합적인 성과 및 효율성을 다각적으로 판정하고 외부 사용자나 의사 결정자에게 유용한 정보를 제공할 수 있다. 이러한 평가의 주목적은 ① 가치의 판단, ② 효과의 결정, ③ 의사결정에의 기여라는 세 가지 측면으로 요약될 수 있다. 평가단계에서는 학습평가 및 수업평가를 실시한다.

2.4.1 학습평가

학습평가는 학습자의 학업성취 수준을 파악하기 위해 실시하며, 구체적인 실행지침은 다음과 같다.

첫째, 평가를 위하여 학습 목표를 규명하고, 학습 내용을 유목화하여 검사 내용, 검사시간, 문항유형, 문항 수 등을 결정한다.
- 학습 목표와 학습 내용에 대한 분석에 기초하여 평가 내용을 확인한다.
- 이원목적분류표[3] 등을 활용하여 의도한 학습 목표가 빠짐없이 평가될 수 있도록 한다.
- 학습 목표 중에서 통합하여 평가할 수 있는 항목이 있는지 점검한다.

둘째, 학습평가 방법을 선정하기 위하여 다음 사항을 고려한다.
- 학습 영역에 적합한 평가 방법은 무엇인가?
- 학습 내용 혹은 학습 활동의 특성에 적합한 평가 방법은 무엇인가?
- 학습자의 수준이나 특성에 적합한 평가 방법은 무엇인가?
- 학습평가를 위하여 어떤 방법(지필평가, 수행평가 등)을 활용할 것인가?
- 지필평가를 사용하는 경우에는 학습 내용의 특성에 따라 어떤 문항의 유형(서술형, 선택형 등)을 사용할 것인가?
- 타당하고 신뢰할 수 있는 측정을 위해 각 내용별로 몇 개의 문항이 필요한가?
- 수행평가를 위하여 필요한 정보 수집을 위하여 어떤 방법(관찰, 면담 등)을 사용할 것인가?
- 평가에 소요되는 시간을 결정한다.

학습 영역에 따라 적용할 수 있는 평가방법은 다음 〈표 2-7〉과 같다.

---

[3] 이원분류표는 검사를 제작하기 전에 문항제작자가 참고하는 표로서 각 문항이 어떤 내용을 측정하는지 밝히는 내용과 그 내용은 어느 단계의 인지능력수준을 측정할 것인지를 나타내고자 구성된 표이다.

〈표 2-7〉 학습영역에 따른 평가 방법

학습 영역	적용 가능한 평가 방법
언어정보	진위형, 선다형 문항의 지필검사
지적기능	선다형, 서술형 문항의 지필검사, 포트폴리오
운동기능	관찰, 면담, 체크리스트
태 도	관찰, 면담, 체크리스트

2.4.2 수업평가

수업평가는 수업 전체에 대한 효과성 및 효율성을 측정하기 위해 실시하는데 구체적인 절차는 다음과 같다.

첫째, 수업평가의 목적과 수준을 결정한다.
- 수업에 대한 학생들의 반응 확인 및 자기 성찰
- 새로운 수업 방법이나 전략의 고안과 적용

둘째, 평가 방법을 선정하기 위하여 다음과 같은 사항을 고려한다.
- 학습평가와 통합하여 실시할 수 있는가?
- 수업에서 활용된 교수-학습 방법을 평가하기 위하여 어떤 방식을 활용할 것인가?
- 매체 및 자료의 효과성을 평가하기 위하여 어떤 방식을 활용할 것인가?
- 수업평가를 위하여 동료 교사가 참여할 것인가?
- 수업평가 결과를 학습자와 공유할 것인가?

셋째, 평가에 소요되는 시간을 산정한다.

2.5 시간 계획 수립

수업은 철저한 사전 계획과 빈틈없는 준비를 통해 실수없이 진행해야 한다. 이를 위해서는 수업 진행을 위한 시간 계획, 즉 교수·학습 방법 및 평가 방법을 수행하기 위한 세부적인 시간 계획을 세워야 한다.

- 각 학습 내용 전달 및 학습 활동을 위한 소요 시간을 산정하고 전체 수업 중의 시간을 배정한다.
- 계획한 학습 활동을 수행하기 위하여 학습자의 준비 정도가 적절하지 않다고 판단될 때에는 각 학습 활동을 완료하는 시간을 넉넉하게 설정한다.
- 학습평가 및 수업평가의 실시 시간을 배정한다.
- 수업 중에 돌발적인 사태가 생길 수 있다는 점을 감안하여 융통성 있게 시간 계획을 세운다.

3 개발

3.1 수업자료 개발, 수정보완

교수·학습 활동을 수행하기 위해 필요한 수업 자료를 선정 또는 제작하고, 수정·보완하기 위한 구체적인 시행지침은 아래와 같다.

첫째, 이미 개발된 자료를 전체적으로 살펴보고, 다음과 같은 사항을 고려한다.
- 이미 개발된 자료 중에서 그대로 사용할 수 있는 것이 있는가?
- 이미 개발된 자료 중 수정하여 사용할 수 있는 것이 있는가?
- 새로 개발할 자료는 무엇인가?
- 새로 개발한 자료를 어떻게 검토할 것인가?

둘째, 새로 자료를 개발할 경우에는 개발기술, 개발시간, 개발비용 등의 현재 여건을 고려한다.

셋째, 개발한 자료를 동료 교사 혹은 직접 활용하게 될 학습자와 함께 수정·보완한다.

컴퓨터과 교수법 및 교재연구

3.2 평가 자료 개발, 수정보완

학습평가 및 수업평가를 위한 도구를 선정 또는 개발하고 수정·보완하기 위한 구체적인 실행지침은 아래와 같다.

첫째, 지필검사는 다음과 같은 사항을 고려하여 개발한다.
- 지필검사를 이용하는 경우에는 학습평가 문항을 작성한다.
- 문항의 순서를 결정하여 시험지를 개발하고, 수정·보완한다.

둘째, 수행평가는 다음과 같은 사항을 고려하여 개발한다.
- 평가 방법에 필요한 평가 기준 및 지침을 설정한다.
- 체크리스트를 개발하고 수정·보완한다.

셋째, 수업평가 자료를 개발하고 수정·보완한다.

4 실행

4.1 수업 전 고려 사항

수업을 시작하기 전에 먼저 교사는 원활한 교수·학습 과정을 실시하기 위해, 학습 환경 점검 및 필요한 사항을 준비해야 한다. 구체적인 실행지침은 아래와 같다.

- 교실에 갖추어진 장비를 점검하고 작동 여부를 확인한다.
- 특정한 소프트웨어를 활용하는 경우에는 미리 필요한 양만큼 설치한다.
- 학생들이 교수·학습 매체를 효과적으로 활용하기 위하여 알아야 할 사항들을 마련한다.

4.2 수업 중 고려 사항

수업을 진행하는 동안에 교사와 학생이 수행할 것을 계획해야 한다. 구체적인 실행지침은 아래와 같다.

첫째, 교수-학습 활동을 수행하는 과정에서 개별 학습자의 행동에 대하여 관찰한다.
- 학생들이 새로운 정보를 접했을 때 어떤 반응을 보이는가?
- 학생들이 제시된 정보를 이해하거나 이해하지 못했을 때 어떤 반응을 나타내는가?
- 학습 과정에 몰입하지 못하는 학생들은 누구인가?
- 소집단 활동에서 학생 간의 의견 교환은 어떻게 이루어지는가?
- 소집단 협력 학습에서 적극적으로 참여하지 못하는 학생들은 누구인가?

둘째, 수업 과정 중에 수업평가 과정이 전체 수업 진행에 방해가 되지 않도록 적절하게 조절한다.

셋째, 학습자의 학습 동기나 흥미를 지속적으로 유지한다.

넷째, 학습자의 능동적인 참여를 유도하고, 학습자의 의견을 수용하여 수업 진행 과정을 협력적으로 운영해간다.

4.3 수업 후 고려 사항

수업 설계 및 수업 실시의 모든 과정을 통해 습득된 결과를, 차기 수업의 개선을 위해 활용할 방법을 계획하여야 한다. 구체적인 실행지침은 아래와 같다.

첫째, 수업 결과의 활용 방안을 수립하기 위하여 다음과 같은 사항을 고려한다.

컴퓨터과 교수법 및 교재연구

- 학습평가 결과를 어떻게 해석할 것인가?
- 수업평가 결과를 어떻게 해석할 것인가?
- 수업평가 결과 중 단기적으로 혹은 장기적으로 적용할 항목은 무엇인가?

둘째, 수업 중에 얻은 학습자의 반응을 정리하여 학습자의 특성을 이해하는 데 활용한다.

셋째, 분석했던 학습 내용 중에서 재분류 혹은 통합할 내용이 있는지 파악한다.

넷째, 계획과 달리 비효과적으로 실행되었던 교수-학습 방법과 평가 방법을 파악한다.

5 ASSURE 모형

매체와 자료를 실제 교수-학습 상황에서 어떻게 활용할 것인지 이해하고 계획을 해야 매체가 갖고 있는 잠재적인 효과를 최대한 높일 수 있다. 이러한 매체를 효과적으로 활용하기 위해 고안된 대표적인 모형이 ASSURE 모형이다.

Heinich와 그의 동료들이 1996년 고안해 낸 ASSURE 모형은 효과적인 교수매체 활용을 위한 모형이다. 이 모형은 학습자 분석(analyze learners), 목표 진술(state objectives), 교수방법, 매체, 자료의 선정(select methods, media, and materials), 매체와 자료의 활용(utilize materials), 학습자의 참여유도(require learner participation), 평가와 수정(evaluate and revise)의 6단계로 이루어져 있다. 각 단계별 구체적인 활동은 다음과 같다.

5.1 학습자 분석

학습자 분석(analyze learners)은 효과적인 수업매체와 방법 등을 선택하는데 중요한 기초가 되는 학습자의 특성을 분석하는 단계이다. 학습자 분석은 학습자의 연령·학력, 그리고 사회·문화·경제적 요인 등의 일반적 특성을 분석하여 교사로 하여금 수업의 정도, 내용, 절차, 그리고 학습자에게 의미를 줄 수 있는 여러 가지 예를 결정하는 기초로 사용한다. 또한 새로운 학습을 시작하기 전에 학습자의 사전 학습 경험이나 요소, 즉 학습자가 가지고 있는 지식(knowledge)·기능(skill)·태도(attitude) 등과 같은 구체적 출발점 능력은 학습에 있어서 무엇을, 어떻게 배울 수 있는가의 결정에 영향을 준다. 즉, 학습자가 (학습 환경에서) 어떻게 지각하고 상호작용하고 반응하느냐와 관련된 학습 양식의 분석은, 학습자가 특정 능력을 학습하는 데 가장 적합한 매체를 선택하는 기초를 마련한다. 학습 양식에 영향을 미치는 변인은 지각적 선호와 강점, 정보처리 습관, 동기적 요소 그리고 심리적 요소로 범주화될 수 있다. 이와 같이 학습자 분석 단계에서 학습자가 갖고 있는 일반적 특성, 선수학습능력, 학습양식 등의 요소들을 파악하는 일은 후속하는 단계들을 체계적으로 접근하기 위해 필수적이다.

5.2 목표 진술

학습목표 진술(state objectives)은 학습자가 학습 후 어떤 지점에 도달해야 하는지를 나타내는 것으로서 인지적 영역, 정의적 영역, 운동기능 영역, 대인간 영역의 형태로 분류할 수 있다. 학습자가 달성해야 할 학습목표를 구체적으로 설정하여, 학습의 결과로 습득하게 될 새로운 지식과 경험에 대한 것을 명확하게 진술해야 한다는 점이 매우 중요하다. 목표는 학생들이 학습하는 것을 제한하려는 의도가 아니라 기대하는 성취의 최소수준을 제공하는 것이며, 교사는 목표를 진술하기 위해서 교육과정, 교과서, 지도서 등에서 유출해 내거나 직접 설정할 수 있다.

5.3 방법, 매체 및 자료 선정

교수방법 및 매체와 자료의 선정(select methods, media, and materials) 단계에서는 학습목표를 달성할 수 있도록 적절한 방법과 매체 형태를 선택하고 구현될 자료를 결정한다. 이를 위해서는 우선 학습과제에 적합한 방법을 선택한다. 그 다음 방법을 수행하기에 적절한 매체를 선택한다. 마지막으로 선정된 매체를 위한 기존 자료를 선택하여 수정하거나, 새로운 자료를 제작한다. 이때 교수방법 및 교수·학습 환경을 고려하여 자료를 선정하게 된다.

5.4 매체와 자료 활용

매체와 자료의 활용(utilize media and materials)은 선정된 매체와 자료가 최대의 효과를 발휘하도록 어떻게 구현할 것인지 계획을 세우는 단계이다. 교수방법을 적용하기 위해 이들 자료들을 어떻게 활용할 것인지 계획하고, 매체를 검토하여 연습한 후, 필요한 도구들을 준비하고 활용하는 단계를 밟아 나가게 된다. 즉, 제시한 자료를 지정된 장소에서 사전에 시사해 보고, 제시 순서를 정하여 리허설을 해보고, 수업의 주변 환경을 점검한 후, 학습자를 준비시킨 다음 교수자료를 제시하게 된다.

5.5 학습자 참여

학습자의 참여유도(require learner participation)는 교수-학습이 효과적으로 이루어지기 위해서 학습자가 적극적으로 학습에 참여할 수 있도록 효과적인 학습 상황을 계획하는 단계이다. 학습자가 능동적으로 학습에 참여할 때 효과가 높아지므로 교수자는 학습자의 참여를 끊임없이 유도해야 한다. 학습자의 참여를 유도하는 활동을 도입하고 적절한 피드백을 제공해야 한다.

5.6 평가와 수정

평가와 수정(evaluate and revise)은 학습목표 달성, 교수매체와 방법에 대한 평가, 교수-학습 과정에 대한 평가를 지향한다. 교수의 효율성을 평가하기 위해 교수-학습 전 영역에 걸친 평가를 실시하게 되는데, 평가결과는 다음 차시 교수활동을 설계할 때 수정 자료로 이용된다.

컴퓨터과 교수법 및 교재연구

요 점 정 리

1. 교수(instruction)란 학습자가 학습의 결과를 달성하는 데 도움을 주기 위해, 의도적이고 계획적으로 활동을 계획하고 관리하는 과정이며, 교수설계(instructional design: ID)란 특정 학습 목표의 달성을 위해서 수업을 어떻게 전개할 것인가를 다루는 전략이다.

2. 교수설계는 교수를 분석(analysis)하고, 설계(design)하며, 개발(development)하여, 이를 실행(implementation)하고, 평가(evaluation)하는 일련의 체계적(systematic) 절차이며, 체제적(systemic) 접근이다.

3. 체제적(systemic) 접근이란 어떤 현상을 살펴볼 때 그 현상을 구성하는 요소들을 각각 부분적으로 떼어놓고 접근하기보다는, 살아있는 생명체처럼 일정한 상호작용을 통한 유기적 관계를 가지고 있는 것으로 보고 총체적이고 통합적으로 접근하는 것을 말한다.

4. 분석단계에서는 학습내용분석, 학습자분석, 학습 환경 분석을 한다. 학습내용분석단계에서는 학습영역을 선정하고, 학습목표 및 하위내용을 분석하며, 학습내용을 조직하고 배열한다. 학습자분석단계에서는 학습자의 성향을 분석하고, 출발점 행동을 파악하며, 학습양식을 분석하고, ICT 소양능력을 분석한다. 학습 환경 분석 단계에서는 교실환경과 자원 및 도구 구비 정도를 파악한다.

5. 설계단계에서는 학습목표 진술, 교수-학습방법선택, 세부전략설계, 평가계획, 시간계획을 한다. 이 중에서 세부전략설계단계에서는 학습동기전략을 설계하고, 정보제공전략을 수립하며, 상호작용전략을 마련하고, 매체 및 자료의 활용 계획 및 대안 활동 계획을 수립한다.

6. 개발단계에서는 수업 자료 및 평가 자료의 개발, 수정, 보완을 한다.

7. ASSURE 모형은 각 단계마다 학습에 필요한 요소를 체계적으로 활용하도록 설계되었으며, 특히 매체를 활용하여 수업을 진행할 때 적합한 모형이다.

8   ASSURE 모형에 따르면 수업계획은 먼저 학생들의 특성과 그들이 성취해야 할 학습목표를 평가하는 것으로부터 시작한다. 이것을 바탕으로 사용할 매체나 전달체제 유형을 선택하고 필요한 특정 자료를 고려한다.

9   ASSURE 모형은 학생들이 학습활동에 능동적으로 참여하는 것을 매우 강조한다. 수업 후에, 학생들이 목표에 도달했는지 여부를 판단하기 위해 학습자와 수업과정을 모두 평가한다.

연습문제

1   본 교재에서 제시하는 교수설계의 각 단계에 따라 초등학생을 대상으로 하는 컴퓨터과 교수·학습프로그램을 설계하여 보시오.

2   ASSURE 모형 사용의 장·단점을 비교하고, 어떻게 사용하는 것이 교실상황의 교수-학습에서 가장 효과적일 수 있는지 논하시오.

참 고 문 헌

이화여자대학교 교육공학과(2001). **21세기 교육방법 및 교육공학**. 교육과학사.
변영계, 김영환, 손미(2000). **교육방법 및 교육공학**. 학지사.

Dick, W., Carey, L., & Carey, J. O.(2001). The Systematic Design of Instruction(5th ed.). New York, NY: Longman.

Gagne, R. M. & Briggs, L. J.(1979). Principles of instructional design (2nd ed.). New York: Holt, Rinehart & Winston.

Gagne, R. M.(1985) The conditions of learning(4th ed.). New York, NY: Holt, Rinehart, and Winston, Inc.

Heinich, R., Molenda, M., Russell, D., & Smaldino, S. E. (2001). Instructional media and technologies for learning(7th ed.). Upper Saddle River, NJ: Merrill-Prentice Hall.

Keller, J. M. (1983). Motivational Design of Instruction. In C, M, Reigeluth(Ed.). Instructional-design theories and models: An overview of their current status, Hillsdale NJ: Lawrence Erlbaum Associates, Inc.

Keller, J. M., 송상호(1999). **매력적인 수업 설계**. 교육과학사.

03 컴퓨터과 교재연구
Chapter

컴퓨터과 학습목표 달성을 위해서 수업에서 활용되는 교재와 교구의 의미를 정확히 이해하고 이를 바탕으로 수업에서 필요로 하는 적절한 교재를 선택하는 안목과 이를 활용할 수 있는 전략이나 방안을 계획할 수 있어야 한다. 본 장에서는 컴퓨터과 교재연구를 위한 이론적 배경과 실제 활용 방안을 살펴보고자 한다.

- 컴퓨터과 교재·교구의 의미와 역할에 대하여 설명할 수 있다.
- 컴퓨터과 교재의 유형을 알고 이의 활용 방안을 설명할 수 있다.

1 컴퓨터과 교재·교구의 의미와 역할

1.1 컴퓨터과 교재·교구의 개념

교육활동에서 학습자의 학습효과를 증진하기 위해 각종 매체를 활용하게 되는데 이를 일반적으로 교수 자료라고 하며 이와 비슷한 용어로 교재·교구, 교수매체 등이 함께 사용되고 있다. 교육 현장에서는 교재와 교구를 같은 의미로 사용하기도 하고 어떤 경우에는 구분하여 사용하기도 한다. 사전적 의미로 교재는 '교수하는 데 쓰이는 재료'이며, 교구는 '효과적으로 학습시키기 위한 모든 기구로서 도서, 괘도, 표본 따위'로 되어 있다.

한편, 교재와 같은 맥락에서 유사한 의미로 활용되는 개념으로 교수자료, 교수 매체 등이 있다. 일반적으로 교수매체란 '교수·학습과정에서 교사와 학습자간에 서로 정보를 전달하는 매개체'로 볼 수 있다. 교수매체에는 교과서를 포함한 모든 인쇄매체, 실물, 표본, 영화, TV, 게시판, 컴퓨터 등이 포함된다. 따라서 교육공학-교수공학-교수매체의 개념체계 속에서 교재·교구를 정의 내린다면 교구란 교육활동에서 매체를 제시하는 구체물로서 학습할 내용과 활동을 연결하여 학습목표를 달성하기 위한 내용을 여러 가지 형태로 제시하는 데 쓰이는 물품이라 할 수 있으며, 이에 반해 교재란 교육목표를 달성하기 위하여 학습할 내용이며 각종 정보 제시 기기를 통하여 제시되는 교수자료로 볼 수 있다.

그러므로 교구는 '교수내용을 제시하는 구체물, 또는 각종 정보 제시 기기'로 교수의 수단 또는 방법으로서 교수를 용이하게 하고 교수 효과를 높이기 위해 사용되는 도구를 총칭하는 개념이다. 교재와 교구를 구분하여 사용한다면, 교육의 목적에 따라 구체적인 교육내용까지를 포함한 추상적 개념을 포함한다고 하면, 교구는 교수내용을 제시해 주는 구체물인 셈이다.

이와 같은 정의에 비추어 볼 때, 컴퓨터과 교재 및 교구는 예를 들어 그 의미를 짐작할 수 있다. 컴퓨터교과 수업에서 '컴퓨터의 구성과 특징'을 학습하기 위하여 사용되는 컴퓨터는 교재가 되지만, '워드프로세서'를 익히기 위하여 사용되는 컴퓨터는 교구가 된다. 후자의 경우, 워드프로세서는 교재가 된다. 학교 교육에서 교재는 수업 활용을 위한 소재의 특성을 가지며, 교구는 도구적 특성을 가진다.

일반적으로 학습을 위한 교재 및 교구는 교수·학습의 과정에서 내용을 전달하는 다양한 매체와 그 수단을 총칭하는 개념으로 파악할 수 있다. 따라서 교재의 내용과 질은 학습 활동에 많은 영향을 미치게 된다. 교실의 수업 장면은 교사와 학습자, 학습자와 학습자, 학습자와 학습 내용 간의 의사소통을 돕기 위한 매우 다양한 종류의 교재들이 활용되고 있다. 일반적으로 가장 흔하게 사용되는 교재가 교과서이지만, 실제적으로 학습자들의 학습활동을 촉진하기 위해서는 내용 이해를 돕는 자료나 도구 등이 필요하다.

교재는 학습 내용을 보다 효과적으로 지도하는 데 필요한 수단으로써 교과서를 비롯하여 다양한 참고서류, 실험, 관찰, 실물모형, 괘도, 사진, 비디오, 텔레비전, 영화, 슬라이드, 컴퓨터 프로그램, 각종 소프트웨어, 멀티미디어, 웹 사이트 등을 포함한다. 7차 교육과정에서는 교과서를 중심으로 다양한 멀티미디어 자료의 활용을 강조하고 있다.

　이와 같은 교재의 개념은 교수매체와 비슷한 의미로 활용되기도 한다. 교수 매체란 수업을 위하여 필요한 사항들을 학습자들에게 조직적으로 제공하고자 사용되는 도구를 의미한다. 즉, 수업을 교사와 학생의 끊임없는 상호작용의 과정이라고 할 때, 교사에 의하여 전달되는 학습 내용은 매체에 의하여 학생들에게 전달되고, 교사에게 피드백 된다. 이와 같은 과정에서 교사와 학생의 상호작용의 내용은 매체를 통하여 이루어지게 된다. 그러므로 교수·학습의 과정에서 교재는 교수자의 관점에서는 학습을 촉진하는 수단으로써, 학습자의 관점에서는 학습의 안내자로서의 역할을 수행하게 되는 것이다.

　컴퓨터과 교육의 관점에서 교재와 교구는 일반 교과와는 구별되는 특징이 있다. 컴퓨터를 비롯한 범용 소프트웨어는 일반교과에서는 학습을 위한 도구로 유용하게 활용된다는 점이다. 반면에 컴퓨터과 교육에서 컴퓨터와 범용 소프트웨어는 학습을 위한 교재이기도 하며, 교구이기도 하다. 컴퓨터 하드웨어에 관한 학습을 수행할 때, 실물로 활용되는 컴퓨터 및 주변기기는 학습의 대상이자 교재이다. 학습자들이 흔히 접하게 되는 본체, 모니터, 마우스, 키보드뿐만 아니라 본체 내부에 포함되어 있는 중앙처리장치, 기억장치, 저장장치와 다양한 주변 장치들은 모두 학습을 위한 교재가 된다. 한편, 워드프로세서에 관한 학습을 수행할 때, 워드프로세서는 학습의 대상이자 교재가 되지만, 컴퓨터는 워드프로세서를 수행하기 위한 도구, 즉 교구로서의 역할을 수행한다. 이와 같은 관점에서 컴퓨터과 교육에서 교재와 교구는 교육 상황에 따라 그 역할이 빈번히 교차될 수도 있다. 결국, 하드웨어는 학습의 대상이 되었을 때 교재가 되며, 응용 소프트웨어를 구동할 때에는 교구가 된다. 마찬가지로 소프트웨어도 그 자체에 대한 교육을 수행할 때에는 학습의 교재가 되지만, 일반 교과에서 응용 소프트웨어를 활용할 때 그것은 교구가 되기도 한다.

컴퓨터과 교수법 및 교재연구

1.2 컴퓨터과 교재·교구의 의미

초등학교 컴퓨터과 교육에서 핵심이 되는 것은 학습 교재와 교구이다. 컴퓨터과 학습 교재와 교구의 의미는 컴퓨터과 교육의 의미와 연관지어 생각할 수 있다. 컴퓨터과 교육은 사회의 변화, 기술의 발전, 교육 부분의 수요 변화 등에 따라 그 목표와 내용 등이 변화하여 왔다. 컴퓨터 교육의 초기에는 직업 전문 교육을 목적으로 하였으며, 국내 컴퓨터 산업의 발전 및 사회 각계의 요구, 세계 각국의 컴퓨터 교육 강화 등의 요인에 의하여 컴퓨터 교육은 일반 보통 교육으로서 학교 교육에 포함 되었다. 이때 컴퓨터 교육은 초·중등학교의 교수·학습 방법의 개선, 과학 기술 교육의 진흥, 미래 정보화 사회 대비라는 차원에서 정당화되었다. 7차 교육과정에서 컴퓨터 교육은 보다 더 본질적인 의미를 추구하기에 이르렀다. 초·중등학교 정보통신기술 교육 운영 지침(교육부, 2000)에는 컴퓨터 교육의 의미를 다음과 같이 설명하고 있다.

> 정보통신기술은 인간이 정보를 획득하고, 이를 처리하여 지식으로 만드는 과정 전반을 변화시키고 있다. 특히, 디지털 기술에 기반을 둔 정보 통신 기술은 인간이 다룰 수 있는 대부분의 정보를 통합적으로 다룰 수 있도록 지원하고 있으므로 자료와 정보를 수집하여 처리하고 새로운 지식으로 만드는 과정에서 정보통신기술의 사용은 필수적이다. 따라서 정보통신기술을 활용하여 자료와 정보를 처리하고, 이를 바탕으로 새로운 지식을 만들고 문제를 해결하는 능력은 개개인의 생존과 발전에 가장 밀접하고 기본적인 요건이 되었다. 이러한 능력은 학교 교육을 통하여 길러주어야 한다. 단순히 정보통신기술을 다루는 능력뿐만 아니라 정보통신기술을 여러 가지 문제 상황에 맞추어 적용할 수 있는 능력이 중요하다. 따라서 이제는 모든 학생들이 정보 통신기술을 충분히 배우고 익혀 자신의 삶과 문제 해결에 활용할 수 있도록 하여야 한다.

이와 같은 관점에 따르면, 7차 교육 과정에서 컴퓨터 교육은 '문제해결능력'을 육성하는 데 그 목적이 있다고 할 것이다. 단순히 컴퓨터에 관하여 아는 것, 소프트웨어를 다루는 기술을 아는 것을 넘어서 일상생활의 문제를 정보통신기술을 활용하여 효율적으로 해결할 수 있는 능력의 육성에 그 의미가 있다고 할 것이다. 이와 같은 컴퓨터 교육의 의미는 7차 교육과정의 '정보통신기술교육'의 총괄목표에도 상세히 드러나 있다.

> *정보 통신 기술 교육은 초·중등학교 학생들이 컴퓨터, 각종 정보기기, 멀티미디어 매체 등을 이용하여 지식·정보화 사회에서 필요로 하는 정보의 생성, 처리, 분석, 검색, 활용 등의 기본적인 정보 소양 능력을 기르고, 이를 학습 활동과 일상생활에 적극적으로 활용하게 하는 데 목적이 있다.*

정보통신기술 교육의 총괄 목표에 제시된 바와 같이 컴퓨터과 교육의 가장 큰 특징은 다양한 정보처리 도구를 활용하여 의문이나 문제를 해결해 가는 능력을 길러주고 궁극적으로는 정보통신기술에 대한 긍정적인 태도를 길러주는 것이다. 이러한 특징을 바탕으로 컴퓨터과 학습 교재와 교구에 대하여 설명할 수 있을 것이다.

즉, 컴퓨터과 교재 및 교구란 학습자가 일상생활에서 부딪히는 의문이나 문제를 정보통신기술을 활용하여 해결하는 능력을 개발하는 수단이라고 할 수 있다. 의문이나 문제를 해결하는 능력은 곧 정보처리 기술(Information process skill)을 의미하며, 정보처리기술은 정보수집, 정보 가공, 정보 교류 등의 활동을 포함한다. 따라서 학습자들은 정보통신기술을 활용하여 문제를 해결하는 경험을 통하여 절차적 사고, 창의적 사고, 합리적 사고 등을 신장시키게 되는데 여기에 사용되는 수단이 곧 컴퓨터과 교육의 교재와 교구이다. 따라서 컴퓨터과 교재와 교구의 범위는 매우 넓다. 학습자들이 경험하는 모든 일상 생활주변의 문제들과 문제 해결에 도움이 되는 도구와 학습 환경 등이 모두 포함될 수 있다.

1.3 컴퓨터과 교재·교구의 역할

정보통신기술에 관한 교육은 어떠한 관점에서 접근하는가에 따라 목적과 내용이 달라진다. 정보통신기술 소양 교육은 크게 정보통신기술 전문가를 양

성하기 위한 교육과 일반 국민이 갖추어야 할 기본 소양 교육으로 구분해 볼 수 있다. 전자의 경우는 실업계 고등학교와 대학에서 이루어지고 있으며, 후자의 경우는 초·중등교육에서 이루어지고 있다. 더 나아가서 초·중등학교에서 이루어지고 있는 정보통신기술교육의 경우에도 교육의 중점을 어디에 둘 것인지를 명확히 할 필요가 있다. 즉, 정보통신기술활용 중심이어야 하는가, 정보통신기술을 활용한 문제해결력 신장 교육이 되어야 하는가, 정보통신기술 과학의 축소판으로 과학 교육이 되어야 하는가? 등등에 대한 분명한 입장이 정립되어야 한다.

7차 교육과정에서 정보통신기술에 관한 교육은 학생의 학습과 일상생활에서 당면하는 여러 가지 문제를 해결해 적절하게 정보 통신기술을 활용할 수 있게 하는 데 중점을 두고 있다. 단순히 컴퓨터 등 정보통신 기술을 활용할 수 있는 지식과 기능을 가지고 있다고 문제 해결 활동에 접목되고 전이되지 않으므로 정보통신기술 교육은 그 자체로서의 존재뿐만 아니라 타 교과와도 밀접한 관계를 가져야 한다.

이러한 관점에서 정보통신기술 교육은 정보를 다루는 능력의 함양에 중점을 두고 있다. 수없이 다양하고 많은 자료와 정보 중에서 일상생활의 문제 해결에 필요하고, 유용하며, 질 높은 자료와 정보를 찾아내서 자신의 목적에 맞게 평가, 선정, 가공할 수 있는 능력의 육성이 중요하다. 이것을 문제 해결 능력이라고 할 수 있을 것이다. 따라서 문제 해결 능력을 육성하기 위하여 "무엇을 가르칠 것인가?"하는 문제와 "어떻게 가르칠 것인가?"가 매우 중요한 과제가 되었다. 컴퓨터과 교재와 교구는 바로 "무엇을 가르칠 것인가?"와 "어떻게 가르칠 것인가?" 등과 밀접한 관계를 갖고 있으며 무엇을 어떻게 가르쳐야 되는가를 해결해 주는 중요한 역할을 하고 있다.

결국, 컴퓨터과 교육을 통하여 육성해야 하는 것은 문제 해결 능력이며, 학습자들은 정보통신기술을 일상생활의 문제를 해결할 수 있는 지적 도구(Intellectual tool)로 활용할 수 있어야 한다. 컴퓨터는 학습자의 문제 해결을 돕는 지적 도구이다. 학습자들은 문제를 해결하기 위하여 필요한 도구가 무엇인지 판단하고 선택하여야 한다. 더 나아가서는 문제를 해결하기 위하여 지적 도구를 적절하게 활용할 수 있는 전략과 방법을 체득해야 한다. 만일 자신의 전략과 도구의 적용이 실패하였다면, 문제를 해결하기 위하여 새로운 전략과 그에 적합한 도구가 다시 선택되어야 할 것이다. 그러므로 정보통신기술을 활용하는 행위는 단순히 지적 기능의 적용이 아니라 인지 전략의 활용이라고 보는 것이 타당할 것이다. 이와 같은 문제 해결 전략은 학습자의 경험이나 환경에 따라 서로 다를 것이므로 학습자들은 최선의 문제 해결 전략을 탐구하기 위하여 자신의 생각을 동료와 교류할 수 있어야 한다. 이러한 경험은 전문가들이 실제로 일상의 문제를 해결하기 위하여 겪었던 일련의 절차와 동일한 과정을 거치게 된다. 전문가와 동일한 학습 경험을 하기 위해서 학습자는 스스로 문제를 분석하고 자료를 수집하며, 문제 해결 전략을 수립하는 등 정보 처리 능력을 갖추어야 하며, 교사는 학습을 안내하고 동기를 부여하는 입장에 서야 한다.

컴퓨터과 교재와 교구는 학습자로 하여금 실제 활동에 참여시켜 정보통신기술을 익히고 이를 문제 해결의 지적 도구로 활용하는 지적 활동을 가능하게 한다. 즉, 학습자가 정보통신기술을 이용하여 정보를 수집, 가공, 축척하며, 다른 사람과 교류하는 수단과 방법을 제공한다. 정보통신기술을 활용함으로써 두뇌에 미치는 영향은 지식의 배양, 개발, 심지어 인지적 기술의 습득이 가능하며, 학습자는 다양한 소프트웨어를 이용하여 작업, 계획, 작문, 설계, 의사소통과 같은 일들을 수행할 수 있게 된다. 지적 학습 도구로서 가장 대표적인 교재와 교구는 데이터베이스, 스프레드시트, 마인드 맵, 전문가 시스템, 멀티미디어 저작도구, 시각화 도구 및 컴퓨터 회의 시스템 등이 이에 속한다.

이와 같은 교재와 교구들은 학습자들이 알고 있는 것을 제시하고 표현할 있도록 함으로써, 학습자 스스로 주변의 현상을 분석하고, 정보에 접근하며, 개별적 지식에 대한 해석과 조직을 통하여 자신이 알고 있는 것을 타인에게 표현하는 역할을 수행한다. 학습자들은 컴퓨터를 이용하여 개인적으로 의미 있는 지식을 표현하는 기초를 갖추게 된다. 컴퓨터의 기능은 학습자의 능력과 밀접하게 연관되어 있으며, 학습자의 지적 활동을 지원한다. 컴퓨터는 다음과 같은 기능을 수행하므로 학습자의 고차원적인 지적 활동을 촉진하고 확장하는 데 도움을 준다. 예를 들면, 변경, 수정, 분석, 평가, 계산, 선택, 분류, 협력, 관찰, 수집, 결합, 비교, 추론, 묘사, 설계, 도식화, 편집, 예측, 해석, 판단, 계획, 문제해결, 종합, 검증 등과 같은 활동들을 지원한다.

컴퓨터과 교수법 및 교재연구

2 컴퓨터과 교재·교구의 특성

컴퓨터과 교재 및 교구는 컴퓨터과 교육과정에 근거하여 분석할 수 있다. 컴퓨터과 교육과정은 ICT 소양을 향상시키기 위한 내용으로 구성되었으므로 당연히 교재와 교구도 그 범주에 포함되어 있다. 컴퓨터과 내용은 정보의 이해와 윤리, 컴퓨터 기초, 소프트웨어의 활용, 컴퓨터 통신, 종합 활동으로 구성하고 있으며, 이 중에서 '정보의 이해와 윤리'는 정의적 영역으로서 일반 교과 동일한 교재 및 교구를 포함할 수 있다. 그러나 그 이외의 학습 내용은 타 교과에서 접근하고 있는 교재의 범주를 포함하기도 하지만, 그것과 구별되는 독특한 특성을 가지고 있다.

컴퓨터과 교재 및 교구의 특성은 다음과 같다. 첫째, 컴퓨터과에서 컴퓨터와 응용 소프트웨어는 학습의 대상이자 문제해결의 수단이다. 일반적으로 타교과에서 컴퓨터와 응용 소프트웨어는 교구로써의 역할을 수행한다. 반면 컴퓨터과에서 컴퓨터 및 응용 소프트웨어는 그 자체가 학습의 대상이 되기도 한다. 컴퓨터과에서 사용되는 교재는 하드웨어와 소프트웨어의 여러 가지 형태가 존재한다. 하드웨어는 컴퓨터에 관한 지식을 가르치기 위하여 중앙처리장치, 기억장치, 저장장치, 입력장치, 출력장치 등의 실물이 함께 필요하며, 이를 활용하기 위한 시스템 소프트웨어와 학습의 대상으로서의 다양한 응용 소프트웨어가 필요하다. 대부분 컴퓨터를 기반으로 동작하는 응용 소프트웨어는 타 매체와 달리 학습을 위한 내용을 전달하기보다는 도구 자체로서 교재의 역할을 한다. 워드프로세서는 국어 교과의 '편지쓰기'에 활용될 경우, 교구에 해당되지만, 컴퓨터과에서 워드프로세서는 학습의 대상인 교재가 된다.

둘째, 컴퓨터과 교재 및 교구는 상호작용적 매체이다. 일반적으로 TV, VCR, 라디오 등은 일방향의 정보 전달 체계를 가지고 있으나, 컴퓨터는 매체와의 상호작용이 가능하다는 것이다. 컴퓨터는 운영체제에 의하여 표준화된 사용자 인터페이스를 제공하며, 이를 통하여 학습자와의 끊임없는 상호작용을 수행한다. 일반적으로 상징체계에 따라 매체를 구분할 때, 시각매체, 청각매체, 시청각 매체, 상호작용 매체로 구분을 한다. 그러나 컴퓨터의 구동 방식은 상호작용을 바탕으로 하고 있으며, 정보 전달의 측면에서 시각매체, 청각매체 그리고 시청각 매체를 모두 포함하는 복합매체라 할 수 있을 것이다.

셋째, 컴퓨터과 교재 및 교구는 특별한 학습 환경을 필요로 한다. 과학과의 교재 및 교구를 활용하기 위해서는 실험실이 필수적으로 필요하다. 마찬가지로 컴퓨터과 학습을 위해서는 반드시 컴퓨터를 학습자가 개별적으로 조작할 수 있는 환경이 필요하다. 컴퓨터과 교육을 위하여 학교마다 '컴퓨터 실습실'을 운영하고 있다. 컴퓨터 실습실은 일반 교과 학습을 위해서도 활용될 수 있지만, 컴퓨터과 수업을 위해서 반드시 필요한 요건이다.

넷째, 컴퓨터과 교재 및 교구는 매우 실제적인 경험을 필요로 한다. 타 교과에서 매체는 학습 내용을 전달하는 수단으로 그 의미가 있는 반면, 컴퓨터와 응용 소프트웨어에 대한 학습은 설명을 통해서는 이해하는 데 한계가 있으며, 반드시 실제적으로 조작하는 경험을 반드시 요구한다는 점이다. 따라서 컴퓨터과 교재 및 교구의 개발에서도 이와 같은 실제적 경험의 제공을 반드시 고려하여야만 한다.

3 컴퓨터과 교재의 유형

컴퓨터과 교육에서 사용되는 교재는 다양한 방식으로 분류할 수 있다. 일반적으로 교육내용을 전달하는 매체로서 인쇄 매체, 시청각 매체, 컴퓨터 기반 매체로 구분할 수도 있다. 인쇄매체에는 교과서, 괘도, 월간지, 백과사전, 컴퓨터 용어사전, 만화, 사진 등이 이에 해당된다. 인쇄매체는 주로 시각적인 방법에 의존하는 것으로 학교 교육에서 가장 보편적으로 사용된다. 시청각 매체는 비디오, 슬라이드, OHP, 실물 화상기, 영화, 텔레비전 등이 이에 해당되며, 최근에는 대부분 텔레비전으로 통합되었다. 시청각 매체는 정지영상뿐만 아니라 동영상을 제공할 수 있다는 점에서 학습자의 주의 집중과 동기 유발을 촉진한다. 컴퓨터 기반 매체는 컴퓨터를 통하여 제공되는 것으로 응용 소프트웨어, 교육용 소프트웨어, 멀티미디어 교수·학습 자료, 웹 등이 이에 해당된다.

컴퓨터과 교수법 및 교재연구

그렇지만 보다 합리적인 것은 컴퓨터과 교재 및 교구의 특성에 근거하여 교수·학습을 위한 교재 및 교구의 유형을 다음과 같이 구분할 수 있다. 일반적으로 교수·학습 매체를 구분하는 기준은 어떠한 상징적 체계를 사용하는가에 따라 이루어졌다. 상징적 체계란 학습 내용의 전달을 위하여 문자, 음성, 기호 및 언어 등의 특정한 상징을 사용하는 것이다. 상징체계의 차이는 매체를 특징짓는 가장 중요한 속성으로 동일한 내용도 다양한 상징체계를 사용해 전달할 수 있다. 상징체계는 실물을 그대로 나타내는 실물계와 그림의 형태로 나타내는 영상적 체계, 무용이나 동작으로 표상되는 활동적 체계로 구분한다. 일반적으로 많이 사용되는 구분은 상징체계에 따른 분류이다. 이는 교수·학습 매체가 학습 내용을 전달하기 위하여 주로 의존하는 상징체계가 무엇이냐에 따라 시각매체, 청각매체, 시청각매체, 상호작용 매체로 구분한다. 그러나 이러한 구분은 앞에서 전술한 바와 같이 상호작용 매체인 컴퓨터는 다양한 상징체계를 포함하고 있으므로 이를 아날로그 교재, 디지털 교재, 실물교재로 구분하는 것이 보다 이해가 용이할 것이다.

아날로그 교재에는 교과서류, 비투사 자료, 청각자료, 방송과 비디오 자료 등이 해당되며, 디지털 교재에는 텍스트, 그래픽, 이미지, 오디오, 비디오와 생산성도구 및 저작 도구 등이 포함된다. 실물교재로는 컴퓨터, 키보드, 마우스 등과 같은 주변장치, 전화기, 전자계산기 등과 같이 컴퓨터가 포함된 장치, 신용카드, 주민등록증과 같이 컴퓨터를 활용한 소재 등이 포함된다.

3.1 실물교재

3.1.1 컴퓨터

컴퓨터는 입력을 받아들이고, 데이터를 처리 및 저장하며, 출력하는 장치이다. 이를 위하여 컴퓨터는 데이터를 받아들이는 입력 장치와, 데이터를 처리하기 위한 중앙처리장치(CPU), 정보를 저장할 수 있는 저장장치, 처리된 결과를 보여주는 출력장치로 구성된다.

입력장치에는 키보드와 마우스가 대표적이며, 저장장치에는 임시로 데이터를 기억하고 있는 메모리(Memory)와 영구적으로 저장할 수 있는 하드 디스크, CD-ROM 등이 있다. 출력장치에는 처리된 결과를 나타내기 위한 프린터 등이 있다.

3.1.2 실물화상기

실물화상기는 광학계 및 전자 부품으로 구성된 기기로서 프로젝션 TV와 PC에 연결하여 다양한 자료(그림, 사진, 책, 사물, 생물 및 슬라이드/OHP필름, 지도)를 영상으로 확대하여 제시할 수 있는 기능을 제공한다. 실물화상기는 수업에서 다양한 자료를 영상으로 제시함으로써 학습의 효과를 높일 수 있으며, 또한 과학실 수업에서는 현미경처럼, PC에 연결하여 영상을 입력할 수 있는 등 용도가 매우 다양하다. 실물화상기를 선택할 때에는 선명한 영상이 가장 중요하며 다음에 기능과 제품에 대한 신뢰성 등을 고려하여야 한다.

3.1.3 디지털 카메라

디지털 카메라는 영상을 디지털데이터로 바꾸어 전자장치에 필름 없이 저장이 가능한 카메라이다. 내부에 메모리 칩 등의 기록 장치를 장착하고 있어 필름 없이도 수백여 장의 사진을 촬영할 수 있다. 해상도에 따라 구분되며 30만 화소의 보급형에서 500만 화소 이상의 전문가용도 있다.

디지털 카메라는 교육적으로 필요한 자료를 즉시 컴퓨터를 통하여 전송이 가능하고 그 자료는 디스플레이를 통하여 제시할 수 있다. 또한 각 교과에서 필요한 교수·학습 자료를 개발하는 데에 매우 유용하게 활용될 수 있다. 인화할 필요가 없으며, 교수·학습 자료로서 다양한 형태로 변형이 가능하다. 학생들은 프로젝트를 진행하는 과정을 기록하거나 문제해결과정에서 나타난 결과를 기록하는 수단으로 활용할 수 있으며, 학습의 결과를 웹을 통하여 손쉽게 배포할 수 있는 이미지를 제공한다.

컴퓨터과 교수법 및 교재연구

3.2 디지털 교재

디지털 교재는 학생들에게 전달할 정보를 가지고 있는 텍스트, 그래픽, 이미지, 오디오, 비디오 등이며, 이러한 디지털 교재를 개발하는 데 필요한 응용 소프트웨어들이 있다. 응용 소프트웨어는 컴퓨터과 교육의 교재가 되며, 학생들은 응용 소프트웨어의 사용 방법을 익히고 이를 문제 해결과정에 접목하는 경험을 필요로 한다. 또한 응용 소프트웨어를 통하여 디지털 매체가 개발되므로 컴퓨터과 교육에서 활용되는 응용 소프트웨어에 대하여 명확하게 이해할 필요가 있다. 일반적으로 컴퓨터과 교육과정에 포함된 응용 소프트웨어와 실제 업무 환경에서 많이 사용되는 소프트웨어는 다음과 같다. 문서작성 소프트웨어, 그래픽 소프트웨어, 프레젠테이션 소프트웨어, 수치분석 소프트웨어, 데이터 관리 소프트웨어, 정보 및 참조 소프트웨어, 연결 소프트웨어, 교육 및 훈련 소프트웨어, 오락 소프트웨어 등이 있다.

3.2.1 운영체제

운영체제(operating system)는 메모리나 디스크 공간과 같은 컴퓨터의 하드웨어 자원을 제어하는 소프트웨어이다. 마이크로소프트 윈도우즈, 도스, OS/2, 맥 OS와 같은 마이크로컴퓨터 운영체제는 많이 알려진 것들이다. 미니 컴퓨터와 메인프레임의 운영체제에는 UNIX, VMS, MVS 등이 있다. 운영체제는 컴퓨터 내의 활동을 조정하는 제어기라고 할 수 있다. 컴퓨터는 운영체제 없이는 제 기능을 발휘할 수 없다. 운영체제는 사용자가 프로그램을 시작하고, 저장된 데이터를 관리하고, 보안을 유지하도록 도와주는 외부 서비스를 제공한다. 또한 컴퓨터 시스템이 효율적으로 동작할 수 있도록 입출력을 제어하고, 시스템 자원을 할당하고, 프로그램과 데이터를 위한 저장 공간을 관리하고 고장을 찾아내는 것과 같은 내부 서비스를 제공한다.

3.2.2 문서작성 소프트웨어

문서 작성 소프트웨어는 문서의 작성, 편집, 설계, 문서 인쇄를 지원한다. 문서 작성 소프트웨어의 가장 인기 있는 유형은 워드프로세싱, 탁상출판, 웹 저작 소프트웨어이다.

워드프로세싱 소프트웨어는 리포트, 편지, 논문, 원고 같은 문서작성을 하던 타이프라이터를 대체했다. 학생들은 편지를 쓰기 위해, 기업가는 메모, 리포트, 판매 자료를 쓰기 위해 워드프로세싱 소프트웨어를 사용한다. 디지털 문서는 재사용, 문서공유, 문서에 근거한 공동작업이 용이하다. 워드프로세싱 소프트웨어는 문서를 완성하기 전에, 화면상에서 문서를 작성하고, 오탈자를 검사하고, 편집하고, 서식을 맞출 수 있도록 한다. 오늘날 가장 많이 사용되는 워드프로세싱 소프트웨어는 마이크로소프트 워드와 흔글이 있다.

탁상출판 소프트웨어(Desktop publishing software)는 신문, 편지, 소책자, 잡지, 책을 전문적인 품질의 출판물로 만드는 보다 정교한 기능을 제공한다. DTP는 문서의 포맷과 외양을 좋게 하는 그래픽 설계 기술을 사용할 수 있도록 워드프로세싱 소프트웨어를 한 단계 향상시킨 것이다. 많이 사용되는 탁상출판 소프트웨어로는 쿼크 익스프레스, 어도비 페이지 메이커, 마이크로소프트 퍼블리셔 등이 있다.

웹페이지 저작도구(Web pages authoring software)는 인터넷에서 전자적으로 제작할 수 있는 주문형 웹페이지 설계와 개발을 지원한다. 웹페이지 설계 소프트웨어가 웹 페이지를 위한 텍스트를 합성하고, 그래픽 요소를 조합하고, 또 HTML 태그를 자동으로 생성하는 도구를 제공하므로, 사용자가 직접 HTML을 다루지 않아도 된다. 이 분야에서 많이 사용되는 소프트웨어는 나모 웹 에디터, 드림위버, 마이크로소프트 프론트 페이지 등이 있다.

3.2.3 그래픽 소프트웨어

그래픽 소프트웨어는 이미지를 생성하고 편집하며 조작할 수 있다. 그래픽 소프트웨어는 만들고자 하는 이미지 형태에 따라 다음과 같이 구분한다.

▶ 사진(photos) : 이미지 처리 소프트웨어는 이미지를 자르고, 색채를 수정하고, 제거하고, 여러 사진들을 합성하고, 또 특수효과를 나타낼 수 있다. 색칠하기(paintings)는 일반적으로 비트맵 이미지(bitmapped image)로 작업하며 수채화, 유화, 분필화, 혹은 목탄화처럼 편집할 수 있다.

▶ 그리기와 3차원 객체(drawings and 3D objects) : 점, 선, 면으로 구성된 그림을 벡터그래픽(vector graphics)이라고 한다. 이것의 장점은 그림을 확대하거나 축소하더라도 계단 현상이 나타나지 않으며, 컴퓨터에서 그린 그림처럼 많은 색이 쓰이지 않은 그림에서는 저장 공간이 비트맵 이미지보다 상대적으로 적다는 것이다.

▶ 애니메이션과 비디오(Animations and videos) : 애니메이션 소프트웨어는 움직이는 화면을 생성하는 일련의 정지 프레임을 만드는 과정을 능률적으로 할 수 있게 한다. 영상편집소프트웨어는 캠코더, VCR로부터 비디오를 캡쳐하고, 불필요한 프레임을 자르거나 사운드 트랙을 추가하는 등 비디오 편집을 지원한다.

3.2.4 프레젠테이션 소프트웨어

프레젠테이션 소프트웨어는 텍스트, 그래픽, 애니메이션, 사운드, 비디오를 일련의 슬라이드 내에 통합하는 도구와 방법을 제공한다. 프레젠테이션 소프트웨어는 대부분 그래픽과 사운드 클립을 가지고 있어 프레젠테이션 작업을 효율적으로 할 수 있도록 한다. 슬라이드는 컬러 모니터나 프로젝터를 이용하여 교육이나 제품 설명 등에 활용할 수 있다. 대표적인 소프트웨어로는 마이크로소프트 파워포인트가 있다.

3.2.5 수치분석 소프트웨어

수치분석 소프트웨어는 물리적 시스템과 사회적 시스템의 수치모델을 만들고, 모델의 경향을 예측하고 양식을 이해하도록 분석하는 것과 같은 작업을 용이하게 한다. 수치분석 소프트웨어에는 스프레드시트, 통계 패키지 등이 포함된다.

스프레드시트는 숫자와 공식에 기초한 계산을 수행한다. 간단하거나 보다 복잡한 계산을 위한 간편한 도구로서, 스프레드시트 소프트웨어에는 데이터를 도표로 표시하는 기능도 있다. 스프레드시트 소프트웨어는 예산안을 만드는 관리자, 학생의 자료를 관리하는 교육자, 가계예산 관리, 퇴직금 투자분석 등에 자주 활용된다. 많이 사용되는 스프레드시트는 마이크로소프트 엑셀이 있다. 통계소프트웨어는 형태와 관계를 발견하게 해서 데이터의 근 집합을 분석하게 지원한다. 조사결과, 시험점수, 실험결과, 혹은 인구 데이터를 정리하는 데 유용하다. 대부분의 통계 소프트웨어는 데이터를 표시하고 시각적으로 탐구할 수 있는 그래프 작성 기능을 포함한다. SPSS, JMP, 데이터 데스크 같은 소프트웨어가 있다.

3.2.6 데이터 관리 소프트웨어

데이터 관리 소프트웨어(Data management software)는 정보를 저장하고, 검색하고, 수정하고, 조직화하고, 보고하는 기능을 가지고 있다. 데이터베이스는 관련된 파일의 집합이다. 데이터베이스 소프트웨어(Database software)는 여러 파일에서 정보를 결합하고 통합하는 효율적인 방법을 지원한다. 데이터베이스 소프트웨어는 개인보다는 기업, 정보, 교육계에서 더 많이 사용되고 있다. 마이크로컴퓨터를 위한 데이터베이스 소프트웨어에는 마이크로소프트 엑세스가 있으며, 메인프레임 컴퓨터용으로는 오라클 9i이나 IBM의 DB2가 많이 사용된다.

3.2.7 정보 및 참조 소프트웨어

정보 및 참조 소프트웨어(information and reference software)는 정보의 모음과 그 정보에 접근하기 위한 방법을 제공한다. 정보 및 참조 소프트웨어는 백과사전, 의학서적, 지도 소프트웨어, 여행 안내, 요리책, 전화번호부 등과 같이 응용 범위가 방대하다. 정보 및 참조 소프트웨어는 그것이 포함하고 있는 정보의 양 때문에 일반적으로 CD-ROM에 담겨있다. 많은 제품들은 새로운 정보로 갱신하기 위해 CD-ROM과 웹사이트를 연결한다. 이 부문에서 가장 인기있는 소프트웨어는 모든 영역에 대한 텍스트, 그래픽, 오디오, 비디오를 담고 있는 백과사전이다. 정보 및 참조 소프트웨어에는 마이크로소프트의 엔카르타, IBM의 월드북 백과사전, 브리태니커 백과사전, 두산 동아 백과사전 등이 있다.

3.2.8 연결 소프트웨어

연결 소프트웨어(connectivity software)는 컴퓨터를 지역 네트워크나 인터넷에 연결하고 그것들이 제공하는 정보와 통신의 이점을 갖게 하는 도구를 제공한다. 연결 소프트웨어에는 기본 통신 소프트웨어, 원격제어 소프트웨어, 전자우편, 웹 브라우저 등이 있다. 통신 소프트웨어(communication software)는 컴퓨터의 모뎀이나 인터넷을 이용하여 먼 곳에 떨어져 있는 컴퓨터와 연결시켜 준다. 이러한 연결을 통하여 두 대의 컴퓨터는 유기적으로 연결될 수 있다. 전자우편 소프트웨어(e-mail software)는 인터넷에 연결된 대부분의 사람들이 사용하는 소프트웨어로서 친구, 친척, 동료, 기업들과의 우편함을 관리한다. 전자우편 소프트웨어에는 마이크로소프트 아웃룩익스프레스가 대중적으로 사용되며, 최근에는 포털 사이트의 웹 기반 전자우편도 많이 사용된다. 웹 브라우저는 웹 페이지를 검색하고 한 문서에서 다음 문서로 넘어가는 사용하는 링크를 제공한다. 웹 브라우저는 사용자가 인터넷의 정보를 보다 손쉽게 접근할 수 있는 다양한 도구들을 제공한다. 웹 브라우저에서 제공하는 기능으로는 홈(home), 히스토리(history), 되돌림(backtracking), 북마크(bookmark), 검색(search) 등이 있다. 가장 많이 사용되는 소프트웨어는 마이크로소프트 인터넷 익스플로러이다.

3.2.9 교육 및 훈련 소프트웨어

교육 및 훈련 소프트웨어는 새로운 기능을 배우고 숙달할 수 있도록 정보를 제공하거나 기능을 익히도록 한다. 교육용 소프트웨어는 학생들의 교과 학습 지원을 지원한다. 학습은 아동들의 흥미에 맞도록 게임으로 제시되고, 아동의 나이와 능력에 따라 놀이의 수준이 결정된다. 키보드 입력 능력을 향상하거나, 외국어 능력의 향상, 수능 시험 대비와 같은 프로그램 등이 제공된다. 에듀테인먼트 소프트웨어(edutainment software)는 학습과 게임 사이의 구분이 명확하지 않은 교육 및 훈련 소프트웨어를 일컫는 말이다. 에듀테인먼트 산업의 가장 활동적인 분야는 유아 및 아동용 소프트웨어이다.

4 컴퓨터과 교재·교구의 활용과 운영

4.1 교재·교구의 선정 방안

컴퓨터과 교육을 위한 교재·교구를 선택하기 위한 계획은 방법, 매체, 자료를 체계적으로 선택하여야 한다. 이를 위하여 일반적으로 세 단계를 고려할 수 있다. ① 학습과제에 적합한 학습 방법을 결정 ② 방법을 수행하는 데 적합한 교재 유형 선택 ③ 교재 유형 내에서 특정자료를 선택, 수정, 개발하는 것이다.

4.1.1 학습 방법 선택하기

모든 사람에게 가장 좋은 방법이 단 하나만 있다거나 모든 학습 요구에 항상 적합한 방법도 한 가지가 있다고 믿는 것은 잘못이다. 교수·학습은 흐름에 따라 각기 다른 목적에 맞는 여러 가지 방법을 사용할 수도 있다. 예를 들면, 교사는 수업의 도입부에서 학습자들의 관심을 불러일으키고 주의를 집중시키기 위해 애니메이션을 제시하고 새로운 정보를 제시하기 위해 시연을 하며, 그 후 새로운 기능의 연습기회를 제공하기 위해 반복연습 CAI 활동을 계획할 수도 있다. 따라서 교사는 학습양식이 다른 학습들에게 각 양식에 맞게 서로 다른 방법을 통해 개별적인 연습을 할 수 있도록 과제를 구성할 수도 있다.

4.1.2 교재 유형 결정하기

교수·학습 교재는 전달하고자 하는 내용이 담겨있는 물리적 또는 전자

적 형태이다. 앞에서 언급한 바와 같이 교재 유형은 크게 실물교재, 아날로그 교재, 디지털 교재로 구분할 수 있다. 실물교재로서 컴퓨터 및 주변 장치와 아날로그 교재로서 교과서, 백과사전, 잡지, 신문 등이 이에 포함될 수 있다. 디지털 매체로서는 기본적으로 텍스트, 그래픽, 이미지, 오디오, 비디오 등이 이에 해당된다. 각각의 교재는 나타낼 수 있는 정보전달 형태에 따라 장단점을 갖고 있다. 단, 교재 유형을 선택하는 것은 풍부한 이론적 배경과 경험을 필요로 한다.

대부분 적합한 교재를 선택하기 위해서는 수업상황 혹은 학습 집단의 형태, 학습자 변인, 목표의 특성을 고려해야 한다. 또한 각 유형이 학습자에게 피드백을 줄 수 있는 기능이 있는지도 고려해야 한다. 교사는 학습장면의 관점에서 어떤 교재를 선택을 할 것인지, 학습자의 어떤 특성이 가장 중요한지, 목표 중에 어느 요소가 자신의 상황에서 가장 중요한지 결정하여야 한다.

4.1.3 교수·학습 교재 획득하기

적합한 교재를 획득하는 방법은 다음과 같다. 첫째, 이용 가능한 교재의 선택, 둘째 기존의 교재를 수정 셋째, 새로운 교재를 설계, 개발하는 것이다.

(1) 기존 교재의 선택

기존의 이용 가능한 교재를 이용하여 학생들이 학습목표를 성취하는 것이 가능하다면 기존 교재를 선택하는 것이 시간, 노력 및 비용이 절약된다. 그러나 그 자료가 학습목표나 학습자와 일치하지 않을 때 그것을 수정하는 것이 하나의 대안이 될 수 있다. 만일 앞의 방법이 적합하지 않다면, 교사가 자신의 자료를 새로이 설계, 개발하는 것이다. 이것이 비록 비용과 시간이 가장 많이 든다고 하더라도 학생들의 목표 성취에 도움이 될 것이다.

한편, 교사에 의해 사용되는 교재들의 대부분은 이미 사용해 온 것들이다. 즉, 이미 만들어져 있거나 이용 가능한 것이기 때문에 학교, 지역, 회사, 혹은 관련기관으로부터 쉽게 얻을 수 있다. 이와 같은 자료를 선택하는 준거는 다음과 같다.

- 교재가 교육과정과 일치하는가?
- 교재가 정확한가, 그리고 최근의 것인가?
- 교재가 분명하고 정확한 언어를 포함하는가?
- 교재가 흥미를 유발하고 유지시키는가?
- 교재가 학습자 참여를 제공하는가?
- 교재가 좋은 기술적 품질이 보장되는가?
- 효과성의 증거가 있는가(예, 현장 검증 결과)?
- 의도적 편견이나 상업광고적인 성격이 없는가?
- 사용자 안내 혹은 다른 문서를 포함하는가?

예를 들면, 컴퓨터에 관한 이해를 돕기 위하여 컴퓨터 내부의 모습을 보여주거나 주변 장치에 대하여 학습할 경우, 기존에 가지고 있던 구형 컴퓨터를 분해하여 제시하거나 현재 사용 중인 장치를 대상으로 학습을 수행할 수 있을 것이다. 그러나 이와 같은 자료 선택 준거가 있다고 하더라도 더욱 중요한 것은 수업에서 가장 중요한 준거가 어느 것인지에 대한 결정은 교사 자신에게 달려있다.

(2) 기존 교재의 수정

기존 교재에서 적당한 자료와 매체를 찾을 수 없다면, 기존 교재를 수정해서 사용할 수도 있다. 물론 이것은 필요한 수정의 유형과 범위에 따라 다르겠지만, 자료를 새로 설계하는 것보다 더욱 효율적이다. 예를 들면, 컴퓨터의 이해를 돕기 위하여 구입한 비디오 영상의 설명이 학습자의 수준을 넘어선다면, 음성을 끄고 비디오 화면을 보면서 교사가 직접적으로 설명을 할 수 있을 것이다.

또한 디지털 교재의 경우, 기존의 모든 자료가 수정 가능하므로 수업을 위하여 필요한 정보를 용도에 맞게 수정할 수 있다. 그래픽, 이미지와 같은 공간적 매체의 경우에는 교사가 필요에 맞도록 수정할 수 있다. 또한 음성, 영상과 같은 시간적 동기 매체의 경우, 수업을 위하여 필요한 부분만 선택하고 나머지는 모두 삭제할 수도 있다. 단, 상업적으로 만들어진 자료를 수정하는 데 주의할 점은 자료의 수정과 사용이 저작권 관련 법률이나 제한을 어기는 것이 아닌지 확인하여야 한다.

(3) 새로운 교재의 설계 및 개발

전혀 없는 교재를 만드는 것보다 기존의 이용 가능한 자료나 수정한 자료를 사용하는 것이 더 쉽고 비용이 덜 든다. 그러나 기존의 교재 중에 적합한 것이 없을 경우, 교사는 스스로 교재를 설계하고 개발하여야 한다. 기존의 이용 가능한 교재를 선택하는 경우와 마찬가지로 새 교재를 설계할 때에도 학습 목표, 학습 대상, 자료 개발 비용, 기술적 전문성, 기자재 시설, 시간 등을 충분히 고려하여야 한다.

4.2 수업에서의 활용 방안

ASSURE 모형은 교수·학습과 교재의 통합을 어떻게 할 것인가에 방법을 제공한다. 교재 선택의 다음 단계는 학생과 교사가 교구 및 교재를 활용하는 단계이다. 최근 멀티미디어 교재의 이용이 증가하고 교사 중심에서 학습자 중심으로 인식론의 관점이 이동함에 따라 교사가 전체 학생들을 대상으로 자료를 제시하고 학생들이 그것을 보는 강의식보다 학생들이 스스로 자료를 활용하는 개인 혹은 소집단 중심의 학습이 증가하고 있다.

4.2.1 교재에 대한 사전 검토

수업 교재는 사용하기 전에 반드시 확인하여야 한다. 교사는 교재가 자신의 학습자와 목표에 적당한지 검토해야 한다. 교재의 전체를 충분히 검토하여야 하며, 그것이 학습 내용 및 방법에 도움을 제공할 수 있는지를 평가하여야 한다. 특정 소프트웨어의 경우, 실습실에 설치가 불가능하거나, 사용 방법이 까다로워서 많은 시간을 필요로 하는 것일 수도 있다. 또한 최근에는 인터넷을 통하여 동영상 정보를 접하는데, 실제로 수업에 활용할 수 있을 만큼의 화질과 전송 속도를 제공하는지도 미리 확인하여야 한다. 또한 제시하고자 하는 동영상에 학생들에게 유해한 정보가 포함되었는지도 확인하여야 한다.

4.2.2 교재·교구 준비하기

교사 자신이 계획한 수업활동을 지원하기 위한 교재·교구를 준비하여야 한다. 우선 교사와 학생들이 필요한 모든 교재와 교구를 준비한다. 그리고 어떤 순서로 그 교구나 매체를 사용할 것인지 결정한다. 교사는 그것을 가지고 무엇을 할 것인가? 학생들은 무엇을 할 것인가? 필요하다면, 수업에 필요한 자료와 기자재 목록을 만들거나 그 활동의 차례를 계획하여야 한다. 또한 교사 통제형 수업을 위해서 활용하게 될 기자재와 교재를 반드시 확인하고 사용방법을 숙지하여야 한다. 학습자 통제형 수업을 위해서 필요한 모든 자료, 매체, 기자재에 대하여 학생들이 직접 활용하도록 하여야 한다. 예를 들면, 구성주의에 기반한 문제 중심학습의 경우, 학습자가 학습의 통제권을 많은 부분 가지고 있으므로 학생들이 직접 컴퓨터를 이용하여 다양한 교수·학습 자료를 수집하고 분석, 처리하도록 환경을 제공하여야 한다. 이와 같은 경우, 교사의 역할은 촉진자가 되어야 한다. 교사는 무슨 자료가 학생들에게 필요한지 예상해야 하고, 또한 필요한 자료를 확보해야 한다.

4.2.3 환경 준비하기

교실, 실험실, 컴퓨터 실습실 등과 같은 교수·학습 상황에서는 학생들이 교재를 사용할 수 있도록 필요한 시설을 제공하여야 한다. 컴퓨터 실습실의 경우, 적정 온도의 유지, 충분한 조명을 준비하여야 하고, 학생들이 사용하는 의자의 경우, 저학년부터 고학년이 동시에 사용하므로 높낮이가 조절되는 기능을 가지고 있어야 한다. 컴퓨터 실습실의 경우, 교수·학습에 필요한 소프트웨어가 모두 설치되어 있어야 하며, 주기적으로 시스템의 동작여부를 검토하여야 한다. 또한 컴퓨터와 더불어 사용하게 될 프로젝션 TV나 프로젝터, 음향 기기 등도 정확하게 동작하는지 확인하여야 한다.

4.2.4 학습자 준비시키기

학습에 관한 연구결과에 의하면 어떤 활동을 통한 학습의 성취 정도는

컴퓨터과 교수법 및 교재연구

학습자가 수업에 대해 얼마나 준비되었느냐에 크게 달려 있다. 교사가 학습경험을 제공할 때 학습자를 미리 준비시키는 것은 매우 중요하다. 예를 들면, 수업 내용에 대한 전반적인 개요를 제공하거나, 준비 단계의 학습이 학습 주제와 어떤 관련성을 가지는지를 논리적으로 설명할 수 있다. 또한 학습자들에게 학습 동기를 유발시키거나, 수업에서 특정 측면에 집중해 줄 것을 지시하는 것 등이 이에 해당된다. 이와 같은 주의, 지시, 동기유발, 합리적 근거 제공 등은 수업이 교사중심이든 학생중심이든 모두 적용할 수 있다.

4.2.5 학습경험 제공하기

학습 경험이 교사 중심이라면 교사는 마치 배우처럼 학습자들의 주의를 집중시킬 수 있어야 하며, 전달하고자 하는 학습 내용에 대한 풍부한 지식을 바탕으로 그에 필요한 매체를 전문가 수준으로 활용할 수 있어야 한다. 이를 위하여 강의법에 대한 준비나 프레젠테이션 방법에 대하여 익숙하도록 훈련하여야 한다. 한편, 학습경험이 학생 중심이라면 교사는 학생들이 인터넷상의 주제를 탐구하고, 그 내용에 관하여 토론하고, 포트폴리오를 위한 자료를 준비하고, 동료들에게 정보를 제시하도록 안내자, 촉진자 그리고 조력자의 역할을 수행해야 한다.

5 컴퓨터과 교육 환경

1단계 교육정보화 사업은 학교를 정보화하는 데 중점을 두었다. 모든 교실에 컴퓨터를 보급하였으며, 인터넷을 연결하고, 교원에 대한 연수와 교수·학습을 위한 자료의 개발과 보급을 완료하였다. 이를 바탕으로 2001년부터 추진되는 2단계 교육정보화 사업은 교육과정 운영 및 지원, 물적 인프라 구축, 교원 연수, 자료 개발 등에 중점을 두고 있다. 이와 같은 교육정보화 사업을 통하여 학교의 교실과 특별실은 대부분 인터넷과 연결된 컴퓨터를 보유하게 되었다.

일반적으로 학교는 인터넷을 비롯하여 컴퓨터와 여러 정보기기가 수업의 목적과 수업 유형에 따라 다양한 형태의 교실로 구성된다. 컴퓨터 교육을 위한 환경으로서는 교과 수업을 위한 일반 교실과 특별활동을 위한 특별실 등으로 구성된다. 이러한 교실들은 교수·학습 활동의 주체자인 교사와 학생들의 상호작용 형태에 따라 선택될 수 있다. 학교에서 컴퓨터를 매개로 하는 교수·학습 활동은 다음과 같은 목적을 가질 수 있다.

첫째, 컴퓨터에 관한 개념, 기능, 활용방법 등에 대하여 교육한다. 즉, 정보소양 교육, 응용 소프트웨어 활용, 컴퓨터 프로그래밍 등과 같은 컴퓨터 소양에 관한 교육이다. 이를 위하여 컴퓨터의 조작 방법을 효과적으로 안내하거나 시연할 수 있도록 하기 위한 부가 장치들이 필요하다. 전자칠판이나, 터치스크린, 프로젝션 TV나 프로젝터, 스크린 등이 이에 해당된다. 이와 같은 교수·학습을 위해서 학교에서는 컴퓨터 실습실이 이에 해당된다. 컴퓨터 실습실은 컴퓨터의 구조 및 응용 소프트웨어의 학습을 위한 공간으로 활용된다. 또한 컴퓨터 실습실은 개별화 학습 또는 소집단 학습을 위한 컴퓨터 보조 학습 프로그램을 운영할 수도 있다.

둘째, 수업 제시 장치로서 이용한다. 즉, 각종 자료나 프레젠테이션 자료, 컴퓨터 그래픽의 화면을 학생들에게 제시하는 데 이용한다. 이를 위하여 교사가 작성한 문서, 자료, 컴퓨터 그래픽 화면 등을 학생들에게 전송하거나 이를 확대하여 제시하기 위한 부가 장치들이 필요하다. 교과 수업을 위한 일반 교실이 이에 해당되며, 컴퓨터 교육의 지적 영역과 정의적 영역의 교육을 위한 공간으로 활용 가능할 것이다. 주로 실습을 요하지 않는 내용의 경우, 일반 교실에서도 수업을 할 수 있을 것이다.

셋째, 생산적 도구(Productivity Tool)로서 이용한다. 교수·학습 활동에 필요한 각종 문서의 작성, 그림 그리기, 표 계산, 데이터베이스, 인터넷, 컴퓨터 그래픽스 등을 이용하여 교과에서 주어진 과제를 해결하기 위하여 정보를 생성하는 데 이용한다. 이를 위해서는 조별 활동을 위한 컴퓨터가 조별로 제공되어야 한다. 또한 각종 학습 도구용 소프트웨어가 컴퓨터에 설치하거나 공유할 수 있는 환경이 필요하다.

이와 같은 필요를 반영할 때, 학교의 컴퓨터 배치 방법이나 학습 공간은 다음과 같은 유형으로 구분할 수 있다. 인터넷에 연결된 1대의 컴퓨터가 있는

컴퓨터과 교수법 및 교재연구

일반 교실, 2~4명이 1대의 컴퓨터를 공유하여 학습할 수 있도록 구성된 정보화 교실, 1인 1대의 컴퓨터 학습을 할 수 있도록 하기 위한 컴퓨터 실습실로 구분할 수 있다.

5.1 컴퓨터 실습실

컴퓨터 실습실은 정보통신기술 교육을 통하여 컴퓨터를 이해하고 의사소통하며 컴퓨터를 다룰 수 있는 능력을 배양하는 곳이다. 또한 컴퓨터를 일상의 문제를 해결하는 도구로서의 기능을 실습을 통하여 문제해결 능력과 논리적 사고력 등을 기르며, 아울러 정보검색을 통하여 다양한 교육정보를 활용할 수 있는 곳이기도 하다. 일반적으로 초등학교의 경우, 학생 35명을 기준으로 실습실을 설치하며, 36학급 미만은 1실을, 36학급 이상은 2실을 설치 운영하도록 하고 있다. 또한 민간 참여 컴퓨터 교실을 설치하도록 하여, 일반 법인이 학교에서 학생들을 대상으로 컴퓨터 관련 특기 적성 교육을 수행하고 계약 기간 종료 후 학교에 기증하는 방식으로 운영한다. 다음 [그림 3-1]은 컴퓨터 실습실의 일반적 형태를 나타낸 것이다.

[그림 3-1] 컴퓨터 실습실

컴퓨터 실습실은 학습자 1인당 1대의 컴퓨터를 이용할 수 있는 환경을 제공한다. 교사는 학생들을 대상으로 동시에 소프트웨어의 사용 방법을 익히게 하거나 학습자들 스스로 개별과제를 수행하도록 한다. 따라서 컴퓨터 실습실은 매우 개별화된 공간이며, 대부분 정보통신기술교육을 위하여 사용한다. 7차 교육과정에서 정보통신기술교육은 1학년부터 6학년까지 매주 1시간씩 운영한다. 정보통신기술 교육을 위하여 35학급 이하의 학교에서는 컴퓨터 실습실을 일주일 내내 개방하여도 일부 학급은 사용할 수 없는 상황이 발생할 수도 있다. 따라서 원활한 교육과정을 위하여 충분한 컴퓨터 실습실을 확보할 필요가 있다.

컴퓨터 실습실은 컴퓨터 및 주변기기들을 설치할 수 있어야 함과 동시에 교사와 학생이 교수·학습 활동을 원활히 지원할 수 있는 공간이 확보되어야 한다. 일반적으로 학교의 컴퓨터 실습실은 일제식 평면적 배치가 대부분이다. 이와 같은 컴퓨터 실습실은 다음과 같은 특징을 가지고 있다. 교실전체의 면적은 $10.2m \times 180 = 183.6m^2$로 보통교실 2개와 복도의 면적을 합한 크기가 이상적이다. 학생수 35명이 1인 1대의 컴퓨터를 사용하고, 교사용과 학생용 모두 인터넷이 연결되어 있어야 한다. 전면부 교사의 공간은 2단 정도로 높여 학생들의 학습 상태를 관찰할 수 있도록 한다. 책상과 책상의 간격을 충분히 하여 학생들의 통행이나 교사가 이동하면서 학생들을 지도하는 데 무리가 없게 하여야 한다. 컴퓨터 준비실은 교사의 교재연구 등을 위하여 충분한 면적을 확보하여야 한다. 그리고 최소한의 컴퓨터와 소프트웨어 등의 정보나 도서, 자료를 비치하여 학생들의 흥미나 관심이 유발되도록 하여야 한다.

그리고 컴퓨터 실습실의 바닥은 일반적으로 Access Floor를 설치하며, 이를 통하여 컴퓨터로 연결되는 전원 및 네트워크 케이블 등을 손쉽게 설치할 수 있다. 또한 미관을 해치지 않고 자유로운 케이블링이 가능해지게 된다. 컴퓨터 실습실 마감재는 내열성, 내습성, 내마모성, 단열성이 우수한 제품으로 설치되어야 한다.

컴퓨터 실습실의 책상은 컴퓨터 본체와 모니터를 35~40cm 정도의 깊이가 필요하다. 그 전면에 키보드를 위한 소요 길이가 20cm 정도 필요하다 본체와 모니터의 뒷면에 배선 케이블을 위한 약간의 공간이 필요하며, 키보드의 앞에 손의 휴식을 위한 약간의 공간이 필요하다. 1인용 컴퓨터 책상은 약

90cm, 2인용 컴퓨터 책상은 140cm가 필요하다. 책상과 책상 간의 거리는 전후와 좌우를 모두 고려하여야 한다. 앞뒤 책상 간의 거리는 약 60cm, 통로 폭은 50cm 이상 확보하여야 한다.

컴퓨터 실습실의 컴퓨터에는 교육과정을 운영하기 위한 소프트웨어가 필수적으로 설치되어야 한다. 정보통신기술교육과정에 포함된 소프트웨어로는 워드프로세서, 스프레드시트, 프레젠테이션, 그리기 도구, 이미지 처리 도구 등과 같은 응용 프로그램과 바이러스 진단 및 치료 도구, 압축 도구 등과 같은 유틸리티를 비롯하여 웹 브라우저와 같은 통신용 도구도 필요하다. 그 이외에 학습자들이 흥미롭게 활용할 수 있는 엔터테인먼트 교육용 소프트웨어나 각 교과에서 필요로 하는 학습용 소프트웨어도 필요에 따라 설치할 수 있을 것이다.

5.2 모둠별 실습실

학교에는 여러 형태의 특별학습 공간이 있다. 과학실, 미술실, 음악실, 무용실, 컴퓨터실, 매체 제작실, 원격화상 강의/회의실 등은 그 목적에 따라 시설과 설비가 달라진다. 대부분의 학교는 이들 중 몇 가지의 특별실을 갖추고 있다. 이러한 특별실 중 컴퓨터 실습실을 제외하고 교수·학습 자료의 개발이나 모둠별 활동을 지원하기 위한 별도의 공간을 구성하기도 한다. 이러한 교실은 매체제작실이 되기도 하고, 모둠별 수업을 위한 공간이 되기도 한다. 일반적으로 학교에서 모둠별 실습실은 주로 ICT를 활용한 협동학습 공간으로 활용된다.

모둠별 실습실은 ICT 교육과 ICT 활용 교육을 동시에 수행할 수 있는 환경이다. 모둠별 실습실에는 학생 3~4명이 함께 사용할 수 있는 여러 대의 컴퓨터, 프린터, 스캐너 등을 갖추고 있다. 이 시설은 모둠별 학습을 진행하거나 멀티미디어 교재를 개발하는 용도로 활용할 수 있다. 모둠별 실습실은 교사로부터 주어진 문제를 3~4명이 1대의 컴퓨터를 활용하여 과제를 해결하거나 의견을 교환하는 등 매우 동적인 학습 환경이다.

[그림 3-2] 모둠별 실습실

　　모둠별 실습실에서 학생들은 20여명 내외이므로 교사는 매우 다양한 수업 형태를 개발 적용할 필요가 있다. 이러한 교실에서 적용할 수 있는 수업 방법은 토의 질문법, 문답법, 소집단 협동학습, 창의적 문제 해결법 등이 있다. 모둠별 실습실의 가장 큰 특징은 학습의 통제권이 주로 학습자에게 많이 주어진다는 점이다. 학습자들은 학습에 대한 주도권을 가지고 동료들과 협동하여 과제를 해결할 수 있으며, 교사는 학생들을 안내하고 촉진하는 조력자로서의 역할을 수행할 수 있다. 따라서 모둠별 실습실은 컴퓨터와 웹을 교과 과정에 통합할 수 있는 풍부한 학습 환경을 제공한다.

　　모둠별 실습실에서 컴퓨터 소양 교육은 주로 협동학습을 통한 문제해결 교육을 중심으로 수행할 수 있다. 모둠별 실습실의 경우, 컴퓨터가 2인 1대 또는 4인 1대 등으로 제한되어 있으므로 소양 교육을 통하여 습득한 다양한 응용 프로그램을 종합적으로 활용하여 일상생활의 문제를 해결하는 경험을 제공할 수 있다. 교사는 모둠별로 학습 주제에 대하여 토론하여 방향을 제시하며, 조언을 제공하고, 관련 자료를 제시하는 등 학습을 촉진하는 안내자, 조력자로서의 역할을 수행하여야 한다.

5.3 일반 교실

학교 대부분의 교실은 일반 교과 운영을 위한 공간으로 활용할 수 있다. 교육정보화 1단계 사업을 통하여 일반 교실에는 컴퓨터, 프로젝션 TV, VCR, OHP, 실물화상기, 프린터 등이 설치되어 있다. 이와 같은 일반 교실에서 컴퓨터와 인터넷을 활용할 수 있는 기능은 다음과 같다. 첫째, 인쇄 매체나 사진 정보 등과 같이 평면적인 교수·학습 자료를 이용한 일방향성 교육 방법에서 탈피하여 멀티미디어 교수·학습 자료를 검색하고 활용하는 자기 주도적 학습 환경을 제공한다. 둘째, 정규 수업 진행 중에 학교망이나 인터넷을 이용하여 멀티미디어 학습 자료를 검색하고 그 결과를 저장, 제시, 출력할 수 있다. 셋째, 교사는 계획된 수업 설계안을 바탕으로 준비한 멀티미디어 교수·학습 자료를 프로젝션 TV를 통하여 제시할 수 있다. 넷째, 학급에서 발생되는 각종 자료를 입력하고, 학교에서 제공하는 각종 정보를 검색하거나 제공하며, 학급 간의 의사소통 수단으로 활용할 수 있다.

일반 교실의 컴퓨터와 인터넷은 ICT 활용 교육을 위하여 활용된다. 일반 교과 수업에서 ICT는 관련 자료를 획득하고 가공하며, 배포하는 등 다양한

[그림 3-3] 일반 교실

용도로 활용할 수 있다. 7차 교육과정부터 모든 교과 수업에 10% 이상 정보통신기술이 적용되고 있다. 실제 수업에서의 ICT 활용은 인터넷, 검색사이트, 온라인 채팅, 화상회의, 메시지 전달 도구, 전자 우편, 게시판 등의 다양한 정보통신기술을 통해 이루어지며, 교사 간, 교사와 학생 간, 학생 간 혹은 교사와 학부모 간 등 여러 차원에서 원활한 의사소통 및 정보 교환의 방법으로 활용된다. 이 외에도 자료 작성 및 분석 도구로서 워드프로세서, 프레젠테이션 소프트웨어가 사용되고, 저작 도구, 스프레드시트, 데이터베이스 등 응용 소프트웨어를 활용할 수도 있다.

일반 교실에서의 수업은 대부분 35명 이상의 많은 학생을 대상으로 한다. 따라서 일반 교실에서의 수업은 주로 강의법이나 시청각 학습법, 연습 및 훈련 등과 같은 교사 주도형이다. 따라서 학생들은 교사의 설명을 듣거나 필기를 하는 수동적 학습 형태를 띠게 된다.

일반적으로 ICT 교육은 컴퓨터 실습실에서 이루어지는 것이 대부분이다. 다양한 소프트웨어의 활용 방법을 익히거나 문제 해결을 위하여 ICT를 활용하고자 할 때에도 컴퓨터 실습실은 매우 훌륭한 학습 환경을 제공한다. 그렇다고 하여 ICT 교육의 모든 내용을 반드시 실습실에서 해야만 하는 것은 아니다. ICT 교육 내용 중에 정보사회의 이해와 정보윤리와 같이 지적, 정의적 영역의 내용은 일반 교실에서도 충분히 가르칠 수 있는 것이다. 따라서 일반 교실에서 ICT는 교과와의 통합을 위하여 필요하며, ICT 교육 내용 중 지적 영역과 정의적 영역의 내용의 교육이 가능하다.

일반 교실에 설치된 다양한 정보 기기들은 원활한 활용을 위하여 항상 사용할 수 있는 상태로 유지 관리되어야 한다. 교실에서의 수업은 매우 역동적이어서 정보 기기를 통하여 원하는 자료를 획득, 저장, 제시, 배포가 오류 없이 진행되어야 한다. 따라서 교사는 교실 내의 정보 기기에 대한 충분한 이해를 바탕으로 상호간의 연결 방법, 자원의 교환, 배포 등을 수행할 수 있는 능력을 길러야만 한다.

컴퓨터과 교수법 및 교재연구

요 점 정 리

1. 일반적으로 교구란 교육활동에서 매체를 제시하는 구체물로서 학습할 내용과 활동을 연결하여 학습목표를 달성하기 위한 내용을 여러 가지 형태로 제시하는 데 쓰이는 물품이라 할 수 있으며, 교재란 교육목표를 달성하기 위하여 학습할 내용이며 각종 정보 제시 기기를 통하여 제시되는 교수자료이다.

2. 컴퓨터과 교재 및 교구란 학습자가 일상생활에서 부딪히는 의문이나 문제를 정보통신기술을 활용하여 해결하는 능력을 개발하는 수단이라고 할 수 있다.

3. 컴퓨터과 교재와 교구는 학습자로 하여금 실제 활동에 참여시켜 정보통신기술을 익히고 이를 문제 해결의 도구로 활용하는 지적 활동을 가능하게 한다.

4. 컴퓨터과 교구·교재의 역할은 문제해결의 수단, 의사소통의 수단으로서 특별한 학습환경을 필요로 하며, 학습자에게 실제적 경험을 제공하는 수단으로서의 역할을 수행한다.

5. 컴퓨터과의 교재·교구는 실물교재, 아날로그 교재, 디지털 교재로 구분할 수 있다. 실물교재에는 컴퓨터 및 주변장치와 아날로그 교재에는 교과서, 백과사전, 잡지 등과 디지털 교재에는 운영체제, 소프트웨어, 그래픽, 이미지, 오디오, 비디오 등의 매체가 이에 해당된다.

6. 적합한 교재를 선택하기 위해서는 교수자, 학습자, 학습 내용, 학습 환경 등을 충분히 고려하여야 한다.

7. 컴퓨터과 교육을 위한 학습 환경으로는 일반 교실, 모둠별 실습실 그리고 컴퓨터 실습실 등이 있다. 일반 교실은 컴퓨터가 필요하지 않은 인지적 영역의 학습에 적합하며, 모둠 교실은 프로젝트와 같은 조별 활동에 적합하며, 컴퓨터 실습실은 응용 소프트웨어의 학습이나 개별과제의 수행에 적합하다.

연습문제

1 컴퓨터과 교재·교구의 의미를 예를 들어 설명하시오.

2 컴퓨터과 교재·교구의 특징을 타 교과와 비교하고 그 차이점을 설명하시오.

3 컴퓨터과 교재·교구 중 디지털 교재에 대하여 그 특징을 설명하시오.

4 컴퓨터과 교육을 위한 응용 소프트웨어를 탐색하고 각 소프트웨어의 특징과 교실에서의 적용 방안을 설명하시오.

5 컴퓨터과 교육을 위하여 필요한 디지털 교재를 선정하고 학습 목표에 비추어 교재를 개발하여 봅시다.

6 일반 교실에서 컴퓨터과 교육을 수행하기에 적합한 학습 내용과 이를 위한 교재·교구를 선정하시오.

7 컴퓨터 실습실에서 컴퓨터과 교육을 수행하기에 적합한 학습 내용과 이를 위한 교재·교구를 선정하시오.

컴퓨터과 교수법 및 교재연구

참 고 문 헌

강숙희(2001). **인터넷과 수업**. 교육과학사.

교육인적자원부. 초등학교 정보통신기술활용 지도 자료. 교육인적자원부.

교육인적자원부(2001). 2001년도 교사 ICT활용교육 연수교재. 한국교육학술정보원.

교육인적자원부(2000). 초·중등학교 정보통신기술교육운영지침 해설서. 교육부.

교육인적자원부(2005). 초·중등학교 정보통신기술교육운영지침. 교육부.

교육인적자원부·한국교육학술정보원(2003). 교육정보화 백서. 한국교육학술정보원.

김미량, 조미헌, 김민경, 이옥화, 허희옥 공저(2003). **컴퓨터교과 교재연구**. 교육과학사.

김홍래(2006). 초등학교 ICT교육과정의 내용체계에 관한 연구. 정보교육학회 논문지 제10권 제1호. pp.129-142.

박성익, 임철일, 이재경, 최정임 공저(2003). **교육방법의 교육공학적 이해**. 교육과학사.

손병길 외(1992). 학교에서의 컴퓨터 도입과 활용을 위한 지침 개발 연구. 한국교육개발원.

이태욱, 유인환, 이철현 공저(2001). **ICT교육론**. 형설출판사.

이태욱 외(2001). ICT활용 교수-학습 방법 연구(KR 2001-2). 한국교육학술정보원.

이옥화 외(2003). **컴퓨터교육 4.U 컴퓨터교육의 기초**. 교육과학사.

한국교육개발원 컴퓨터교육연구센터(1991). 컴퓨터교육장학편람. 교육부.

한국정보교육학회 컴퓨터교재개발분과위원회 편저(2004). **컴퓨터과 교수법 및 교재연구**. 생능출판사.

한국정보교육학회 컴퓨터교재개발분과위원회 편저(2003). **컴퓨터 교육론**. 삼양출판사

한국정보교육학회 컴퓨터교재개발분과위원회 편저(2004). **컴퓨터 교육론**. 삼양미디어.

컴퓨터과 교육평가

컴퓨터과 교육평가는 컴퓨터 활용에 대한 지식과 기능을 습득하여 일상생활에서 유용하게 활용할 수 있는 지식, 기능과 태도를 함양하기 위한 학습과 관련된 목표를 체계적으로 측정하고 판단하는 행위이다. 이러한 컴퓨터과 교육평가의 종류로는 지필검사, 실기평가 등이 있다. 지필평가는 가장 기본적인 평가 방법으로 주어진 시간에 정해진 수의 문제를 제시하여 학생들이 이를 해결하도록 하고 그 결과를 중심으로 평가하는 방법이며, 실기평가는 학습한 것을 실제 적용시키는 능력을 측정하는 평가 방법이다. 본 장에서는 각 평가별 종류 및 실제에 대해 학습하고자 한다.

학습목표

- 컴퓨터교육 평가에 대한 개념과 모형을 설명할 수 있다.
- 필기평가의 종류를 이해하고 제작할 수 있다.
- 실기평가의 종류를 이해하고 제작할 수 있다.
- 포트폴리오 평가 방법을 이해하고 제작할 수 있다.

1 컴퓨터과 교육평가 개념

1996년 교육부에서 밝힌 컴퓨터교육의 목표는 지식, 기능, 태도의 세 영역으로 나누어 구분하고 있다. 지식적인 면에서 "컴퓨터에 대한 올바른 이해", 기능적인 면에서 "컴퓨터 조작 및 활용능력 배양", 태도적인 면에서 "컴퓨터에 대한 올바른 태도와 가치관의 함양"이라고 구분하여 학교급별 컴퓨터 교육목표 체계를 제시하였다. 그리고 컴퓨터교육의 총괄목표를 "컴퓨터와 그

컴퓨터과 교수법 및 교재연구

활용에 대한 지식과 기능을 습득함으로써 일상생활에서 유용하게 활용할 수 있는 능력과 태도를 함양하기 위함"이라고 제시하면서 컴퓨터 교육의 핵심개념을 정보소양교육으로 설정하였다.

교육평가는 광의적인 면에서 교육활동에 대한 전체맥락(Context), 투입변인(Input), 과정변인(Process), 산출변인(Product)을 파악하여 유용한 정보를 얻는 활동으로 합리적 의사결정을 위한 것이고(Stufflebeam, 1967, 1971), 협의적인 면에서는 교육결과의 평가를 의미한다. 또한 교육평가는 교육의 과정에서 필요로 하는 학생에 관한 정보를 수집하고, 교육과정의 효율성을 판단하며 교육목표 달성도를 밝히는 과정이다. 종래에는 교육평가를 교육과정의 마지막 단계로 생각하였으나 최근에는 교육의 전 과정에 걸쳐서 평가가 진행되어야 한다는 공감이 형성되고 있다. 즉, 교육평가란 교육과 관련된 모든 것의 양, 정도, 질, 가치, 장점 등을 체계적으로 측정하여 판단하는 주관적 행위라고 정의할 수 있다(성태제, 2002).

이러한 관점에서 컴퓨터 교육에서의 평가는 컴퓨터와 그 활용에 대한 지식과 기능을 습득하여 일상생활에서 유용하게 활용할 수 있는 능력과 태도의 함양과 관련된 것들을 체계적으로 측정하고 판단하는 행위라고 할 수 있다.

2 컴퓨터과 교육평가 종류

평가의 신뢰성은 목표와의 타당성이 중요한 요소로 작용하므로, 컴퓨터교과의 평가는 컴퓨터교과의 학습목표를 명확히 인식하고 이를 기준으로 타당한 평가목표를 세워야 한다. 교육부에서 제안하는 컴퓨터 교과의 학습목표를 살펴보면 다음과 같다.

- **초등학교** : 학습활동과 일상생활에서 필요한 정보를 컴퓨터를 통해 찾고 활용할 수 있어야 한다.
- **중학교** : 적절한 정보통신기술을 선택하여 자신의 학습 및 문제해결 활동에 활용할 수 있어야 한다.

- **고등학교** : 정보통신기술을 활용하여 자료를 분석, 종합, 체계화하고 예측, 가설검증 등에 활용할 수 있어야 한다.

기존의 많은 교과에서는 주로 이론 위주의 수업과 더불어 이론 위주의 평가가 실시되었으나, 컴퓨터 교과는 그 특성상 이론 위주의 수업보다는 실습 위주의 수업 진행이 많이 이루어지므로, 기존의 평가방법과 더불어 새로운 평가 방법의 도입이 필요하다.

2.1 지필평가

지필평가는 가장 기본적인 평가 방법으로 주어진 시간에 정해진 수의 문제를 제시하여 학생들이 이를 해결하도록 하고 그 결과를 중심으로 평가하는 방법이다. 지필평가의 경우 손쉽게 난이도를 조절하면서 평가도구를 제작할 수 있는 장점이 있는 반면에, 단답식의 문항만으로 측정할 수 없는 내용이 있고, 암기위주의 학습에 익숙해지도록 만드는 단점이 있다.

지필평가는 선택형(selection type)과 서답형(supply type)으로 분류할 수 있다. 선택형 평가방법은 일반적으로 객관식이라고 부르는 문항 형태로 진위형(true-false form), 배합형 또는 연결형(matching form), 선다형(multiple choice form) 등으로 분류할 수 있다.

진위형 문항은 제시된 진술문에 피험자가 맞는지 틀리는지 즉 옳은지 그른지를 응답하는 문항 형태이다. 진위형 문항은 문항제작이 용이하고, 채점의 객관성을 높일 수 있으며, 다수의 문항으로 많은 교과 내용을 효율적으로 측정할 수 있다는 장점을 갖는다. 반면, 단순한 사실의 암기 여부를 측정하거나 추측에 의해 문항의 답을 맞힐 수 있어서 검사의 신뢰도가 낮아질 수 있으며, 학습동기를 낮춘다는 단점이 있다.

배합형 또는 연결형 문항은 일련의 문제군과 답지군을 배열하여 문제군의 질문에 대한 정답을 답지군에서 찾아 연결하는 문항 형태로 두 가지 내용의 연관성에 대한 기초지식 측정에 적합하다. 연결형 문항은 채점이 용이하며, 유사한 사실을 비교하고 구분하고, 판단하는 능력을 측정하기 좋은 문항 형태이다. 반면 문항제작에 많은 시간이 소요되고 단순정신능력을 측정하는 경향으로 인해 암기 위주 교육을 유발할 수 있다는 단점이 있다.

선다형 문항은 선택형 문항유형 중에서 가장 많이 활용된다. 선다형 문항의 구조적 특성은 문항의 모호성을 배제할 수 있으며, 주어진 시험시간에 많은 문항으로 검사를 실시할 수 있어서 넓은 영역의 학업성취 수준을 파악할 수 있다는 장점이 있다. 반면, 창의성 개발, 분석적 능력, 문제해결 능력 등의 복합적 인지구조의 발달을 제한할 수 있다는 점, 그럴듯하고 매력적인 답지 제작이 쉽지 않고, 학생이 추측에 의하여 답을 맞힐 가능성이 있다는 단점이 있다.

서답형 평가방법은 일반적으로 주관식으로 부르는 문항형태로 논술형(essay), 단답형(short-answer form), 괄호형(close form) 등이 있다. 논술형(essay)은 주어진 질문에 제한 없이 여러 개의 문장으로 자유롭게 응답하는 문항 형태로 피험자의 분석력, 비판력, 조직력, 종합력, 문제해결력, 창의력을 측정한다. 논술형 문항은 문제를 이해하는 능력, 문제를 해결하는 능력, 논리적으로 전개하는 능력, 분석적 사고력, 논리 전개에 따라 결론을 유도하는 능력, 새로운 견해와 문제를 제시하는 능력 등 매우 다양한 정신능력을 측정할 수 있고 피험자들의 조직력, 분석력, 비판력, 종합력, 창의력, 문제해결 능력을 함양시킬 수 있다. 또한 문항제작이 선다형이나 단답형에 비해 상대적으로 수월하다는 장점이 있다. 반면, 많은 문항 출제가 어려워 넓은 교과 영역을 측정하기 쉽지 않으며, 학생의 문장력이 채점에 영향을 줄 수 있다는 단점을 갖는다.

단답형(short-answer form)은 간단한 단어, 구, 절 혹은 수나 기호로 응답하는 문항 형태로, 용어의 정의나 의미를 물을 때나 계산 문제에 자주 사용된다. 단답형은 문항제작이 용이하고, 정의, 개념, 사실 등을 질문하므로 넓은 범위의 내용 측정이 가능하다는 장점이 있다. 반면, 단순 지식이나 개념, 사실들을 측정할 가능성이 높으며, 선택형 문항에 비하여 채점의 객관성을 보장받기 힘들다는 단점이 있다.

괄호형(close form)은 질문을 위한 문장에 여백을 두어 응답을 유도하는 문항 형태이다. 괄호형은 정의, 개념, 간단한 사실 등의 인지 여부를 질문하므로 광범위한 내용을 측정할 수 있고, 선택형 문항처럼 답지가 제공되지 않으므로 추측요인을 배제할 수 있다. 또한 문항제작이 수월하고 검사의 타당도와 신뢰도가 높다. 반면 단순한 지식이나 개념, 사실 등만을 측정할 가능성이 높다는 단점을 갖는다.

2.2 대안적 평가

지필평가의 대안적 평가방법으로 실기평가, 포트폴리오 평가, 관찰법, 모둠활동 등이 있다. 실기평가는 학습한 이론을 실제 적용시키는 능력을 측정하고자 하는 평가 방법이다. 포트폴리오 평가 방법은 학생 자신이 작성하거나 만든 작품을 지속적·체계적으로 모아둔 개인별 작품집, 혹은 서류철을 활용하여 평가하는 방법이다. 컴퓨터과 평가에서는 학생들이 프로젝트형 실습과제수행에 대한 자료들을 모아놓은 포트폴리오를 사용할 수 있다. 이 방법은 한 차례의 평가로 그치지 않고 지속적인 학생 개인의 변화와 발달과정을 종합적으로 평가할 수 있다는 점에서 유용하다. 관찰법은 학생을 이해하고 평가하기 위한 가장 보편적인 방법 중의 하나로서 개별 학생 단위뿐만 아니라 모둠 단위로도 관찰할 수 있어서 하나의 독자적인 평가가 되는 동시에 수행평가방법을 위한 기본적인 방법이 되기도 하는데, 비교적 정확한 관찰 결과를 얻을 수 있다는 장점이 있다. 주로 사용되는 방법으로는 일화기록법, 체크리스트, 비디오 녹화방법 등이 있다. 모둠활동은 학생들을 모둠으로 나누어 모둠별 과제를 제시하고 학습자들이 이를 해결하는 과정을 평가하는 방법이다. 다양한 수준의 학습자들이 상호 협력하는 과정을 통해 상호학습이 가능하며 관찰법, 모둠별 포트폴리오 등을 통해 평가할 수 있다.

3 컴퓨터과 교육평가 사례

초·중등학교의 국민공통 기본 교육과정 중 정보통신기술 교육을 위한 학교 교육과정 편성·운영 자료인 "초·중등학교 정보통신기술 교육 운영지침"(교육인적자원부, 2005)을 바탕으로 컴퓨터과 평가 사례를 제시하고자 한다. 정보통신기술 교육의 지도 내용은 '정보 사회의 생활', '정보 기기의 이해', '정보 처리의 이해', '정보 가공과 공유', '종합 활동'의 5개 영역으로 이루어졌으며, 각

영역은 정보통신기술의 활용을 통해 정보통신기술의 원리를 이해하고, 이를 바탕으로 한 단계 더 높은 정보통신기술의 활용으로 이어지도록 구성되어 있다. '정보 사회의 생활' 영역에서는 정보 사회의 일원으로 갖추어야 할 정보통신윤리와 정보 보호에 대한 내용을 깊이 있게 이해하고 실천할 수 있도록 하며, 나머지 영역은 일상생활이나 교과활동에서 고등 사고력을 기를 수 있도록 각 영역 간의 순환학습을 통해 상호보완 가능한 내용으로 구성되어 있다. 특히 초등학교에서는 기본적인 컴퓨터 조작을 통해 정보통신기술에 대한 기초적인 내용을 습득하고, 논리적 사고력을 증진시켜 문제 해결 능력을 향상시키며, 응용 소프트웨어를 활용하는 방법과 정보 사회에 참여하는 태도를 익혀 올바른 정보통신윤리 의식을 형성할 수 있도록 지도한다.

〈표 4-1〉 정보통신기술교육의 단계별 지도 내용

단계 영역	제 1단계 (초등학교 1-2학년)	제 2단계 (초등학교 3-4학년)	제 3단계 (초등학교 5-6학년)
정보 사회의 생활	• 정보 사회와 생활 변화 • 컴퓨터로 만나는 이웃 • 컴퓨터 사용의 바른 자세 • 사이버 공간의 올바른 예절	• 사이버 공간의 이해 • 네티켓과 대인 윤리 • 인터넷과 게임 중독의 예방 • 정보 보호와 암호 • 바이러스, 스팸으로부터 보호	• 협력하는 사이버 공간 • 사이버 폭력과 피해 예방 • 개인 정보의 이해와 관리 • 컴퓨터 암호화와 보안 프로그램 • 저작권의 보호와 필요성 • 정보 사회와 직업
정보 기기의 이해	• 컴퓨터 구성요소의 이해 • 컴퓨터의 조작	• 운영 체제의 사용법 • 컴퓨터의 관리 • 소프트웨어의 이해 • 유틸리티 프로그램 활용 • 주변 장치의 활용	• 컴퓨터 동작의 이해 • 컴퓨터 사용 환경 설정 • 네트워크의 이해 • 정보 기기의 이해와 활용
정보 처리의 이해	• 다양한 정보의 세계 • 재미있는 문제와 해결방법	• 숫자와 문자 정보의 표현 • 문제 해결 과정의 이해	• 멀티미디어 정보의 표현 • 문제 해결 전략과 표현 • 프로그래밍의 이해와 기초
정보 가공과 공유	• 생활과 정보교류 • 사이버 공간과의 만남	• 사이버 공간에서의 정보 검색과 수집 • 문서 편집과 그림 작성	• 사이버 공간 생성, 관리, 교류 • 수치 자료 처리 • 발표용 문서 작성
종합 활동	• 정보 사회에 대한 올바른 인식과 이해	• 문제 해결을 위한 정보의 수집, 생성 및 보호	• 책임 있는 협력 활동을 통한 문제 해결

3.1 지필평가

3.1.1 선택형 문항

(1) 진위형 문항

진위형 문항의 기본 형태는 제시된 서술문이 맞는지 틀리는지를 응답하는 것으로 ○, × 또는 예, 아니오로 응답한다.

단계	영역	학습 내용	평가 목표	행동목표 영역		평가 방법	평가 시기
				이해	기능		
1	정보기기의 이해	컴퓨터 구성 요소의 이해	컴퓨터 구성 요소의 각각의 기능을 설명할 수 있다.	○			
	정보 처리의 이해	다양한 정보의 세계	정보의 종류를 인식하고 해당 정보의 특징을 말할 수 있다.	○			
2	정보 가공과 공유	문서 편집과 그림 작성	문서 편집 기능을 이용하여 필요한 문서를 작성할 수 있다.		○		
3	정보처리의 이해	프로그래밍의 이해와 기초	프로그래밍의 개념을 인지할 수 있다.	○			
	정보 사회의 생활	저작권의 보호와 필요성	저작권의 의미와 보호의 필요성을 이해할 수 있다.	○			

예제 1 컴퓨터를 구성하고 있는 기계적인 장치를 하드웨어라고 한다.( )

예제 2 정보를 나타내는 최소의 단위로, 2진수 0과 1로 나타내는 것을 바이트라고 한다.( )

예제 3 워드프로세서로 가족 신문을 만들기 위해 하나의 쪽을 둘로 나누어 왼쪽과 오른쪽에 각기 다른 내용을 기록하고자 할 때 [모양]-[다단] 메뉴를 이용한다.( )

컴퓨터과 교수법 및 교재연구

예제 4 컴퓨터가 이해할 수 있는 언어로 일의 처리 방법과 순서를 지시하는 명령문의 집합을 인터프리터라고 한다. (   )

예제 5 흔글을 이용하여 숙제를 해야 하는데 프로그램이 설치되어 있지 않으면 친구에게 CD를 빌려서 설치하면 된다. (   )

(2) 배합형 문항

연결형(또는 결합형) 문항은 문제와 답을 각각 무작위로 배열하여 문제의 정답을 답 중에서 찾아 연결하는 문항 형태로 선다형의 한 형태라고 할 수 있다.

단계	영역	학습 내용	평가 목표	행동목표 영역		평가 방법	평가 시기
				이해	기능		
제1단계	정보 기기의 이해	컴퓨터 구성 요소의 이해	자료를 입력하는 장치와 출력하는 장치를 구분할 수 있다.	○			
제1단계	정보 가공과 공유	사이버 공간과의 만남	웹 브라우저의 의미와 기본 기능을 이해하고 사용법을 익힐 수 있다.	○			
제2단계	정보 기기의 이해	소프트웨어의 이해	소프트웨어의 종류와 역할을 알 수 있다.	○			
제3단계	정보 처리의 이해	문제 해결 전략과 표현	문제 해결 과정에서 세워진 전략을 순서도로 표현할 수 있다.		○		
제3단계	정보 처리의 이해	멀티미디어 정보의 표현	정보의 종류와 쓰임에 따른 표현 방식을 비교할 수 있다.		○		

예제 1 다음은 입력과 출력장치들이다. 관련 있는 것끼리 연결하시오.

㉠ 스캐너 •　　•　문서, 그림, 사진 등을 컴퓨터 그래픽으로 변환해주는 입력장치

㉡ 플로터 •　　•　컴퓨터에서 처리한 데이터의 결과를 그래프나 도형의 형태로 출력할 때 사용하는 장치

㉢ 바코드 판독기 •　　•　컴퓨터용 펜으로 표시된 마크에 광선을 비추어 반사되는 빛으로 판독하는 장치

㉣ OMR •　　•　상품의 포장지에 인쇄된 가늘고 굵은 막대 모양으로 구성된 특수 문자를 판독하는 입력장치

예제 2 다음은 웹 브라우저에 관한 용어이다. 관련 있는 것끼리 연결하시오.

㉠ 하이퍼링크 •　　•　웹 브라우저를 실행시킨 후부터 종료 전까지 사용자가 방문했던 웹사이트 주소들을 순서대로 기억하여 보관하는 기능

㉡ 북마크 •　　•　홈 페이지에서 밑줄이 그어진 글자에 마우스 포인터를 이동하면 마우스가 손 모양으로 변경되고 이것을 클릭하면 다른 문서로 이동하도록 연결시킨 것

㉢ 히스토리 •　　•　즐겨찾기라고도 하는데 자주 방문하는 웹사이트를 기억시켜두고 언제든지 해당사이트에 접속할 수 있도록 해주는 기능

㉣ 홈페이지 •　　•　웹사이트에 접속했을 때 처음 나타나는 웹페이지

예제 3 처리할 작업과 그와 관련 있는 응용 소프트웨어를 찾아 연결하시오.

㉠ 문서작성　　•　　•　엑셀

㉡ 차트작성　　•　　•　흔글

㉢ 이미지 편집　•　　•　포토샵

㉣ 발표 자료 제작　•　　•　프리미어

㉤ 동영상 편집　•　　•　파워포인트

예제 **4** 순서도의 기호와 의미를 바르게 연결하시오.

- ▭ • • 대용량 기억 장치를 이용한 온라인 처리
- ⌐⌐ • • 산술 연산, 데이터의 이동, 편집 등의 처리
- ▭ • • 주어진 조건을 비교, 판단하여 흐름을 결정
- ⬡ • • 미리 정의된 서브루틴 등의 처리
- ◇ • • 처리 전의 준비 및 선언

예제 **5** 다음 (가)와 관계되는 사항을 (나)에서 골라 줄로 연결하시오.

(가)	(나)
㉠ 음악 •	• a. AVI
㉡ 그림 •	• b. MP3
㉢ 동영상 •	• c. JPEG
㉣ 플래시 •	• d. FLA

(3) 선다형 문항

선다형 문항은 두 개 이상의 답지가 부여되어 그 중 맞는 답이나 혹은 가장 알맞은 답을 선택하는 것으로 우리에게 너무도 익숙한 형태의 문항이다. 즉, 선다형 문항은 피험자에게 자극이 되는 진술문인 질문과 그에 따른 두 개 이상의 답지로 구성된다. 선다형 문항은 아주 쉬운 문항에서부터 어려운 문항까지 제작이 가능하여 학업 성취도 검사에서 널리 사용되는 형태이다.

단계	영역	학습 내용	평가 목표	행동목표 영역		평가 방법	평가 시기
				이해	기능		
제1단계	정보 사회의 생활	컴퓨터 사용의 바른 자세	컴퓨터 앞에서의 바른 자세와 올바른 사용 습관을 실천할 수 있다.		○		
제1단계	정보 기기의 이해	컴퓨터 구성 요소의 이해	컴퓨터의 기본 구성 요소에 대해 각각의 기능을 설명할 수 있다.	○			
제2단계	정보 사회의 생활	바이러스, 스팸으로부터의 보호	컴퓨터 바이러스의 특징과 감염 경로를 알고 예방하는 방법을 이해할 수 있다.	○			
제2단계	정보 가공과 공유	문서 편집과 그림 작성	문서 편집 기능을 이용하여 필요한 문서를 작성할 수 있다.		○		
제3단계	정보 사회의 생활	사이버 폭력과 피해 예방	사이버 폭력의 피해 사례를 알고 이에 대한 예방 및 대처 방법을 실생활에 적용할 수 있다.		○		

예제 1 컴퓨터를 사용하는 바른 자세는 어느 것인가? (   )

① 허리를 구부리고 앉는다.
② 모니터에 눈을 가까이 대고 본다.
③ 한 시간 이상 사용할 때는 중간에 반드시 쉬는 시간을 가진다.
④ 음료수를 먹으며 컴퓨터를 사용한다.

예제 2 컴퓨터 시스템의 기능을 사람에 비교했을 때 사람의 눈이나 귀와 같은 역할을 하는 기능은 무엇인가? (   )

① 입력 기능   ② 연산 기능   ③ 제어 기능
④ 기억 기능   ⑤ 출력 기능

예제 3 컴퓨터 시간에 컴퓨터 바이러스를 예방하는 방법에 대해 각자 의견을 발표했다. 옳은 의견을 말한 사람을 모두 고르시오. (   )

> • 동건 : 정기적으로 백업 파일을 받아 둔다.
> • 지혜 : 디스켓을 사용할 때 쓰기 방지 탭을 사용한다.
> • 승헌 : 바이러스 백신 프로그램을 사용하여 프로그램을 정기적으로 테스트해 본다.
> • 지현 : 제공되는 프로그램이나 복제 프로그램을 정기적으로 사용한다.
> • 은혜 : 바이러스 백신 프로그램을 주기적으로 업그레이드 한다.

① 동건, 지혜   ② 동건, 승헌, 지현
③ 지혜, 지현, 은혜   ④ 동건, 지혜, 승헌, 은혜
⑤ 지혜, 승헌, 지현, 은혜

예제 4 다음 문장에 사용된 정렬 방식은 무엇인가? (   )

> 7월 19일부터
> 여름방학입니다.

① 양쪽 정렬   ② 왼쪽 정렬
③ 가운데 정렬   ④ 오른쪽 정렬
⑤ 양쪽 혼합 정렬

예제 5 자신이 온라인 게시판에 올린 글을 다른 사람이 비판했다. 어떻게 행동해야 하는가? (   )

① 제목만 보고 내용은 읽지 않는다.
② 다른 사람을 시켜 그 사람의 글을 비판하는 글을 올리도록 한다.
③ 읽어보고 부적절하면 그 사람에게 전자 우편을 보내어 항의한다.
④ 나의 글을 비판했으므로 그 사람의 글을 찾아서 읽은 후에 비판의 글을 올린다.
⑤ 읽어 본 후에 이의가 있으면 다시 게시판을 이용하여 자신의 의견을 정확히 쓰고, 다른 사람이 올린 내 글에 대한 비판을 받아들인다.

3.1.2 서답형 문항

(1) 단답형 문항

단답형 문항은 주어진 질문에 간단한 단어, 구, 숫자나 진위기호 등의 제한된 형태로 답하는 문항형태로써, 문항제작이 용이하나 채점의 객관성 확보를 위해 상당한 노력과 기술이 요구된다. 또한 교수목표가 명확히 진술되지 못하면 중요하지 않은 사소한 것을 묻거나, 중요한 학습목표를 측정하지 못하게 된다. 따라서 현재의 교수목표에 단답형 문항이 적절한지 아닌지를 고려해야 한다.

단계	영역	학습 내용	평가 목표	행동목표 영역		평가 방법	평가 시기
				이해	기능		
제1단계	정보 가공과 공유	사이버 공간과의 만남	웹 브라우저의 의미와 기본 기능을 이해하고 사용법을 익힐 수 있다.	○			
제1단계	정보 사회의 생활	사이버 공간의 올바른 예절	전화, 인터넷 등 보이지 않는 사람과 의사소통을 할 때도 필요한 예절이 있음을 이해할 수 있다.	○			
제2단계	정보 기기의 이해	유틸리티 프로그램 활용	시스템 유틸리티를 활용하여 컴퓨터를 최적화할 수 있다.		○		
제3단계	정보 사회의 생활	개인 정보의 이해와 관리	개인 정보의 유출로 인한 피해를 살펴보고 자신의 정보를 관리하는 습관을 실천할 수 있다.		○		
제3단계	정보 기기의 이해	네트워크의 이해	네트워크의 개념을 이해할 수 있다.	○			

 웹 서버에서 제공하는 HTML 문서나 파일을 보여주는 응용 소프트웨어로 인터넷 익스플로러와 같은 것을 무엇이라고 하는가?

(답 :   )

컴퓨터과 교수법 및 교재연구

예제 2 네트워크(Network)와 에티켓(Etiquette)의 합성어로 인터넷 사용자들이 인터넷이라는 가상공간에서 지켜야 할 기본적인 예절을 무엇이라고 하는가?

(답 :   )

예제 3 하드 디스크에서 여기 저기 흩어져 있는 파일 조각을 한 곳으로 모아 주어 파일의 실행 속도를 높여주기 위하여 실행하는 컴퓨터시스템 도구를 무엇이라고 하는가?

(답 :   )

예제 4 고의로 다른 컴퓨터 시스템에 침투하여 자료를 파괴 또는 변조하거나 불법적으로 자료를 가져가는 행위를 무엇이라고 하는가?

(답 :   )

예제 5 컴퓨터 상호 간의 정보 교환과 정보 처리를 위한 데이터 통신망을 지칭하는 용어는 무엇인가?

(답 :   )

(2) 서술형 (단답형) 문항

단계	영역	학습 내용	평가 목표	행동목표 영역		평가 방법	평가 시기
				이해	기능		
제1단계	정보 가공과 공유	사이버 공간과의 만남	인터넷의 편리성과 장점을 제시할 수 있다.	○			
제2단계	정보 가공과 공유	사이버 공간에서의 정보 검색과 수집	검색 도구의 종류와 사용 방법을 익힐 수 있다.	○			
제2단계	정보 기기의 이해	소프트웨어의 이해	소프트웨어의 종류(시스템 소프트웨어, 응용 소프트웨어)와 역할을 알 수 있다.	○			
제2단계	정보 가공과 공유	문서 편집과 그림 작성	다양한 종류의 개체나 표를 삽입해 문서를 작성할 수 있다.		○		
제3단계	정보 사회의 생활	정보 사회와 직업	정보 사회에서 새로 생겨난 직업들을 제시할 수 있다.	○			

제 4 장 컴퓨터과 교육평가

예제 1 인터넷으로 할 수 있는 일을 3가지 이상 쓰시오.

예제 2 검색 도구의 종류를 3가지 이상 쓰시오.

예제 3 응용 소프트웨어의 종류를 3가지 이상 쓰시오.

예제 4 다음은 흐글을 사용하여 만든 문서이다. 사용한 기능을 모두 쓰시오.

포유동물의 종류

우리집 귀여운 고양이	우리에게 따뜻한 털을 제공하는 양	재주 많은 물고기 돌고래

예제 5 정보 사회에서 새로 생겨난 직업을 3가지 이상 쓰시오.

(3) 완성형 문항

완성형 문항은 질문 문장의 일부분을 비워놓고, 그 공란에 적합한 단어, 구, 기호 등을 기입하도록 하는 문항형태이다. 이때 각 문항은 중요한 내용을 다루어야 하고 핵심단어만으로 평가 목표를 분명하게 측정할 수 있도록 해야 한다.

컴퓨터과 교수법 및 교재연구

단계	영역	학습 내용	평가 목표	행동목표 영역		평가 방법	평가 시기
				이해	기능		
제1단계	정보 기기의 이해	컴퓨터 구성 요소의 이해	컴퓨터의 기본 구성 요소에 대해 각각의 기능을 설명할 수 있다.	○			
제2단계	정보 기기의 이해	주변 장치의 활용	다양한 저장 장치의 용도를 구별할 수 있다.	○			
제2단계	정보 처리의 이해	숫자와 문자 정보의 표현	숫자와 문자 정보를 이진수로 표현할 수 있다.		○		
제3단계	정보 기기의 이해	네트워크의 이해	컴퓨터에 장착된 네트워크 장비를 파악할 수 있다.	○			
제3단계	정보 가공과 공유	발표용 문서 작성	쉽고 편리하게 발표용 문서를 만드는 방법을 알고 활용할 수 있다.	○	○		

예제 1 컴퓨터는 각기 다른 기능을 가진 여러 가지 장치들이 결합된 (   )와 이를 운영하고 관리하여 일을 처리하는 (   )로 구성되어 있다.

예제 2 기억장치는 주기억장치와 보조기억장치로 구별되며 주기억장치에는 전원이 꺼져도 내용이 남아있는 (   )과 읽고 쓰기가 가능한 (   )이 있으며, 보조기억장치에는 (   ), (   ), (   ) 등이 있다.

예제 3 2진법은 (   )과 (   )의 2개의 숫자로 모든 수를 나타내며, 10진수 5를 2진수로 표현하면 (   )이고, 2진수 1000을 10진수로 바꾸어 표현하면 (   )이다.

예제 4 네트워크에 연결하기 위한 장비 중 하나인 (   )은 컴퓨터의 디지털 신호를 아날로그 신호로, 전화선을 통해 전송된 아날로그 신호를 디지털 신호로 변환시켜주는 장치이다.

예제 5 파워포인트 제작 시 슬라이드 전체의 모양을 바꾸고 싶을 때 각 슬라이드를 개별적으로 변경하지 않고, 글꼴 종류, 크기, 색과 같은 텍스트 특성을 비롯한 배경 색과 그림자, 글머리 기호의 종류를 지정하고 관리하기 위해서는 (   ) 기능을 이용한다.

(4) 논술형 문항

미리 채점 기준을 마련하고 문항 내용을 구조화하고 제한한다. 반응이 자유롭고 문항제작이 쉽다. 채점 시에는 학생단위가 아니라 문항단위로 채점을 해야 한다. 논술형 문항은 학생들이 작성한 글에 대한 평가의 결과가 평가자에 따라 다르게 나타난다는 단점이 있다.

단계	영역	학습 내용	평가 목표	행동목표 영역 이해	행동목표 영역 기능	평가 방법	평가 시기
제1단계	정보 가공과 공유	생활과 정보 교류	각 정보 교류 방법에 따른 장점과 단점을 비교할 수 있다.	○			
제2단계	정보 사회의 생활	네티켓과 대인 윤리	사이버 공간에서 사용해도 좋은 말과 사용해서는 안 되는 말을 구별하여 올바른 통신 언어를 사용할 수 있다.	○			
제2단계	정보 가공과 공유	사이버 공간에서의 정보 검색과 수집	전자우편의 의미를 이해하고 사용할 수 있다.	○			
제3단계	정보 가공과 공유	사이버 공간 생성, 관리, 교류	정보공유의 의미를 이해하고 정보공유의 장점을 제시할 수 있다.	○			
제3단계	정보 사회의 생활	저작권의 보호와 필요성	저작권의 의미와 보호의 필요성을 이해할 수 있다.	○			

예제 1 다른 사람들과의 정보를 교환할 수 있는 방법에는 여러 가지가 있다. 여러분이 현재 사용하고 있는 정보 교환 방법과 그 방법들의 장단점을 간략히 서술하시오.

_____
_____
_____
_____

컴퓨터과 교수법 및 교재연구

예제 2 다음은 많은 학생들이 인터넷에서 사용하는 말이다. 이러한 말을 계속 사용했을 때 어떤 일이 벌어지겠는가?

> 석호 : 하이루 방가방가
> 양수 : 안녕하셈
> 선규 : 우리 샘 짱이다.

_____
_____
_____

예제 3 인터넷 보급이 활성화됨에 따라 전자 메일도 많은 사람이 사용하게 되었다. 메일과 관련된 개인 정보는 무엇인지, 어떻게 하면 개인 정보를 유출하지 않고 메일을 잘 활용할 수 있는지 간단하게 써 보시오.

1. 메일 관련 개인 정보 _____
_____
_____

2. 개인 정보 유출 예방법 _____
_____
_____

예제 4 자신이 가지고 있는 지식이나 프로그램 등을 다른 사람과 나누어 쓰는 것을 정보 공유라 한다. 이와 같이 정보를 공유하게 되면 좋은 점이 많다. 정보 공유의 좋은 점을 간단하게 써 보시오.

_____
_____
_____
_____

제4장 컴퓨터과 교육평가

예제 5 다음 이야기를 읽고 정보윤리 측면에서 송이가 잘못한 부분을 지적해 보시오.

> 담임선생님께서 송이와 반 친구들에게 다음과 같은 과제를 주셨습니다.
>
> "다음 주는 경주에 현장학습을 갑니다. 경주에 있는 문화재를 중심으로 현장 학습 계획서를 작성해 오세요."
>
> 송이는 집에 돌아와서 선생님께서 내어 주신 과제를 해결하기 위해 인터넷 사이트를 검색했습니다. 그리고 동일한 장소에 현장 학습을 다녀온 A초등학교 학생의 홈페이지에서 과제 내용을 찾을 수 있었습니다. 송이는 내용을 다운로드하여 이름만 바꾸어서 제출했고, 친구들 앞에서 칭찬을 받았습니다.
>
> 다음날, 방과 후에 선생님께서 송이를 교무실로 부르셨습니다. 그리고 과제를 다시 해 오라고 말씀하였습니다. 송이는 자기도 모르게 얼굴이 붉어졌으며, 어디론가 숨고 싶어졌습니다.

3.2 실기평가

3.2.1 평가영역에 따른 실기평가 예시

단계	영역	학습 내용	평가 목표	사례	행동목표 영역	
					이해	기능
제1단계	정보 사회의 생활	정보 사회와 생활 변화	가정에서 컴퓨터 기술이 활용된 기기들을 찾아볼 수 있다.	• 가정에서 컴퓨터 기술이 활용된 기기들을 한 가지씩 찾아보세요.	○	
	정보 기기의 이해	컴퓨터의 조작	키보드의 올바른 운지법을 익혀 문자를 입력할 수 있다.	• 한컴타자연습 프로그램을 활용해서 타자연습을 해 보세요. • 컴퓨터 메모장 프로그램을 이용하여 가족의 이름을 써 보세요.		○
			마우스를 이용하여 학습용 소프트웨어를 활용할 수 있다.	• CD에 있는 '이야기동화' 프로그램을 실행해 보세요.		○

119

단계	영역	학습 내용	평가 목표	사례	행동목표 영역	
					이해	기능
제1단계	정보 가공과 공유	사이버 공간과의 만남	학습에 필요한 홈페이지에 접속할 수 있다.	• 과학관련 사이트에 접속하여 최신 과학정보 2가지를 찾아 봅시다.		○
	종합 활동	정보 사회에 대한 올바른 인식과 이해	바른 자세로 자판 연습하기	• 올바른 자세로 자판을 연습해 봅시다.		○
제2단계	정보 사회의 생활	인터넷과 게임 중독의 예방	인터넷으로 만나는 사람들이 지켜야 할 예절을 설명할 수 있다.	• 컴퓨터통신에서 지켜야 할 예절에 대해 3가지 이상 게시판에 써봅시다.	○	
		바이러스, 스팸으로부터의 보호	컴퓨터 바이러스의 특징과 감염 경로를 알고 예방하는 방법을 이해할 수 있다.	• 바이러스 예방하는 방법을 설명해 봅시다.		○
	정보 기기의 이해	운영 체제의 사용법	필요한 파일이나 폴더를 선택, 복사, 이동, 삭제할 수 있다.	• 바탕화면에서 그림 파일 형태로 저장된 파일을 삭제하여 봅시다. • C:드라이브에 저장된 음악을 선택하여 '내문서'로 이동하여 봅시다.		○
			텍스트, 이미지, 동영상 파일을 각각 적합한 프로그램을 실행하여 그 내용을 볼 수 있다.	• 인터넷에서 동영상을 다운로드 받아 미디어 플레이어로 실행해 봅시다.		
		유틸리티 프로그램의 활용	알맞은 프로그램을 활용하여 필요한 자료를 압축 할 수 있다.	• 인터넷에서 동물사진 10개를 검색하여 다운받아 '동물사진.zip'으로 압축하세요		○
	정보 가공과 공유	사이버 공간에서의 정보 검색과 수정	• 학습에 필요한 자료를 검색 엔진을 이용하여 검색할 수 있다.	• 인터넷을 검색하여 프랑스의 수도명과 인구수를 찾아서 적으세요.		○

단계	영역	학습 내용	평가 목표	사례	행동목표 영역	
					이해	기능
제2단계	정보 가공과 공유	사이버 공간에서의 정보 검색과 수정	• 전자우편의 의미를 이해하고 사용할 수 있다. • 웹 전자 게시판에 바른 표현으로 글을 쓸 수 있다.	• 에듀넷을 이용하여 선생님께 이메일을 보내 봅시다. • 학교 홈페이지의 우리반 게시판에 오늘의 일기를 써 봅시다.		○
		문서 편집과 그림 작성	• 문서 편집 기능을 이용하여 필요한 문서를 작성할 수 있다. • 다양한 종류의 개체나 표를 삽입해 문서를 작성할 수 있다. • 작성된 문서를 파일로 관리하고 출력하여 학습활동에 활용할 수 있다.	• 자기반 시간표를 주어진 지시사항에 맞게 꾸며 봅시다. • 내 사진을 스캐너로 스캔을 하여 한글문서에 넣으세요 • 책 속의 인물에게 편지를 작성하고 원고지로 출력해 봅시다. • 주어진 지시사항에 맞게 글자를 예쁘게 꾸며 봅시다. • 주어진 지시사항에 맞도록 문서를 꾸며 봅시다. • 주어진 조건대로 현장체험학습 보고서와 어린이 회의록 양식을 만들어 봅시다.		○
			그래픽 편집 프로그램을 이용하여 그림을 그릴 수 있다.	• 윈도우즈 그림판으로 다음 도형들을 그려 보세요. □ ■ ○ ●		○
제3단계	정보사회의 생활	저작권의 보호와 필요성	저작권의 의미와 보호의 필요성을 이해할 수 있다.	• 저작권이 필요한 이유 3가지를 게시판에 써 봅시다.	○	
	정보 기기의 이해	컴퓨터 사용 환경 설정	프로그램을 설치, 삭제할 수 있다.	• 한글 프로그램을 설치해 보세요.		○
	정보 처리의 이해	문제 해결 전략과 표현	문제 해결 과정에서 세워진 전략을 순서도로 표현할 수 있다.	• 1부터 10까지의 합을 구하는 과정을 순서도로 표현하시오.		○
	정보 가공과 공유	발표용 문서 작성	• 쉽고 편리하게 발표용 문서를 만드는 방법을 알고 활용할 수 있다. • 여러 가지 개체를 이용하여 발표용 문서를 제작할 수 있다. • 애니메이션과 하이퍼링크를 이용하여 발표용 문서를 제작할 수 있다.	• 프레젠테이션 문서에 그림을 삽입해 봅시다. • 프레젠테이션 문서에 동영상 및 소리를 삽입해 봅시다. • 주어진 지시사항대로 애니메이션을 삽입해 봅시다. • 주어진 지시사항에 맞도록 프레젠테이션을 꾸며 봅시다.		○

3.2.2 실기평가의 실제

① 과제1 : 윈도우즈의 활성창 또는 바탕화면을 이용한 그림 그리기

※ 지시 사항 : 본인 컴퓨터의 바탕화면이나 활성창을 보조프로그램의 그림판으로 복사

① [Print Screen]키를 눌러 화면전체를 클립보드에 저장
② [Ctrl]+[V]로 붙여넣기
③ 그림의 크기를 너비와 높이를 50%로 축소
④ 저장파일명 : 바탕화면.bmp

② 과제2 : 내 목소리 녹음하기

1. 녹음 내용 : 나보기가 역겨워 가실 때는 말없이 고이 보내드리오리다.
   영변에 약산 진달래꽃 가실 길에 뿌리오리다.

2. 지시 사항
   ① 보조프로그램에 있는 녹음기 프로그램을 이용하여 녹음
   ② 마이크를 연결하고 녹음기 오른쪽 하단의 빨간 스위치를 누름
   ③ 시를 낭독하고 낭독이 끝나면 ■스위치 눌러서 정지
   ④ 저장파일명 : 홍길동.wav

③ 과제3 : 게시판에 글 올리고 파일 다운로드하기

1. 다음 문제를 읽고 결과물을 제출하시오.

> 가. 학교홈페이지를 찾아 게시판에 글을 올리시오.
> 나. 학교홈페이지의 자료실을 찾아가 하나를 선택하여 파일을 다운로드 하시오.
> 다. 올린 글과 다운로드한 파일을 캡처하시오.
> 라. 캡쳐한 사진은 흔글로 편집하여 제출하시오.

2. 지시사항

> ① 파일명 : '게시판.hwp'로 저장하여 제출하시오.
> ② 제출물 : 디스켓 1장
> ③ 편집용지는 A4 세로로 하며 나머지는 기본설정에 준하도록 하시오.
> ④ 캡쳐한 그림 파일은 가운데 정렬하시오.

④ 과제4 : 다음의 예시화면과 같이 지시사항대로 컴퓨터 중독에 대한 포스터를 제작하시오(제한시간 30분).

[예시화면]

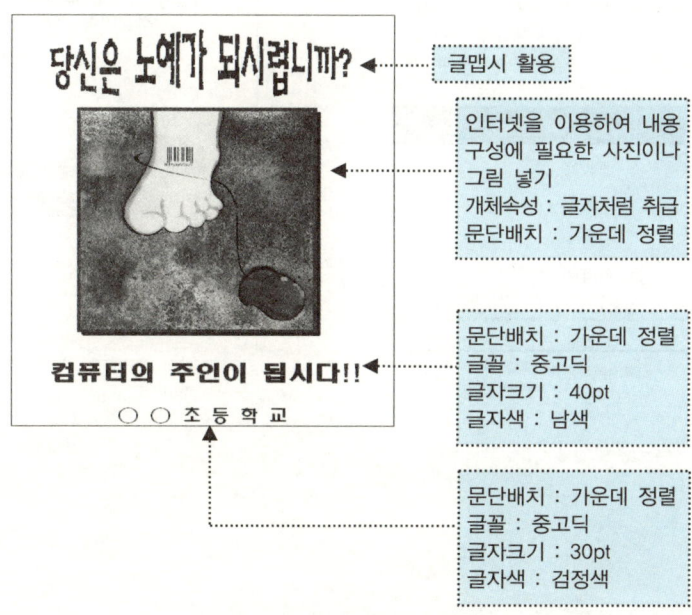

[지시 사항 및 평가]

번호	지시 사항	평가
1	포스터 제목에 글맵시를 사용하시오.	20
2	인터넷을 이용하여 내용 구성에 필요한 자료 사진이나 그림을 수집하여 '글자처럼 취급' 후 가운데 정렬을 시켜 화면에 배치하시오.	40
3	글자크기를 지시 사항에 맞게 수정하시오.	10
4	글꼴을 지시 사항에 맞게 수정하시오.	10
5	문단배치를 지시 사항에 맞게 수정하시오.	10
6	글자색을 지시 사항에 맞게 수정하시오.	10

⑤ 과제5 : 다음 화면과 같이 지시사항대로 엑셀을 이용하여 문서를 작성하고 차트를 작성하시오(제한시간 30분).

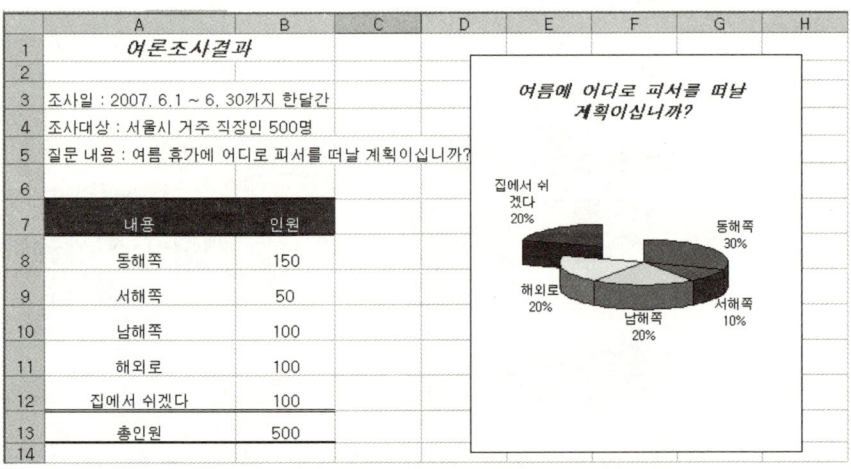

[지시 사항 및 평가]

번호	지 시 사 항	평 가
1	Sheet1에 표를 작성한다.	10
2	A7셀부터 B12셀까지 범위를 설정한 후 차트를 작성한다.	
	– 차트 종류를 [원형]의 [3차원]으로 선택	10
	– [제목] 탭을 클릭하여 차트 제목을 입력	10
	– 데이터 레이블에서는 [레이블과 백분율 표시] 항목을 클릭	10
	– 차트 출력 위치를 [워크시트에 삽입]으로 설정	10
	– 차트 제목을 클릭하고 서식 도구 모음에서 글꼴은 굴림, 글자 크기는 15pt, 글자색은 파랑으로 변경	15
3	수식을 이용하여 B13셀에 총인원수를 구한다.	20
4	"여론조사결과"의 글자색은 파랑, 글꼴은 돋움, 기울임꼴을 지정한다.	15

⑥ 과제6 : 다음 예시화면과 같이 지시사항대로 파워포인트를 이용하여 프레젠테이션용 슬라이드를 제작하시오(제한시간 40분).

[예시화면]

1. 문자열 편집

2. 클립아트 삽입

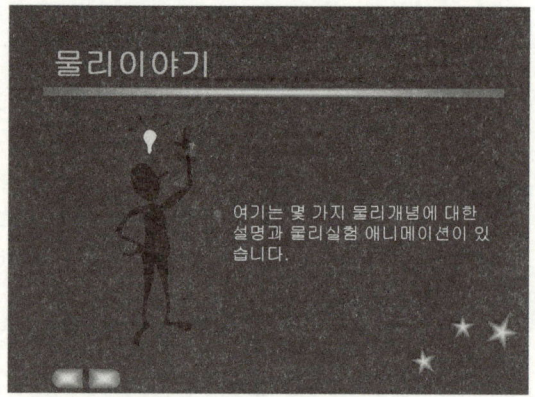

3. 그림삽입

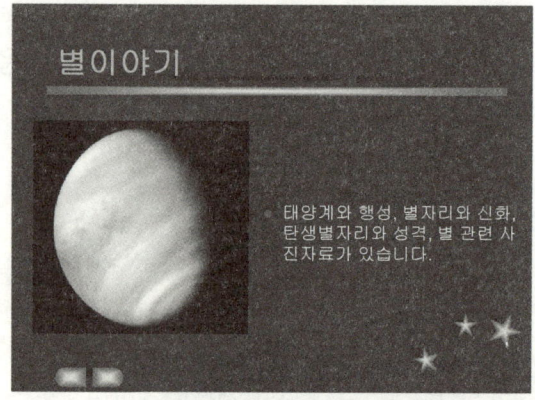

4. 개체(비디오클립)삽입

5. 하이퍼링크

6. 새 슬라이드 추가

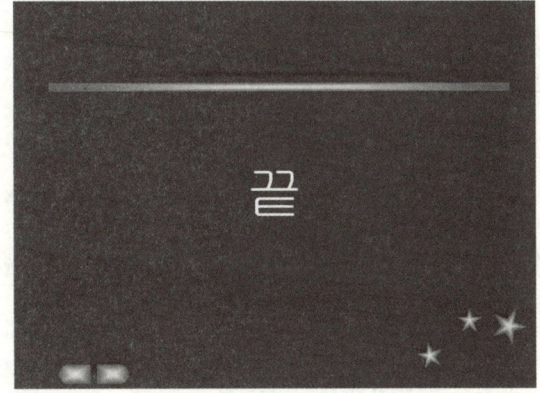

[지시 사항 및 평가]

번호	지 시 사 항	평가
1	슬라이드 이동 시 장면전환 효과를 사용하시오.	10
2	슬라이드에 지정한 디자인서식 파일을 모두 적용하시오.	10
3	화면구성에 필요한 클립아트를 불러와 배치시키시오.	10
4	하이퍼링크를 이용하여 슬라이드를 이동하시오.	20
5	실행설정 및 실행단추를 삽입하여 화면전환을 하시오.	10
6	인터넷을 이용하여 내용 구성에 필요한 자료 사진을 수집하여 화면에 배치하시오.	10
7	제목상자를 두 가지 이상으로 변화를 주어 꾸미시오.	10
8	화면구성에 필요한 애니메이션을 슬라이드별 1회 이상 사용하시오.	20

컴퓨터과 교수법 및 교재연구

3.3 포트폴리오 평가

3.3.1 평가영역에 따른 포트폴리오 평가 예시

평가영역	포트폴리오평가의 예시
정보 사회의 생활	• 정보통신 윤리에 관한 자기실천 보고서 작성하기
정보 기기의 이해	• 자신의 개인 폴더 만들고 지속적으로 관리하기
정보 처리의 이해	• **개인문집 만들기** • 환경보호에 관한 프레젠테이션 작성하기 • 흔글로 일기쓰기 • 흔글로 학급일지 작성하기 • 음성일기 녹음하기 • 자신이 좋아하는 연예인의 사진 수집하고 편집하기 • 월간학급신문 만들기 • 자신의 타자 실력 향상 과정에 관한 자료를 지속적으로 수집하여 정리하기 • 흔글로 용돈기입장을 만들어 지속적으로 활용하고 결과물 제출하기 • 월별로 가족신문 만들어 전시하기 • 자신이 가지고 있는 물건을 효과적으로 광고할 수 있는 광고물 만들기
정보 가공과 공유	• 우리나라 각 지역의 생활에 관한 정보를 인터넷에서 수집하고 정리하기 • 학급게시판에 지속적으로 글 올리기 • 이달의 청소년 권장사이트를 방문하고 방문기 작성하여 학급게시판에 올리고 프레젠테이션을 작성하여 발표하기
종합 활동	• 모둠활동을 통한 프로젝트 학습

3.3.2 포트폴리오 평가의 실제

① 과제 : 개인문집 만들기

② 학습내용 분석 및 평가내용

교 과	컴퓨터	영 역	워드프로세서(흔글), 그림판	관련단원	
교과목표	○개인문집을 만들 수 있다.				
학습내용	• 워드프로세서(흔글)의 사용법을 잘 알고 문서 편집하기 • 그림판의 사용법을 잘 알고 그림이나 사진 편집하기				
평가내용	① 각 프로그램의 사용법을 잘 알고 있는가?				지식·이해
	② 주어진 지시사항에 맞도록 편집하였는가?				기능
	③ 개인문집을 올바로 전시하였는가?				태도
평가 유의점	○다양한 편집 과정과 프로그램의 사용법을 잘 알고 있는가에 유의한다.				

③ 포트폴리오 제작물의 작성 개요

문집작성의 개요		
표지	제목	글맵시 사용
	학년, 반, 이름	견명조 30pt
	그림	문집의 성격에 맞도록 표지 중간에 삽입
문서	제목	20pt(글꼴은 문서의 성격에 맞도록)
	여백	좌 : 25, 우 : 25, 머리말 : 15, 꼬리말 : 15, 위 : 20, 아래 : 20, 제본 : 10, 줄 간격 : 180
내용 구성	자기소개페이지	1쪽 정도(오른쪽 상단에 자신의 사진 삽입)
	편지글	편지글의 형식에 맞도록 작성
	동시	행과 연이 확실히 구분될 수 있도록 작성
	견학기록문	견학한 곳의 사진 삽입
	일기문	일기문의 형식에 맞도록 작성

컴퓨터과 교수법 및 교재연구

④ 체크리스트에 의한 포트폴리오 평가

체크리스트			평가시기								
			월 / 주								
교과	컴퓨터	개인 문집 만들기	제 학년 반 이름 :								
평가 요소	평가항목		자기평가			동료평가			교사평가			점수	확인
			상	중	하	상	중	하	상	중	하		
계획 수립	• '나의 문집'의 계획서는 잘 만들어졌는가?												
	• 계획이 참신하고 실천가능한가?												
	• 프로그램의 사용법을 잘 알고 있는가?												
구성 과정	• 글이나 사진, 그림 등의 자료수집이 다양하고 충분한가?												
	• 각 프로그램을 사용하여 주어진 지시사항대로 편집과정을 택하였는가?												
	• 수집된 자료 관리를 잘 하고 있는가?												
결과	• 정해진 시간 안에 과제물 처리를 완수 하였는가?												
	• 날짜, 요약, 자료수집, 자기반성 등이 정확하게 기술되어 있는가?												
	• 글과 그림, 사진 등의 정리가 잘 되어있는가?												
	• '나의 문집'을 올바르게 전시하고 관리하였는가?												
교사 의견										총 점수			

채점 기준	포트폴리오 계획단계	상 (5)	• '나의문집' 계획서가 성의있게 잘 되어 있음 • 계획이 참신하고 실천이 가능한 계획임 • 필요한 프로그램의 사용법을 잘 알고 있음
		중 (3)	• '나의문집' 계획서의 작성이 보통임 • 계획이 참신하지만 실천하기 어려운 계획임 • 필요한 프로그램의 사용법을 잘 알고 있으나 효과적으로 사용하지 못함
		하 (2)	• '나의문집' 계획서가 성의가 없음 • 계획이 참신하지 못하고 실천하기 매우 어려운 계획임 • 프로그램의 사용법을 잘 모름
	포트폴리오 구성단계	상 (5)	• 자료수집이 다양하고 자료가 충분함 • 다양한 편집과정을 거쳤으며 주어진 지시사항을 잘 지켰음 • 수집된 자료관리가 철저하게 이루어지고 있음
		중 (3)	• 다양한 자료를 수집하였으나 자료가 충분하지 못함 • 다양한 편집과정을 거쳤으나 주어진 지시사항 중 몇 가지를 지키지 못함 • 수집된 자료관리가 보통임
		하 (2)	• 자료수집이 다양하지 못하고 자료도 충분하지 못함 • 단순한 편집과정을 거쳤으며 주어진 지시사항 대부분을 지키지 못함 • 수집된 자료관리가 거의 이루어지지 못하고 있음
	포트폴리오 결과단계	상 (5)	• 주어진 시간 안에 과제물 처리를 완벽하게 함 • 날짜, 요약, 자료수집, 자기반성 등이 정확하게 기술되고 있음 • 글과 그림, 사진 등의 배치가 아름답고 보기에 좋음 • '나의문집'을 올바르게 전시하고 작품관리를 잘함
		중 (3)	• 과제물 처리는 완벽하나 시간은 완수하지 못함 • 날짜, 요약, 자료수집, 자기반성 등 기술되고 있는 내용이 보통임 • 글과 그림, 사진 등을 적절히 배치하였으나 보기에 나쁨 • '나의문집'을 올바르게 전시하였으나 작품을 방치함
		하 (2)	• 주어진 시간과 과제물 처리가 미흡함 • 날짜, 요약, 자료수집, 자기반성 등이 기술되고 있는 내용이 미흡함 • 글과 그림, 사진 등의 배치가 올바르지 못하고 보기에 좋지 않음 • '나의문집'을 올바르게 전시하지 않음

컴퓨터과 교수법 및 교재연구

요 점 정 리

1. 컴퓨터 교육에서의 평가는 컴퓨터와 그 활용에 대한 지식과 기능을 습득하여 일상생활에서 유용하게 활용할 수 있는 능력과 태도 함양에 관련된 사항을 체계적으로 측정하고 판단하는 행위라고 할 수 있다.

2. 지필평가는 가장 기본적인 평가 방법으로 주어진 시간에 정해진 수의 문제를 제시하여 학생들이 이를 해결하도록 하고 그 결과를 중심으로 평가하는 방법이다. 지필검사는 서답형과 선택형으로 분류되며 서답형에는 완결형, 단답형, 논문형이 있으며, 선택형에는 진위형, 배합형, 선다형이 있다.

3. 실기평가는 이론적으로 배운 것을 실제적으로 적용시키는 능력을 측정하고자 하는 평가 방법이다.
   1) 포트폴리오 – 학생 자신이 작성하거나 만든 작품을 지속적, 체계적으로 모아둔 개인별 작품집 혹은 서류철을 대상으로 평가하는 방법이다.
   2) 관찰법 – 학생을 이해하고 평가하기 위한 가장 보편적인 방법 중의 하나로서, 개별 학생 단위뿐만 아니라 집단 단위로도 관찰할 수 있어 하나의 독자적인 평가가 되는 동시에 수행평가를 위한 기본적인 방법이 되기도 한다.
   3) 모둠활동 – 학생들을 모둠으로 나누어 모둠별 과제를 제시하여 해결하는 과정을 통해 학습자들을 평가하는 방법이다.

제 4 장 컴퓨터과 교육평가

연 습 문 제

1 컴퓨터교육의 평가의 개념을 간략히 정리하시오.

2 컴퓨터 교육의 평가모형 중 지필평가의 종류와 사례를 살펴보고 적용 가능한 사례를 정리하시오.

3 컴퓨터 교육의 평가모형 중 실기평가의 종류와 사례를 살펴보고 적용 가능한 사례를 정리하시오.

4 포트폴리오 평가모형에 대해 알아보고 적용 가능한 사례를 정리하시오.

참고문헌

교육인적자원부(2005). 초·중등학교 정보통신기술 교육 운영지침.

김상원(1998). **교육학대백과사전(서울대학교 교육연구소편)**. 하우동설.

김미량(2000). '컴퓨터 교육 평가', **컴퓨터교육의 이해(이옥화 편)**. 영진닷컴.

배호순(1999). **프로그램 평가론**. 원미사.

변창진 외(1996). **교육평가**. 학지사.

성태제(2002). **현대교육평가**. 학지사.

황정규(1998). **학교학습과 교육평가**. 교육과학사.

Clarke, A.(2001). Assessing the Quality of Open and Distance Learning Materials. Education+Training, 42(2), 101-114.

Oosterhof, A.(2001). Classroom Applications of Educational Measurement(3rd ed.). NJ: Prentice-Hall, Inc.

Stufflebeam D. L. (1967). The use and abuse of evaluation, In Theory into Practice, 6, 126-133.

Stufflebeam, D. L. (1971). Educational evaluation and decision making. Ithaca, Illinios: Peacock.

컴퓨터과 교수·학습 과정안

Chapter 05

교수·학습 과정안은 수업 목표 달성을 위한 사전 계획이므로 체계적으로 작성하여야 하며 이를 바탕으로 수업을 전개하여야 한다. 교수·학습 과정안은 수업의 뼈대를 세우는 일이므로 수업의 목표, 내용, 교수·학습 전략, 교재, 평가 방안 등이 세밀하게 마련되어야 한다. 본 장에서는 컴퓨터 교과 수업을 위한 교수·학습 과정안의 작성과 활용 방안을 알아보고자 한다.

학습목표 >>>

- 컴퓨터과 교수·학습 과정안의 필요성과 목적을 설명할 수 있다.
- 컴퓨터과 교수·학습 과정안의 작성 방법을 이해하고 작성할 수 있다.

1 교수·학습 과정안의 필요성 및 목적

교수·학습 과정안은 수업의 목표, 내용을 어떠한 과정이나 방법으로 지도할 것인가를 예상하여 작성한 실제 수업의 설계도라 할 수 있다. 교수·학습 과정안은 교수·학습에 대한 사전 계획을 체계적으로 작성하여 수업을 전개함으로써 학습의 효과를 높이고자 하는 의도된 활동 계획이다. 그러므로 교수·학습 과정안은 수업의 목표, 학습 내용, 학습 방법, 활용 교재, 평가에 대한 요소를 빠짐없이 기술하여야 한다. 만일 교수·학습에 대한 체계적인 계획 없이 임기응변으로 수업을 하게 되면 불완전한 학습 결과를 초래할 위험성이 높다. 따라서 모든 학습 활동은 교수·학습 과정안을 바탕으로 필요한 사항을 치밀하게 계획한 후에 수업에 임해야 한다.

컴퓨터과 교수법 및 교재연구

컴퓨터과 교수·학습 과정안의 작성은 교사의 특성, 학습자의 특성, 학습 내용의 특성, 교수·학습 목표의 특성, 학습 환경의 특성, 교수 방법의 특성 등과 같은 변인들을 총체적으로 고려하여 학생들이 학습을 마쳤을 때 무엇을 알게 되며, 무엇을 할 수 있는지에 초점을 두고 교수·학습 방법, 평가 방법 등을 교수·학습 목표와 일관되게 구성하여야 한다.

교수·학습 과정안의 작성에 있어서 수업을 위하여 매우 상세하게 작성하는 것이 바람직하나 여건에 따라 약식으로 작성하여 활용할 수도 있다. 교수·학습 과정안에 대하여 세안을 작성하느냐, 약안을 작성하느냐 하는 것은 교사의 경험이나 능력 등에 비추어 결정해야 할 문제이다. 다만, 처음으로 교직생활을 하는 교사나 미숙련 교사는 상세안을 작성하는 연습을 충분히 할 필요가 있다. 교수·학습 과정안의 작성에서 가장 세안이나 약안임을 불문하고 교수·학습 과정안을 철저히 준비하여 수업에 임해야 할 것은 원칙적으로 필요한 일이다.

② 교수·학습 과정안의 조건

교수·학습 과정안은 필요한 내용을 반드시 포함하여야 한다. 과도하게 꾸미고 복잡하게 작성하면 수업에 임하여 이를 반영하기 어렵고, 반면에 너무 간단하게 작성하면 과정안이 없는 것과 큰 차이가 없게 된다. 따라서 과정안은 수업에 혼란을 일으키지 않는 범위 내에서 세밀하게 작성되어야 한다. 그리고 형식적인 계획 또는 계획을 위한 계획이 되어서는 안 된다. 또 필요에 따라서는 변경할 수 있도록 융통성이 있고 여유가 있는 내용이 되어야 한다.

초임교사는 세안을 작성하는 노력을 계속하여 어떤 과정안이라도 작성할 수 있는 능력을 가져야 한다. 특히 연구수업과 같이 공개수업을 할 경우에는 세밀하고 모범이 되는 과정안을 작성할 수 있어야 한다. 교수·학습 과정안은 선행학습과의 관련성과 도달해야 할 필요가 설명되어 있어야 하며, 교재내용·지도기술·학습활동 그리고 평가방법들이 기술되어야 한다.

이와 같은 관점에서 훌륭한 교수·학습 과정안이란 무엇보다도 학습 효과에 크게 공헌할 수 있는 것이어야 한다. 즉, 수업의 초점이 명확하고 성공률이 높아 시간이 남거나 모자라지 않게 아동의 활동이 보장된 것이어야 한다. 따라서 교수·학습 과정안은 융통성을 지니며 누가 보더라도 잘 알 수 있게 작성하여야 한다.

- 교수·학습 과정안은 학습 목표 달성의 결과에 대한 설명이 포함되어야 한다.
- 교수·학습 과정안은 선행 학습과의 관련성을 유지하여야 한다.
- 교수·학습 과정안은 교재의 조직, 학습 과정의 조직, 학습 활동의 선택과 조직이 필요하다.
- 교수·학습 과정안은 목표 달성의 성공에 대한 평가 방안이 마련되어야 한다.
- 교수·학습 과정안은 학습 단계별 지도 기술이 나타나 있어야 한다.
- 교수·학습 과정안은 차시 학습에 대한 관련성이 계획되어야 한다.

이와 같은 교수·학습 과정안을 작성할 때에는 다음과 같은 사항을 충분히 고려하여 작성하여야 한다.

- 수업 목표가 시간 내에 달성할 수 있도록 융통성 있게 작성하여야 한다.
- 제재의 중심 개념이 분명히 파악되어야 한다.
- 도입은 전시 학습과 관련을 맺고 생활 경험을 통해서 이루어져야 한다.
- 수업 목표와 학습 내용은 일치되어야 한다.
- 학습 내용은 학생의 생활 경험이 존중되고 내용 및 시간 배정이 적절해야 한다.
- 학습과정은 재제의 특징에 따라 알맞게 조직되고 바르게 적용되어야 한다.
- 학생의 학습을 보장할 수 있는 적절한 형태가 적용되어야 한다.
- 학생의 흥미와 능력차를 고려해야 한다.
- 교수·학습 활동은 문제나 방법보다는 행동적인 용어로 기술되어야 한다.

컴퓨터과 교수법 및 교재연구

- 학생의 능력차를 고려하고 학습 성과의 정확도를 확인할 수 있도록 작성되어야 한다.
- ICT, 인터넷을 활용한 자료의 수집과 활용에 관한 계획이 기술되어야 한다.
- 판서 계획이 각 분절에서 고려되어야 한다.
- 다음 학습의 계획과 준비가 고려되어야 한다.

3 교수·학습 과정안 작성 전략

교수·학습 과정안은 학교교육의 모든 계획을 배경으로 하여 그 시간에 구체적인 학습자를 대상으로 구체적인 교과나 교재의 성격에 따라, 또는 구체적인 학습 환경에 맞도록 작성하여야 한다. 따라서 과정안의 작성은 똑같은 학습 자료를 가지고 지도한다고 해도 교사의 지도방법에 따라 다양성을 나타내듯이 여러 가지로 다채로운 교수·학습 전략을 마련할 수 있을 것이다. 그만큼 과정안의 작성에는 교사의 창의성과 독창성을 발휘할 수 있는 기회가 있는 것이다. 그러므로 지도원리에 배치되는 것이 아니라면 어떠한 방법으로도 교육적인 지도계획안을 작성할 수 있는 것이다.

3.1 목표진술

목표는 학습활동을 끝냈을 때 학습자들이 수행할 수 있는 행동을 의미한다. 일반적으로 목표는 '인지적 기능', '정의적 기능', '운동 기능' 등으로 분류한다. 인지적 기능과 관련하여 Bloom과 그 동료 학자들(1956)은 '지식', '이해, 적용, 분석, 종합, 평가'에 관한 목표를 제시하였으며, 운동 기능에 대한 목표는 '모방', '조작', 정밀성, 명확한 표현 등이 포함되며, 정의적 기능 관련 목표는 '수용', '대응', '가치 인정, 조직, 복합적 가치에 따른 특성' 등을 예로 들 수 있다.

목표의 진술 방법은 Smaldino와 그 동료 학자들(2006)이 제안한 방법이 많이 인용된다. 이 방법은 잘 진술된 목표는 대상(Audience)은 누구인가, 보여주어야 할 행동(Behavior)이 무엇인가, 그 행동이 관찰될 조건(Condition)은 어떠한가 그리고 새로운 지식이나 기능이 숙달되어야 할 정도(Degree)는 어떠한가 등을 명시한다는 관점에서 'ABCD'방법으로 일컬어지기도 한다.

3.2 학습내용 선정

학습목표가 구체적으로 진술되면 다음에 그 목표를 달성하는 데 적합한 지도내용을 선정하여야 한다. 학습내용은 교육과정에 명시된 바를 성취하기 위하여 교과 교육과정별로 학습 내용이 선정되어 있다. 그러므로 교사는 목표 성취를 위한 학습 내용을 무엇으로 할 것인지에 대한 고민은 없을지도 모른다. 그러나 학습자의 성장 배경이 다르고 학습 환경이 다르며, 학습 조건이 상이하다면 그에 따라 교과서의 내용을 학습자들의 상황과 흥미에 맞게 학습 내용을 재구성하여 교육할 필요가 있다. 교과서는 교육과정의 목표 달성을 위한 하나의 샘플 교재이기 때문이다. 다만, 교사가 교과서의 학습 내용에 대한 충분한 분석, 학습자에 대한 분석을 바탕으로 학습자의 상황에 적합한 소재를 발견하고 이를 재구성할 수 있다면 더욱 좋은 학습 내용을 선정할 수 있을 것이다. 이것은 교사의 많은 노력을 필요로 하며 모든 학습 내용을 재구성하기에는 많은 시간과 시행착오가 뒤따르게 된다. 따라서 학습 내용은 학습자, 학습 환경, 교재에 따라 다양한 형태로 전개될 수 있을 것이다.

3.3 학습활동

학습활동은 학습목표나 필요를 기초로 하여 목적을 추구하는 성질을 가지고 있다. 따라서 단순한 활동 그것만으로는 가치가 없으며 목표를 달성하기 위한 수단으로 전개되어야 비로소 그 가치가 있는 것이다. 따라서 교수·학습 과정안은 학습목표와 내용 그리고 학습활동에 이르기까지 내용 타당성을 확

보하여야 한다. 그런데 종전의 전통적인 성격을 띠고 있던 교수·학습 과정안은 일정한 교과목에 의한 지적활동, 즉 읽고, 쓰고, 정의를 기억하고, 강의를 듣고 이해하는 등의 활동이 대부분을 차지하고 있다. 그러나 오늘날의 학습활동은 그것으로서 만족할 수 없다. 왜냐하면 오늘날의 학습은 고정된 교과를 다루어 가는 것이 아니고 광범한 생활영역에 걸쳐 생활화된 활동을 기도하려면 인간생활의 모든 영역에 따라 학습범위가 확대되고, 학습의 종류가 다채로워야 하기 때문이다. 또 거기에서 제기되는 제반 학습문제의 해결은 결코 일정한 활동방법이나 해결양식에 따라 해결되는 것이 아니기 때문이다.

특히, 컴퓨터과의 교수·학습 활동은 전통적인 교실과는 다른 학습환경에서 전개된다는 점이 매우 다르다. 컴퓨터과 교수·학습 활동은 대부분 컴퓨터와 인터넷이 설치되어 있는 환경에서 학습자 주도적으로 학습을 수행하며 컴퓨터에 관하여 학습하거나 컴퓨터를 도구로 활용하는 방법을 학습하게 된다. 또한 컴퓨터과학의 내용을 컴퓨터를 통하여 직접 실습하는 경험으로 구성되므로 전통적인 수업과는 확연하게 구분되는 활동을 계획할 수 밖에 없는 것이다. 따라서 교사는 가능하면 ICT를 적극적으로 수업에 수용하고 학습자들이 주도적으로 수업에 참여할 수 있는 수업 전략을 마련할 필요가 있다.

3.4 학습평가

교수·학습지도의 효과를 올리기 위하여 항상 학습결과에 대한 객관적인 평가를 지향하여야 한다. 학습지도안이 학습목적에 따라 작성된 것이기는 하지만, 그 계획이 확실하게 수행되었는가, 어느 정도로 목적을 달성하였는가, 학습자의 발달은 어떤 점에서 인정할 수 있는지 등에 대하여 반성하고, 그에 따라서 새로운 지도안을 작성하는 것이 더욱 효과적이다.

전통적인 학습평가 방법은 정기적인 지필평가가 대부분이었다. 그러나 오늘날의 학습평가는 이것을 개선하여 학습자의 발달을 측정하되, 제반 측정도구를 활용하여 다각적으로 학습효과를 검증하고자 한다. 그리고 평가의 대상은 지식의 유무나 정부(正否)를 조사하는 것, 사고방식이나 이해의 정도를 조사하는 것, 기능숙련의 정도를 조사하는 것, 감상력을 조사하는 것 등 광범하게 측정함으로써 인간 전체로서의 발달 정도를 파악할 수 있어야 한다.

4 교수·학습 과정안의 작성 방법

교수·학습 과정안의 일반적인 작성 절차는 다음과 같다.

① 단원명
지도해야 할 학습내용의 제재·단원·제목 등을 기술한다.

② 단원의 개관
단원의 구성 또는 단원 설정의 이유를 기재한다.

단원의 구성에는 단원의 구조와 단원의 관련성을 기술한다. 단원의 구조는 단원의 핵심 또는 중심 가치와 기본적인 요소를 명확히 하고 생활 경험과 통합하여 논리적인 계열에 따른 학습의 순서와 체계를 세운다. 단원의 관련성은 단원의 내용과 관련된 타 분야와의 관계를 기술한다. 즉, 해당 교과와 다른 교과 및 단원과의 관련, 해당 단원과 타 학년의 동일 교과의 단원과의 관련, 특활, 행사, 일상생활, 사회문제 등과의 관계를 간략히 기술한다.

단원 설정의 근거는 교재의 측면, 학생의 측면, 사회적 측면, 교사의 측면에서 기술할 수 있다. 교재의 측면에서는 단원의 핵심과 본질 및 성격을 규명하여 이 단원이 학생의 발달이나 사회에 영향을 주는 가치를 발견하고, 시기나 계절적인 면을 고려하여 그 요점을 조리 있고 간결하게 기술한다.

학생의 측면에서는 학생의 생활 경험이나 그들의 필요 및 요구와 자기 생활의 개선 또는 자기 실현이나 발전을 위해 주체적으로 발견하고 공헌이 되는 가치를 발견하여 학생의 주체적 입장에서 기술한다. 사회적 측면에서는 학생이 주체적으로 이 단원의 학습을 통하여 사회생활, 즉 학급, 학교, 가정, 사회에서의 개선과 발전에 공헌할 사회적 가치를 기술한다. 즉, 학습의 결과나 그 과정이 사회적 발전에의 공헌 여하를 밝히고, 그 가치를 학생 자신의 사회

성 발달에 얼마나 도움이 될 것인가를 밝혀 그 요지를 간략하게 기술한다. 교사의 입장에서는 위의 세 입장을 충분히 고려하고 그 가치를 실현하기 위하여 단원과 학생 접근과 결합을 주안으로 하는 지도 기술이나 방법의 구상을 목적으로 기술한다.

③ 단원의 학습목표

단원의 학습목표는 지도해야 할 전체내용의 목표를 말한다.

단원의 목표는 교과의 특성에 따라 상이함, 일반적으로 지식, 기능, 태도로 목표가 설정된다. 목표의 진술은 연속적이고 단계적이며, 진술에 있어서도 내용과 목표 행동이 잘 반영되도록 하여야 한다. 그리고 하나의 목표에 둘 이상의 행동 요소가 포함되지 않도록 하여야 한다. 따라서 학습 목표는 단원의 학습이 종료될 때까지 달성 가능한 것으로 지식, 기능, 태도와 같은 사고의 구조적 발달 과정을 명확히 하고, 이론적, 논리적인 체계와 일관성을 유지하여야 한다.

④ 지도상의 유의점

해당 단원의 학습을 위하여 학생의 특성, 학습 환경을 고려하여 수업의 지도 계획을 수립하고, 실제 수업에 임하여야 하며, 교사 자신이 본 단원의 내용을 재구성하고 분석하여 지도상의 유의점을 발견하여야 한다. 특히, 발견학습, 탐구학습, 개별화 학습이 강조되는 단원에서는 어떤 수업모형을 참고하여 지도할 것인지를 탐색하고 구체적인 지도 방법을 선택하여야 한다.

⑤ 학습 내용의 구조화

어떤 내용을 가르쳐야 하는가에 대한 학습 내용을 구체적으로 분서하여 학습요소, 학습요소간의 관련성, 학습 순서 등을 선수학습, 본시학습, 후속학습 등으로 구분하여 기술한다.

⑥ 단원의 지도 계획

ⓐ 학습제재 : 소단원명을 쓴다.
ⓑ 내용의 구성 : 본시 학습내용의 구조도를 그린다.

ⓒ 본시 학습목표 : 명시적인 동사로 학습결과를 진술한다.
ⓓ 지도단계 : 도입단계, 전개단계, 정리단계
ⓔ 판서계획
ⓕ 학습자료 이용계획
ⓖ 형성평가 및 차시예고에 관한 계획

⑦ 단원의 평가계획

학습평가는 학습계획에서 설정한 목표가 학습을 통하여 학생에게 얼마만큼 달성되었는가를 파악하는 데 있으며, 그 결과는 반드시 수업 개선을 위한 자료로 활용하는 데 의미가 있다. 따라서 단원의 목표와 내용에 바탕을 두고 평가를 실시하여야 하며, 어느 특정영역이나 내용에 치우치지 않아야 하고, 교육과정에 제시되어 있는 목표에 대한 성취수준을 전반적으로 평가할 수 있는 방향으로 평가가 수행되어야 한다.

교수·학습 과정안은 아래와 같은 절차에 의하여 수행할 수 있으며, 교사의 역량에 따라, 학습자 및 교과의 특성, 학교의 학습 환경에 따라 다양하게 전개될 수 있음을 유의하여야 한다.

컴퓨터과 교수법 및 교재연구

컴퓨터과 학습지도안

학교   학년   반   남·녀
년   월   일   요일   교시
지 도 자   인

① 단원명

② 단원 설정의 이유

    ⓐ 학습심리의 경향에서-학습의 필요와 흥미의 적부를 분류 혹은 종합적으로 진술한다.
    ⓑ 학습 경험 발전상의 적부를 분류 혹은 종합적으로 진술한다.
    ⓒ 사회적 욕구에의 적부를 분류 혹은 종합적으로 진술한다.
    ⓓ 단원학습지도상의 적부를 분류 혹은 종합적으로 진술한다.

③ 단원 학습의 목표

    ⓐ 이 단원학습을 통하여 이해하여야 할 점을 기술한다.
    ⓑ 이 단원학습을 통하여 갖추어야 할 태도를 기술한다.
    ⓒ 이 단원 학습을 통하여 연마될 기술·기능을 기술한다.

④ 학습지도내용 및 지도상의 주안점 몇 가지를 요약하여 조목별로 명기한다.

⑤ 학습 계획(시간 또는 분)

문 제	시간배당	관련내용	자료준비

    ⓐ 관련은
        ㉮ 단원 간의 관련으로서

㉠ 해당학과 단원 간의 관련
㉡ 동일학년의 관련
㉢ 타 학년과의 관련을 기입한다.
㉴ 교과 간의 관련, 즉 다른 교과와의 관련
㉵ 특별활동, 기타의 행사, 생활과의 관련을 말한다.

ⓑ 자료는
㉮ 교과서
㉯ 동적·정적인 환경을 말한다. 따라서 참고도서는 물론이요, 제반 실습기구나 시청각 기자재·자료 등도 이에 포함한다.

⑥ 평가
학습활동의 전·중·후를 통하여 이해·기능·태도 등을 평가한다.

⑦ 전통적 교수·학습 과정안의 예

대상	제 5학년 1반 (35명)	일시	04년 5월 30일 1교시	장소	컴퓨터실습실
단원	전자우편	소단원	전자우편 주고받기	차시	8/17
본시주제	전자우편을 이용하여 파일 주고 받기					
학습목표	전자우편 프로그램을 활용하여 파일을 주고 받을 수 있다.					
수업매체	교 구			교 재		
	컴퓨터, 키보드, 디스켓			교과서, 전자우편 프로그램, 웹 브라우저		

단계	수업요소	시간	교수·학습 활동		수업매체 및 학습형태	유의점
			교사	학생		
도 입	동기유발 학습문제 확인	7	-전자우편의 사례 제시 -전자우편과 관련된 문제 상황을 제시(파일 전송)	-전자우편 사용 경험 발표하기 -전자우편을 통한 파일 전송에 대한 문제 인식	전체학습 TV	교사는 보조자, 조언자로 학습에 참여한다.
전 개	문제분석 해결전략 수립	28	-전자우편을 활용한 파일 전송하는 방법 탐구하기 -전자우편을 활용한 파일 전송 방법 익히기	-전자우편을 통한 자료 교환 방법을 검색 엔진을 활용하여 알아보고 실행하기 -전자우편을 이용하여 급우에게 파일 전송하기	개별학습 컴퓨터	
정 리	발표 정리	5	-자신의 해결 방법을 설명하기	-자신의 해결 방법을 교환하기	전체학습	

컴퓨터과 교수법 및 교재연구

5 ICT 활용 교수·학습 과정안의 작성

5.1 ICT 활용 교육의 개념

ICT 활용 교육은 각 교과에서 ICT를 활용하여 교과의 목표를 최대한 효과적으로 달성할 수 있도록 ICT를 도구나 매체로 활용하는 교육을 의미한다. 예를 들면, 교육용 프로그램을 이용한 수업, 스프레드시트, 데이터베이스 프로그램 등을 도구적으로 활용하는 수업, 또는 인터넷 등을 매개로 웹 자료를 활용하여 수업을 하는 형태이다. 따라서 ICT 활용 교육은 그 교과의 특성과 ICT의 특성이 적절하게 조화를 이룰 때 교육적인 효과가 가장 크다고 할 것이다.

5.2 ICT 활용 교육을 위한 수업 지도 방안

교사들이 ICT를 활용하여 수업을 하기 위해서는 무엇보다도 스스로 ICT를 활용한 교수·학습 방법에 대하여 긍정적이고 혁신적인 사고를 지니고 있어야 한다. 이는 기존의 교수·학습 방법과는 다른 비교적 생소한 분야이므로 교사 스스로 적극적인 관심을 갖고 자신의 교육 활동에 ICT를 다양하게 적용하려는 시도가 지속적으로 필요하다. 이를 통하여 교육의 목표를 달성할 수 있는 새로운 교수·학습 방법을 개발하고, 이를 지속적으로 개선하려는 의지 및 연구 활동이 전제되어야만 효과를 얻을 수 있다. 이를 위하여 수업 계획, 수업 진행, 평가, 정보윤리, 교원 ICT 활용 능력의 관점에서 요구 사항을 간략히 기술하고자 한다.

5.2.1 수업 계획면

(1) 교사들은 수업 계획 과정에서 다음과 같은 ICT 활용 문제에 대하여 숙지하여야 한다.

- 학습목표와 ICT 활용 방법이 적합한지를 고려하여야 한다.
- ICT를 활용함으로써 각 교과에서 요구하는 학업 성취 기준이 모호해지지 않도록 사전에 분명한 평가 기준을 마련하여야 한다.
- ICT를 활용함으로써 수업의 내용이나 수업 진행 방법에 어떤 영향을 끼칠 것인지 사전에 파악하여야 한다.
- 수업 중 ICT 활용 주체가 교사인지 학생인지를 구분하고, 학생들이 ICT를 활용할 때 교과 목표 달성을 위해 필요한 활동에 집중할 수 있도록 계획한다.
- 수업에서 활용하려는 ICT가 학생들의 능력에 적절한지 판단하여야 한다. 이는 학생들의 ICT 활용 능력에 편차가 심하기 때문이다.
- ICT 활용 교육은 기술의 특성상 학생의 적극적인 참여를 유도하는 방향으로 수업 계획이 이루어져야 한다.

(2) 교사들은 수업 준비와 진행을 수월하게 만들 수 있는 ICT의 잠재력을 이해하고 있어야 한다.

- 수업 목표에 비추어 다양한 멀티미디어 자료(그림, 사진, 애니메이션, 동영상)를 활용함으로써 수업 내용을 효율적으로 전달할 수 있다.
- 수업에 필요한 우수한 정보를 공유함으로써 교사의 전문성을 높이고 정보를 탐색하고 생성하는 데 소요되는 시간을 줄일 수 있다.
- ICT를 이용하여 교사, 학교와 지역 사회의 범위를 초월하여 다양한 분야의 전문가, 또는 인적 자원들과 쉽게 의사소통할 수 있다.
- 정보를 수정하고 변형하기가 쉬워 불필요한 시간을 줄일 수 있으며, 정보를 저작하여 자신의 의도를 효과적으로 나타낼 수 있다.

컴퓨터과 교수법 및 교재연구

5.2.2 수업 진행면

(1) 교사들은 ICT를 활용하여 학습 목표를 효과적으로 달성할 수 있는 방법을 알고 있어야 한다.

- ICT를 활용하는 것이 다른 방법을 사용하는 것과 비교하여 비효율적일 가능성에 대하여 항상 염두에 두어야 한다.
- 탐구 주제를 찾기 위하여 ICT를 방향성 없이 활용하기보다는 탐구 주제를 사전에 명확하게 설정하여 시간과 자원을 효과적으로 활용할 수 있어야 한다.
- 지나친 자료의 제공이 때로는 학생들의 창의력을 해칠 수 있다.
- 전체, 모둠별, 개별 학습을 진행하는 과정에서 모든 학생들이 다 같이 참여할 수 있도록 배려하고, 어느 수준에서 공동으로 과제를 수행하고 언제 얼마나 교사가 개입하여야 하며, 학생들의 의견이 어느 정도 반영되어야 하는지에 대하여 고려하여야 한다.
- 학생들이 자신의 학습 활동에서 ICT를 생산적으로 활용할 수 있도록 지도하여야 한다.

(2) 각 교과의 수업에 ICT를 활용하여 수업을 하고자 할 때에는 주어진 여건에 따라 융통성 있게 운영하여야 한다.

- 동일한 내용을 학습하는 경우라도 학생 1인당 1대의 컴퓨터를 활용할 수 있는 상황과 모둠별로 1~2대의 컴퓨터를 활용해야만 하는 상황에 따라 그에 맞는 ICT 활용 교육이 이루어져야 할 것이다.
- 교사들 스스로 판단하여 환경 여건에 맞는 학습 계획을 세우고, 갖추어진 환경을 최대한 이용하려는 노력이 필요하다.

5.2.3 평가면

(1) 학생들의 활동을 다양한 측면에서 살펴보기 위하여 다양한 평가 방법을 적용하여야 한다.

- 자기 평가, 동료 평가, 모둠별 평가 등 여러 측면에서의 평가가 이루어져야 한다.
- 모둠별 평가를 위한 효과적인 학습 평가 기준이 필요하다.
- ICT 활용 교육은 주로 여러 교과의 내용을 통합하여 수행하는 경우가 많다. 따라서 하나의 과제를 수행하기 위하여 여러 모둠이 협력하여 수행하는 학습은 과제를 시작할 때 교과별로 명확하고 구체적인 평가 기준을 마련해 두어야 한다.
- 관찰과 기록, 대화 등을 통해 공동 작업에서도 학생 개개인의 성취를 평가할 수 있어야 한다.
- 학습 목표와 ICT 활용 범위를 명확하게 규정하여야 한다.
- 학생들이 ICT를 이용하여 얻은 정보를 단순히 편집만 하기보다는 해석하고 설명하도록 하여야 한다.

(2) ICT 활용 교육에서는 수행 평가 방식을 활용할 필요가 있다.
- 실제로 학습 과정에서 학생들이 자신의 학습 정도를 스스로 점검해 보고 자신의 학습 과정을 되돌아보고 수정할 수 있도록 해 주어야 한다.
- 최종 산출문만을 평가하기보다는 학생들의 학습 활동 과정별로 결과를 산출할 수 있도록 계획하여 학생들의 학습 결과를 누적하여 보관함으로써 학생들의 진전 정도를 한눈에 파악할 수 있도록 한다.
- 평가 과정에서 교사들은 학생의 학습 결과에 대하여 피드백을 제공하고, 학생 개인과의 지속적인 상호작용이 이루어지도록 한다.

(3) ICT 활용 교육에서 평가의 주안점은 다음과 같다.
- ICT를 활용함으로써 학습 목표가 더욱 효과적으로 달성되었는지를 평가하는 일이 중요하다.
- 교사들은 교과의 내용을 왜 ICT를 활용하여 수업하였는지에 대하여 항상 타당하고 설득력 있게 설명할 수 있어야 한다.
- 주어진 과제를 해결하는 데 있어 자료의 형태, 정보 처리 과정에 따라 적절한 ICT를 활용했는지의 여부를 평가하여야 한다.

컴퓨터과 교수법 및 교재연구

- 평가는 교과의 특성을 배제하고서는 이루어질 수 없는 것으로 반드시 주어진 내용과 이에 적용된 ICT의 활용을 동시에 평가하여야 한다.

(4) ICT 활용 교육의 평가 결과를 다음과 같이 활용한다.

- ICT 활용 교육의 평가 결과는 새로운 교수·학습 방법의 도입 여부에 활용된다. 교과의 목표가 전통적인 방법과 비교해 볼 때 더욱 효과적으로 달성되었는지를 판단하고 새로운 교수·학습 방법을 적극 적용해 볼 수 있을 것이다.
- ICT 활용 교육의 평가 결과는 학생들이 자신들이 직면한 문제 상황에서 그것을 해결하기 위하여 적절한 ICT 활용 능력을 보이고 있었는지에 대한 판단 자료로 활용된다.

5.2.4 정보 윤리면

(1) 교사들은 정보 윤리에 관한 다음의 사항들을 알고 이를 수업에서 의도적으로 활용할 수 있어야 한다.

- 인터넷을 통한 불법 또는 부적절한 정보에의 접근
- 개인 정보의 보호
- 문자, 이미지, 음향 및 음성, 프로그램의 복사와 관련된 저작권 보호
- 사회적, 도덕적으로 부적절한 정보의 사용
- 정보의 출처 확인

(2) 정보 윤리가 생활화되도록 일방적인 전달 중심의 교수·학습 방법보다는 토론이나 탐구 학습, 역할극과 같은 방법을 적용하여야 한다.

- 학생들의 능동적인 참여를 이끌어 내야 한다.
- 학생들 스스로 결론을 도출하도록 유도하고, 깊이 있는 사고를 통하여 사고방식의 전환이 이루어지도록 한다.
- 학생들의 흥미와 관심을 유도하고, 주의를 집중시킬 수 있도록 실생활에서 발생할 수 있는 문제를 중심으로 수업한다.
- 학생들이 사이버 공간에서 건전한 자신의 세계를 만들어 갈 수 있도록 해 주어야 한다.

(3) 불건전한 정보나 웹 사이트를 차단하거나, 정보 윤리에 반하는 행동을 하지 못하도록 무조건 금지하기보다는 잘못 활용함으로써 발생하는 여러 가지 문제점들을 인식하고, 학생들 스스로 정보 윤리를 지켜나갈 수 있도록 여러 가지 방안을 고려하여 지도하여야 한다.

- 사이버 상에서 개인이 피해를 당할 경우, 이를 공개하여 공동체 차원에서 이에 대처할 수 있는 교육 환경을 마련해 주어야 한다.
- 외부 전문가의 도움을 요청한다. 기관에 제공되는 비디오 테이프를 활용한다거나 전문가를 강사로 초빙하거나 전문 기관을 견학할 수도 있다.

5.2.5 교원 ICT 활용 능력면

(1) 교사들은 학습 목표를 효과적으로 달성하기 위하여 ICT를 조직적으로 활용할 수 있어야 한다.

- 교사들은 학습 목표 달성에 적절한 프로그램을 검토하고, 선택하여 활용할 수 있어야 한다.
- 교사들은 ICT관련 전문 용어를 정확하게 이해할 수 있어야 한다. 이는 교과의 수업을 진행하기 위한 연구 자료나 온라인 수업에 필요한 자료를 내려 받아 활용하는 데에도 필수적이다.
- 교사는 워드 프로세서, 전자우편, 프레젠테이션 프로그램 등 보편적으로 활용할 수 있는 ICT 도구들을 이해하고 활용할 수 있는 능력을 갖추어야 한다.
- 비밀번호와 일반적인 안전 장치의 중요성에 대하여 이해하고 있어야 한다.

(2) 온라인으로 제공되는 정보의 특성을 이해하여야 한다. 즉, 정보의 정확성, 타당성, 신뢰성 등에 대하여 평가할 수 있어야 한다.

- 정보의 출처를 확인하고, 각 정보의 차이점을 파악할 수 있어야 한다.
- 정보 검색에 필요한 질문을 만들어 내고, 검색의 범위를 조정할 줄 알아야 한다.

컴퓨터과 교수법 및 교재연구

- 키워드, 논리연산자, 인덱스, 디렉토리 등을 이용해 정보를 검색할 수 있어야 한다.

(3) 의사 소통과 아이디어 교환을 위하여 ICT를 활용하는 법을 익혀야 한다.
- 가장 적절한 방법을 사용하여 정보와 아이디어를 교환할 수 있어야 한다.
- 상대의 특성과 목적에 따라 최선의 의사 전달 방법과 아이디어를 발표하는 방법을 익힌다.

(4) 교사들은 ICT를 활용하여 교수·학습에 관한 전문성을 향상시킨다.
- 정보의 기록, 처리, 분석, 보고, 전달에 ICT를 활용할 수 있다.
- ICT 활용 교육에 관한 교실 연구 사례나 장학의 결과를 이해하는 데 사용할 수 있다.
- ICT를 이용하여 전문적인 토론에 참여하거나 수업 자료를 탐색하는 데 사용한다.
- 온라인을 통한 관심 있는 동호회 활동으로 지속적인 전문성을 축적하는 데 사용한다.

5.3 ICT 활용 교수·학습 과정안

ICT 활용 교수·학습 과정안이란 전통적인 문자 중심의 수업지도안에 포함되어 있는 수업계획 및 수업내용에 실제 수업을 전개하는 데 필요한 ICT 활용 교육자료, 학습활동 등을 통합하여 교수·학습 활동에 직접적으로 활용할 수 있는 차시 단위의 프로그램을 지칭한다.

ICT 활용 교수·학습 과정안은 정보통신기술을 활용하여 교과의 교수·학습 방법을 개선하기 위하여 전통적인 교수·학습 과정안을 멀티미디어 자료와 통합하기 위한 전략이다. 정부는 국민 공통 기본 교과 수업에서 정보통신기술을 10% 이상 활용하도록 '초·중등학교 정보통신기술교육 운영지침(2000.5)'에 명시하였으나 현장에서 이를 정착하는 데에는 많은 어려움이 있었다. 에듀넷에 탑재된 교육용 멀티미디어 콘텐츠는 개별 매체로 제공되므로 교사들이 이를 수업에 활용하기 위해서는 재구성해야 하는 번거로움이 있었다. 따라서 이러한 번거로움을 없애고, 수업에서의 활용도를 극대화하기 위하여 교수·학습 과정안과 멀티미디어 학습 자료가 통합된 교수·학습 과정안을 제안한 것이다. 이를 통하여 초·중등학교 현장에서 ICT를 적극적으로 활용할 수 있도록 지원하기 위한 것이다.

〈표 5-1〉 전통적 수업지도안과 ICT활용 교수·학습 과정안 비교

구분	전통적인 수업지도안	ICT활용 교수·학습 과정안
수업계획 구성요소	단원 구성, 목표, 주요 학습요소, 수업 단계별 전개 방법 및 내용, 평가문항 등	좌 동
자료구조	모든 자료가 독립적으로 존재함	하이퍼 미디어로 통합됨
표현매체	종이	데이터 파일
수업매체	문자	멀티미디어(그림, 소리, 애니메이션, 동영상 등)
교육자료	칠판, 궤도, OHP 등	컴퓨터 및 영상확대장치 등
작성도구	• 별도의 수업보조자료 제작 필요 • 워드프로세서	• 수업보조자료가 통합되어 있어, 별도의 자료 제작 불필요 • 프레젠테이션 저작 도구
수업활용도	낮음	높음
자료 갱신	어려움(질적 수준이 고정)	자료의 변형이 용이하고, 내용과 구성의 다양성 확장 가능(질적 수준의 지속적 향상)
선행 요건	없음	교사의 정보활용 능력 필요

5.4 ICT 활용 교수·학습 과정안 작성의 실제

교과명	컴퓨터	학년-학기	5-2	대단원	전자우편의 사용		
소단원	전자 우편과 정보 나누기			학습주제	전자 우편으로 파일 보내기		
차시	3/12	쪽수	p. 55-56	적용모형		교실 환경	컴퓨터 실습실
학습목표	• 전자 우편으로 파일을 주고받을 수 있다. • 전자 우편 사용 예절을 말할 수 있다.			ICT 활용 유형	교수·학습 방법	수업 자료	
교수·학습 활동	〈학습목표 및 관련지식의 이해〉 • 전자 우편의 뜻과 편리한 점을 말해 봅시다. • 전자 우편을 이용하여 파일을 주고받으면 어떤 점이 좋을지 생각해 봅시다. • 전자 우편을 이용하여 주고받을 수 있는 파일은 무엇이 있는지 알아봅시다. • 전자 우편으로 파일을 전달할 경우에는 어떤 것들이 있는지 알아봅시다. • 전자 우편으로 파일을 보내면 어떤 점이 좋은지 알아봅시다. • 전자 우편으로 파일을 보내는 기능을 무엇이라고 하는지 알아봅시다. 〈기능의 시범 관찰 및 습득〉 • 첨부 파일을 주고받아 봅시다. • 파일 첨부 기능으로 파일도 보낼 수 있다. • 여러 개의 파일도 보낼 수 있고 크기가 크면 압축을 한다. • 사전에 항상 바이러스 체크를 한다. 〈확인 및 평가〉 • 첨부 기능을 사용할 줄 알고 사용 예절과 주의 사항을 알고 지키는가?			협력연구하기	시범·실습	• ICT 활용 교수·학습 과정안 • 멀티미디어 자료	
선수학습 요소	교과 영역			ICT 소양			
	• 전자 우편을 이용하여 글을 보내기 • 사전에 미리 작성한 파일이 포함된 보조기억장치			• 파일의 저장과 불러오기 및 공유기능을 사용할 수 있다.			
수업 설계의 주안점	실제 자신이 직접 작성한 디스켓 파일을 모둠별로 공유하며 사용함으로써 학우와의 유대감과 협동심을 학습요소에 부가하였고, 현대에 중요시되는 컴퓨터 활용능력을 극대화하기 위해 반복적인 실습을 유도하도록 하였다.						

단계	주요 학습 내용	교수·학습 활동	수업 형태	시간	수업 자료	ICT 활용 교수·학습 과정안		지도상의 유의점
						주요 화면	활용방법	
학습 목표 및 관련 지식 의 이해	전시 학습 내용 상기	• 전 차시가 정리된 자료를 제시한다. －전자 우편이란? －전자 우편이 예전 통신 수단에 비해 편리한 점이 무엇일까요? －자신이 직접 작성한 파일을 저장한 디스켓을 꺼내 보세요.	전체 학습	2'	ICT 활용 과정안		발문후 자료 제시 －전 차시에 배운 내용을 기록하기 위한 자료로 활용한다.	모둠별 1인을 선정하여 대표로 발표시킨다.
	학습 문제 제시	• 전자 우편으로 파일을 첨부하여 보내보자.	전체 학습	1'	ICT 활용 과정안		필요하지 않는 경우는 제시하지 않아도 무방하다.	주의가 흩트러지지 않도록 '대기'모드로 전환해 놓는다.
	전자 우편과 첨부파일의 형태 알기	• 전자 우편으로 주고 받을 수 있는 파일에는 어떤 것들이 있을까요? －문서 파일 －그림 파일 －이미지 파일 －소리 파일 －동영상 파일 －그 외 컴퓨터에서 이용되는 모든 종류의 파일	전체 학습	2'	ICT 활용 과정안		첨부 파일에 해당하는 파일의 종류와 아이콘의 형태를 제시한다.	

컴퓨터과 교수법 및 교재연구

단계	주요 학습 내용	교수·학습 활동	수업 형태	시간	수업 자료	ICT 활용 교수·학습 과정안		지도상의 유의점
						주요 화면	활용방법	
학습 목표 및 관련 지식의 이해	파일 첨부의 경우 알기	• 전자 우편을 이용하여 파일을 전달하는 경우는 언제인가요? -선생님께 과제물 제출 -친구들끼리 유용한 정보의 공유 -친척이나 친구에게 음성, 이미지, 영상 파일을 보낼 때	전체 학습	3'	ICT 활용 과정안		전 차시에 학습한 화면을 제공하고 실제 사례에 해당하는 화면을 제공하여 직접 사용을 할 때 익숙하게 다룰 수 있도록 활용한다.	
	전자 우편 및 파일 첨부의 장점 알기	• 전자 우편으로 파일을 보내면 좋은 점이 무엇일까요? -신속하고 정확하다. -여러 사람에게 보내도 원본 파일은 변함이 없다.	전체 학습	2'	ICT 활용 과정안		화면을 통해 전자 우편의 장점을 인식시키는 데 활용한다.	
	파일 첨부 기능 알기	• 전자 우편을 이용하여 파일을 보내는 기능을 무엇이라고 하나요? -파일 첨부 기능	전체 학습	1'	ICT 활용 과정안		서비스를 제공하는 업체에 따라 파일 첨부 아이콘의 위치나 모양이 다를 수가 있으므로 여러 종류의 자료를 제공한다.	

제5장 컴퓨터과 교수·학습 과정안

단계	주요 학습 내용	교수·학습 활동	수업 형태	시간	수업 자료	ICT 활용 교수·학습 과정안		지도상의 유의점
						주요 화면	활용방법	
기능의 시범 관찰 및 습득 정리	첨부 파일 전송 하기	• 파일 첨부 계획을 세워 파일을 보내본다. -시스템에 로그인 한다. -편지 쓰기 메뉴를 선택한다. -받을 친구의 주소와 제목을 입력한다. -하고싶은 말을 써 넣는다. -찾아보기 버튼을 눌러 파일을 선택한 후 열기 버튼을 누른다. -파일 첨부 버튼을 누른다. -보내기 버튼을 눌러 파일을 발송한다.	모둠 학습	10'	ICT 활용 과정안		보다 쉽게 접근하기 위해 화면에 번호를 표시한다.	발송시나 수신시에 항상 바이러스 체크를 한다.
		• 파일 첨부 계획을 세워 파일을 받아본다. -수신된 편지 목록을 마우스로 누른다. -첨부 파일 이름을 누르면 내려받을 경로명을 묻는 대화창이 나타난다. -내 컴퓨터의 내려받을 장소를 정한 후, 저장 버튼을 누르면 내려받기가 시작 된다.	모둠 학습	10'	ICT 활용 과정안			
	정리 하기	• 학습 내용을 정리한다. -파일 첨부 기능을 사용하면 우편 내용과 함께 파일도 보낼 수 있다. -여러 개의 파일이나 큰 용량의 파일도 압축을 통해 보낼 수 있다. -사전에 항상 바이러스 체크를 한다.	모둠 학습	4'	ICT 활용 과정안		본 차시에 수업한 내용을 상기시키는 데 활용한다.	필요하지 않은 경우 제시하지 말고 모둠별로 발표를 시켜도 무방하다.

컴퓨터과 교수법 및 교재연구

단계	주요학습내용	교수·학습 활동	수업형태	시간	수업자료	ICT 활용 교수·학습 과정안		지도상의 유의점
						주요 화면	활용방법	
확인 및 평가	수신한 파일을 확인해봅시다.	• 모둠별로 해당하는 친구에게 제대로 발송이 되었는지 확인해봅시다. -수신한 편지와 파일의 내용이 일치하는지 확인해봅시다. • 다음 차시를 예고한다. -공개자료실에 올릴 내용을 디스켓에 저장해 오도록 한다.	모둠평가	5'	ICT 활용 과정안		다음 차시 예고를 하는 데 활용한다.	

요점정리

1 교수·학습 과정안이란 한 시간의 교수·학습지도를 효과적으로 이끌기 위한 실제 수업의 시안이며 수업의 가설이다.

2 교수·학습 과정안은 학교 교육의 모든 계획을 배경으로 하여 그 시간에 구체적인 학습자를 대상으로 교과나 교재의 성격에 따라, 또 구체적인 학습 환경에 맞도록 작성하여야 한다.

3 교사들이 ICT를 활용하여 수업을 하기 위해서는 무엇보다도 스스로 ICT를 활용한 교수·학습 방법에 대하여 긍정적이고 혁신적인 사고를 지니고 있어야 한다.

4 ICT 활용 교수·학습 과정안이란 전통적인 문자 중심의 수업지도안에 포함되어 있는 수업계획 및 수업내용에 실제 수업을 전개하는 데 필요한 ICT 활용 교육자료, 학습활동 등을 통합하여 교수·학습 활동에 직접적으로 활용할 수 있는 차시 단위의 프로그램을 지칭한다.

컴퓨터과 교수법 및 교재연구

연습문제

1. 교수·학습지도안의 필요성과 목적을 간략히 기술하시오.

2. 학습지도안에 포함되는 구성요소에 대하여 간략히 기술하시오.

3. 3학년의 '컴퓨터 기초' 영역의 1차시를 선택하여 교수·학습지도안을 작성하시오.

4. 5학년의 '컴퓨터 통신' 영역의 1차시를 선택하여 교수·학습지도안을 작성하시오.

5. 에듀넷에 등록되어 있는 교수·학습지도안을 선택하고 그 내용을 분석하시오.

참 고 문 헌

교육인적자원부(2001). 초등학교 정보통신기술 활용 지도 자료. 대한교과서주식회사.

권건일, 손춘자(2002). **실기교육방법의 이해**. 정민사.

김두범 외(1995). **실기교육방법의 이해**. 교육과학사.

김신자(2000). **효과적 교수설계 및 교수 방법**. 문음사.

류운석(2000). **실기교육방법론**. 동문사.

박인학(2002). **교사를 위한 교재연구 및 지도법의 이해**. 대왕사.

박성열(2004). **컴퓨터기술과 교육공학**. 건국대학교출판부.

박승배 외 역(2003). **효과적인 교수법**. 아카데미 프레스.

이성은, 오은순, 성기옥(2002). **초·중등 교실을 위한 새 교수법**. 교육과학사.

임채식 외(1992). **실기교육방법론**. 양서원.

전성연 외(2001). **교수-학습의 이론적 탐색**, 원미사.

조동관 외 19명(2002). "전자우편으로 파일 주고 받기" 교수·학습 상세 설계안, http://www.edunet4u.net/

주영주, 장원희(2002). **첨단매체를 활용한 교육환경**. 남두도서.

Grabe, M., & Grabe, C.(2001). Integrating technology for meaningful learning. 3rd ed. Boston : houghton Mifflin Company.

Zook, K. B.(2001). Instructional design for classroom teaching and learning. Boston, MA:Hongton Mofflin Company.

Chapter 06 정보 사회의 생활 영역 지도의 실제

본 단원에서는 개정된 ICT 교육 운영지침에 의해 고시된 ICT 소양 교육내용 체계 중에서 '정보 사회의 생활' 영역에 대한 교육과정 해설, 영역별 지식 체계, 학습 지도 내용, 교재 연구 및 학습 지도의 예, 수행평가의 예를 소개한다.

학습목표 >>>

- '정보사회의 생활' 영역의 지식체계를 이해할 수 있다.
- '정보사회의 생활' 영역의 단계별 학습지도 내용을 이해하고, 주제에 맞는 활동 내용을 설계할 수 있다.
- '정보사회의 생활' 영역의 학습 주제에 맞는 교수·학습 과정안을 작성할 수 있다.
- '정보사회의 생활' 영역의 수행평가 과정을 알고, 평가 사례를 제작할 수 있다.

1 [정보 사회의 생활] 영역 교육과정 해설

정보통신기술의 급속한 발달로 대부분의 학생이 컴퓨터와 인터넷을 쉽게 사용할 수 있으나 타인과 자신의 정보생활에 대한 적절한 윤리의식 및 대응방법에 대한 교육이 이루어지지 않아 많은 폐해가 나타나고 있다. 이러한 현상을 반영하여 정보통신 윤리교육을 강화하기 위하여 2005년 12월에 개정된 ICT 교육 운영지침에서 '정보 사회의 생활' 영역이 강화되었다.

'정보 사회의 생활' 영역의 내용 구성은 크게 세 가지 요소로 살펴볼 수 있다. 첫째, 개인의 관점에서 정보사회의 변화에 대해 이해하고 바람직한 태도를 기르는 것과 둘째, 이웃과의 확대된 관계 속에서 사회적 문제로 나타나

컴퓨터과 교수법 및 교재연구

는 정보윤리와 정보보호 문제에 대한 지식과 태도 함양 교육 그리고 셋째, 정보사회의 거시적 관점에서 정보사회에서 직업 변화에 대해 이해하고 사회생활을 준비하는 교육으로 구분해 볼 수 있다.

'정보 사회의 생활' 영역의 단계별 교육 내용은 〈표 6-1〉과 같다.

1단계는 학생들이 컴퓨터 교육을 처음 받는 시기로써 기초적인 컴퓨터 사용법 및 태도에 대한 교육이 중요하며, 기본적인 사이버 공간에서의 예절을 익혀야 하는 시기이므로 정보 사회와 생활의 변화를 이해하고 컴퓨터로 만나는 이웃과 사이버 공간에서의 올바른 예절을 토의를 통해서 스스로 깨닫게 한다. 또한, 컴퓨터를 사용할 때 바른 자세를 지키지 않으면 다양한 증후군에 노출될 수 있음을 숙지하도록 하여 컴퓨터 사용의 바른 자세를 실천하도록 한다.

2단계는 학생들이 영어를 배우기 시작하면서 인터넷 사용이 증가하는 시기이므로 사이버 공간에서의 올바른 예절과 인터넷의 바른 이용 방법이 무엇보다도 중요하며 학생들의 습관 형성에 있어서도 매우 중요한 시점이다. 현실세계 뿐만 아니라 가상공간에서 지켜야 할 예절의 필요성을 인식하고, 자칫 빠지기 쉬운 게임 중독의 심각성을 알고 게임 중독을 예방할 수 있는 다양한 방법들을 찾아볼 수 있도록 한다. 또한, 개인 정보 관리의 필요성과 다양한 정보 보호 방법을 이해하도록 한다.

3단계에서는 인터넷 사용과 더불어 정보의 유통이 확대되고 검색을 통해 얻어진 정보의 올바른 활용이 무엇보다도 강조되는 시기이다. 그러므로 타인의 정보 보호를 이해하며 사이버 공간의 대인 윤리를 실천할 수 있도록 한다. 사이버 공간에서 다양한 도구를 통해 협력 작업이 가능함을 인식하며, 사이버 폭력의 다양한 피해사례를 나열하게 하고 그 예방 및 대처 방법을 서로 토의하도록 한다. 개인 정보의 이해와 관리, 컴퓨터 암호화와 보안 프로그램 및 저작권의 보호와 필요성 등을 이해하고 실천하도록 한다. 또한, 정보 사회에서 새로 생겨난 직업과 정보화로 인한 다양한 직종의 변화를 제시할 수 있도록 한다.

4단계에서는 이전 단계의 내용을 심화 발전시키는 단계로 지적 재산권을 이해하고 불건전 정보에 대처할 수 있도록 한다. 사이버 폭력을 포함하여 포괄적인 명예훼손의 개념을 인식하고 사이버 공간에서의 다양한 명예훼손 사

제6장 정보 사회의 생활 영역 지도의 실제

례를 조사해 봄으로써 정보통신윤리의 필요성을 이해하도록 한다. 암호화 방법을 비롯하여 다양한 정보보호 기술에 대해 이해하고 암호화 기술이 실제 사용되는 사례를 통해 그 필요성을 인식하도록 한다. 저작권에 대한 개념을 확대하여 지적재산권 보호의 필요성을 인식하도록 한다. 사이버 기관과 단체를 조사하여 그 역할과 필요성에 대해 이해하고, 정보산업 발전이 미래의 직업에 어떤 영향을 주는지에 대하여 논의해 보도록 한다.

5단계에서는 정보 소비자로서의 역할 뿐만 아니라 웹 사이트 운영 및 관리 등 정보 생산자로서의 역할이 강조되는 시기이다. 수동적인 정보 소비자에서 벗어나 정보를 유통시킬 때의 파급효과에 대해 생각해보고 정보 생산자로서의 다양한 책무성이 뒤따른다는 것을 분명히 인식할 수 있도록 한다. 그러므로 정보 통신 및 정보 보호에 관한 법률 이해를 통해 정보통신윤리를 실천할 수 있도록 한다.

〈표 6-1〉 '정보 사회의 생활' 영역 단계별 내용체계

단계 영역	1단계	2단계	3단계	4단계	5단계
정보 사회의 생활	• 정보 사회와 생활 변화 • 컴퓨터로 만나는 이웃 • 컴퓨터 사용의 바른 자세 • 사이버 공간의 올바른 예절	• 사이버 공간의 이해 • 네티켓과 대인 윤리 • 인터넷과 게임 중독의 예방 • 정보 보호와 암호 • 바이러스, 스팸으로부터의 보호	• 협력하는 사이버 공간 • 사이버 폭력과 피해 예방 • 개인 정보의 이해와 관리 • 컴퓨터 암호화와 보안 프로그램 • 저작권 보호와 필요성 • 정보 사회와 직업	• 사이버 기관과 단체 • 사이버 공간의 윤리와 필요성 • 암호화와 정보 보호 기술 • 지적 재산권의 이해와 보호 • 정보 산업의 발전과 미래	• 올바른 네티즌 의식 • 정보 보호 법률의 이해 • 네트워크 속에서의 정보 보호 • 정보 사회와 직업 선택

컴퓨터과 교수법 및 교재연구

2 [정보 사회의 생활] 영역 지식체계

'정보 사회의 생활' 영역은 정보 및 정보 사회에 대한 기초적인 이해에서부터 정보 사회에서 여러 가지 변화의 모습과 갖추어야 할 정보 활용 태도를 모두 포함한다.

정보통신윤리 문제는 정보기술의 발달과 정보보호 문제와 매우 밀접한 연관성을 갖고 있다. 그러므로 컴퓨터교육에서 다루는 정보통신 윤리교육은 정보기술의 변화 및 영향에 대한 이해를 바탕으로 정보사회의 긍정적인 변화를 인지하고 정보기술을 바람직하게 활용하는 태도를 기르는 것이 무엇보다 중요하며, 역기능 문제를 해결하기 위한 윤리적 태도 함양은 역기능의 부정적인 면을 강조하기보다는 긍정적인 변화를 이끌어내기 위한 관점에서 교육이 이루어져야 한다. 더 나아가 학생들은 자신의 정보를 보호하는 능력을 기르고 타인에 대한 정보를 침해를 하지 않도록 지도하는 것이 중요하다.

□ 정보 사회 및 변화 이해

정보 사회에서 가정, 학교, 사회의 긍정적인 변화를 인식하고 바르게 생활하기 위한 자세를 갖도록 한다.

□ 정보통신윤리의 이해 및 중요성 이해

올바른 정보의 사용과 바른 자세 및 중요성을 인식하며 사이버 공간에서 준수해야 하는 예절과 윤리의 필요성을 이해하도록 한다.

□ 정보 보호와 정보 활용의 올바른 태도

컴퓨터를 사용하는 데 있어서 정보 보호의 필요성과 방법을 인식하고, 소프트웨어의 불법 복제 등과 같은 타인의 저작물 또는 정보를 함부로 도용하는 일이 없도록 하며, 불건전 정보에 대한 태도 및 대처 방안 등도 탐색해 보도록 한다.

제 6 장 정보 사회의 생활 영역 지도의 실제

□ 정보 사회에서의 진로

정보 산업의 발전과 미래상을 살펴보고 정보통신기술과 관련된 다양한 직업들을 탐색하여 학생들의 진로에 대해 생각해 볼 수 있는 기회를 가질 수 있도록 한다.

3 [정보 사회의 생활] 영역 단계별 학습지도 내용

3.1 제1단계

목 표	○정보 사회와 생활의 변화에 대해 인식하고, 정보사용의 올바른 자세를 가질 수 있다.
주 제	활 동
정보 사회와 생활 변화	- 가정에서 컴퓨터 기술이 활용된 기기들을 찾아볼 수 있다. - 컴퓨터 기술의 발전에 따른 생활의 변화들을 비교할 수 있다. - 더욱 편리해질 미래의 생활 모습을 상상하여 표현할 수 있다.
컴퓨터로 만나는 이웃	- 컴퓨터로 소식을 전하는 모습들을 나타낼 수 있다. - 컴퓨터로 만나는 이웃들의 다양한 모습을 상상해 보고 바르게 행동하는 방법을 설명할 수 있다.
컴퓨터 사용의 바른 자세	- 키보드와 마우스를 조작하는 바른 자세를 가질 수 있다. - 컴퓨터 앞에서의 바른 자세와 올바른 사용 습관을 실천할 수 있다.
사이버 공간의 올바른 예절	- 전화, 인터넷 등 보이지 않는 사람과 의사소통을 할 때도 필요한 예절이 있음을 이해할 수 있다.

컴퓨터과 교수법 및 교재연구

3.2 제2단계

목 표	○개인 정보 보호의 중요성을 이해하고, 올바른 정보의 활용 및 관리방법을 실생활 속에서 적용할 수 있다.
주 제	활 동
사이버 공간의 이해	- 사이버 공간에서 하는 일들을 분류할 수 있다. - 사이버 공간의 편리함을 알고 바르게 이용하는 방법을 실천할 수 있다.
네티켓과 대인 윤리	- 인터넷으로 만나는 사람들이 지켜야 할 예절을 설명할 수 있다. - 사이버 공간에서 사용해도 좋은 말과 사용해서는 안 되는 말을 구별하여 올바른 통신 언어를 사용할 수 있다.
인터넷과 게임 중독의 예방	- 인터넷과 게임 중독의 개념 및 증상을 이해할 수 있다. - 인터넷과 게임 중독의 예방 및 대처법을 말할 수 있다.
정보 보호와 암호	- 정보 보호의 필요성과 보호 방법을 설명할 수 있다. - 컴퓨터와 인터넷에서 아이디와 비밀번호 관리의 필요성을 말할 수 있다. - 공공 컴퓨터를 사용할 때 주의해야 할 점을 설명할 수 있다. - 초보적인 암호화 놀이를 경험하면서 암호화의 필요성과 특성을 이해할 수 있다. - 컴퓨터에서 암호가 쓰이는 곳을 찾아보고 암호의 쓰임새를 말할 수 있다.
바이러스, 스팸으로부터의 보호	- 컴퓨터 바이러스의 특징과 감염 경로를 알고 예방하는 방법을 이해할 수 있다. - 인터넷에서 스팸과 같은 불량 정보에 대처하는 방법을 설명할 수 있다.

3.3 제3단계

목 표	○타인의 정보 보호를 이해하며 사이버 공간의 대인 윤리를 실천할 수 있다.
주 제	활 동
협력하는 사이버 공간	- 사이버 공간에서 서로 도움을 주고 받을 수 있는 일들을 설명할 수 있다. - 사이버 커뮤니티에 바르게 참여하는 자세를 알고 실천할 수 있다.

주제	활동
사이버 폭력과 피해 예방	- 사이버 폭력의 피해 사례를 알고 이에 대한 예방 및 대처 방법을 실생활에 적용할 수 있다. - 불건전 정보의 피해 사례를 알고 이에 대한 예방 및 대처 방법을 실생활에 적용할 수 있다.
개인 정보의 이해와 관리	- 개인 정보의 의미와 보호의 필요성을 이해할 수 있다. - 개인 정보를 보호하는 방법을 알고 실천할 수 있다. - 개인 정보의 유출로 인한 피해를 살펴보고 자신의 정보를 관리하는 습관을 실천할 수 있다.
컴퓨터 암호화와 보안 프로그램	- 암호화의 특성을 알고 보안 유지와의 관계를 이해할 수 있다. - 컴퓨터로 유통되는 정보들의 암호화 필요성을 말할 수 있다. - 보안 프로그램의 역할을 설명할 수 있다.
저작권의 보호와 필요성	- 저작권의 의미와 보호의 필요성을 이해할 수 있다. - 저작권을 바르게 표기하고 이용하는 방법을 실천할 수 있다.
정보 사회와 직업	- 정보 사회에서 새로 생겨난 직업들을 제시할 수 있다. - 직업 생활에서 정보 활용 능력의 필요성을 설명할 수 있다.

3.4 제4단계

목 표	○ 지적 재산권을 이해하고 불건전 정보에 대처할 수 있다.
주 제	활 동
사이버 기관과 단체	- 사이버 기관과 단체에 대해 조사하여 제시할 수 있다. - 사이버 기관과 단체의 역할을 알고 필요성을 이해할 수 있다.
사이버 공간의 윤리와 필요성	- 사이버 명예훼손의 개념과 유형을 이해할 수 있다. - 네티즌으로서 바람직한 생활 태도를 갖추고 이를 실생활 속에서 실천할 수 있다.
암호화와 정보 보호 기술	- 다양한 정보 보호 기술을 배우고 생활 속에서 활용할 수 있다. - 컴퓨터 암호화의 간단한 원리를 묘사할 수 있다. - 암호화와 정보 보호 기술이 사용되는 사례를 찾아보고 필요성을 이해할 수 있다.
지적 재산권의 이해와 보호	- 정보 상품의 개념과 다른 상품과의 차이점을 대조할 수 있다. - 지적 재산권의 보호와 정보 공유의 관계를 토론할 수 있다. - 컴퓨터 프로그램 불법 복제의 문제점을 알아보고, 정품 프로그램 사용을 생활화할 수 있다.
정보 산업의 발전과 미래	- 미래 정보 산업의 모습과 새로 생겨날 직업들을 유추할 수 있다. - 신기술 종류와 적용 분야를 이해할 수 있다. 　(예 : USN, 차세대 이동통신, 무선인터넷, DMB 등)

컴퓨터과 교수법 및 교재연구

3.5 제5단계

목 표	○ 정보 통신 및 정보 보호에 관한 법률의 이해를 통해 정보통신윤리를 실천할 수 있다.
주 제	활 동
올바른 네티즌 의식	- 올바른 네티즌 의식을 가지고 사이버 공간에 참여할 수 있다. - 사이버 공간을 통한 여론 수렴에 대해 알아보고, 이로 인한 순기능과 역기능을 분석할 수 있다. - 사이버 세상을 통한 참여로 세상을 더 좋게 바꾸어 나간 사례를 조사하여 평가할 수 있다.
정보 보호 법률의 이해	- 정보 보호에 관련된 피해 사례를 알아보고 관련 법률을 조사할 수 있다. (예 : 저작권, 불법유통, 아이템 현금 거래 등) - 정보가 유출되는 기술적 문제들을 살펴보고 보호하는 방법을 설명할 수 있다. - 상업용 웹 사이트에서 개인 정보를 보호하는 방법 및 불법적인 피해로부터 자신을 보호하는 방법을 알고, 이를 실천할 수 있다.
네트워크 속에서의 정보 보호	- 다양한 네트워크 속에서 사용되는 정보 보호 기술을 설명할 수 있다. - 현재 사용되고 있는 정보 보호 기술의 역할과 효과적인 정보 보호 활용 정책에 대해 토론할 수 있다.
정보 사회와 직업 선택	- 정보 사회에서의 다양한 업무 처리 방식을 이해하고, 어떻게 변화하고 있는지 평가할 수 있다. - 미래 자신의 직업과 갖추어야 할 정보통신기술 능력에 대해 제시할 수 있다.

4 [정보 사회의 생활] 영역 지도의 실제

4.1 1단계(예시 : 2학년 - 사이버 공간에서의 예절)

4.1.1 단원의 개관

　　본 단원은 초·중등학교 ICT 교육 운영지침의 '정보 사회의 생활' 영역 1단계에 해당하는 사이버 공간에서의 예절에 관한 내용을 다루고 있다. 이 지침에 근거하여 사이버 공간에서 소식을 전하는 방법과 지켜야 할 예절을 알아보고 실생활에 적용할 수 있도록 구성하였다.
　　본 단원의 활동들을 통하여 학생들이 사이버 공간에서의 예절을 지켜야 하는 까닭을 알고 실제 생활에서 예절을 지키며 사이버 공간에서 소식을 전할 수 있도록 하는 데 지도의 주안점을 두었다.

4.1.2 단원의 학습 계열

선수 학습 요소	본시 학습 요소(2-3)	후속 학습 요소
• 알고 쓰는 소중한 정보(1-5) • 정보사회와 생활 변화(2-2)	• 컴퓨터로 만나는 이웃 • 사이버 공간에서의 올바른 예절 • 컴퓨터로 소식을 전하는 방법	• 네티켓과 대인윤리(3-5) • 인터넷과 게임중독 예방(4-7) • 사이버폭력과 피해 예방(5-6)

4.1.3 단원의 목표

- 컴퓨터로 소식을 전하는 모습을 상상하여 나타낼 수 있다.
- 컴퓨터로 만나는 다양한 이웃의 모습을 상상해 보고 사이버 공간에서 지켜야 할 예절을 알 수 있다.
- 사이버 공간에서 소식을 전하는 방법을 실생활에 활용할 수 있다.
- 서로의 정보를 교환하고 협력하는 자세로 학습에 참여한다.

컴퓨터과 교수법 및 교재연구

4.1.4 단원의 지도 계획

차시	단계	학습 활동	비고
1	계획 하기	• 컴퓨터로 만나는 이웃의 모습 상상하기 • 컴퓨터로 만나는 이웃들에게 전할 소식 생각해 보기	
2~4	만들어 보기	[활동 1] 컴퓨터로 소식 전하는 방법(2/5) • 사이버 공간에서 소식 전하는 방법 알기 • 전자우편, 게시판, 대화방의 개념과 특징 알아보기 • 소식을 전하고 싶은 방법과 이유 생각하기 [활동 2] 사이버 공간에서의 예절 1(3/5) • 사이버 공간에서도 예절이 필요함을 알기 • 네티켓의 뜻 알기 • 네티켓 서약하기 [활동 3] 사이버 공간에서의 예절 2(4/5) • 전자우편을 사용할 때의 예절 알기 • 게시판을 사용할 때의 예절 알기 • 대화방을 사용할 때의 예절 알기	본시학습

5	되돌아
	보기
		• 자기평가 및 반성하기
		  - 사고력, 필수 ICT 소양능력, 협력활동
		  - 2단계 평가
		    (잘함, 노력 필요)	

	서로 나누기	• 컴퓨터로 소식을 전했던 경험 이야기하기 • 네티켓을 지켰던 경험과 지키지 않았던 경험 이야기하기	

4.1.5 지도상의 유의점

- 컴퓨터로 소식을 전하는 다양한 방법을 실제 경험에서 찾도록 한다.
- 네티켓을 알고 이를 내면화할 수 있도록 지도한다.
- 실생활 문제와 관련시켜 지도하여 사이버 공간에서의 예절이 꼭 필요함을 알게 한다.
- 전자우편이나 게시판, 대화방을 예절을 지키면서 실제 생활에서 이용하도록 지도한다.

4.1.6 단원 평가 계획

평가 관점	평가 방법	평가 척도
• 컴퓨터로 소식을 전하는 방법을 알고 있는가?	관찰	3단계
• 전자우편, 게시판, 대화방의 개념을 알고 이를 실생활에 활용하는가?	실습	3단계
• 사이버 공간에서 지켜야 할 예절을 알고 이를 실천하려고 노력하는가?	관찰	3단계
• 우리가 지켜야 할 네티켓을 정하고 발표할 수 있는가?	토의, 발표	3단계

4.1.7 본시 교수-학습 과정안

일시		대상	2학년	장소	교실
단원	사이버 공간에서의 예절			차시	3/5차시
학습주제	사이버 공간에서의 예절 1			교과서쪽	
학습목표	가. 컴퓨터로 만나는 이웃에게도 예절을 지켜야 함을 알 수 있다. 나. 네티켓의 의미를 알고 예절을 지키는 사람과 아닌 사람을 구별할 수 있다. 다. 네티켓 서약 선서를 하고 예절을 지키려는 태도를 갖는다.				
준비	교사	네티켓에 관련된 사례			
	학생	네티켓 서약서			

단계	교수-학습 활동	자료 및 유의점
도입	■ 동기 유발하기 - 교과서에 제시된 만화를 보며 사이버 상에서도 예절을 지켜야 하는지 생각하게 한다. ■ 공부할 문제 확인하기 - 우리가 지켜야할 사이버 공간에서의 예절을 알아봅시다.	
전개	■ 네티켓의 의미 알기 ■ 네티켓을 지키는 사람과 지키지 않는 사람 구별하기 ■ 네티켓에 관련된 자신의 경험 나누기 ■ 네티켓 서약 작성하기 - 친구들 앞에서 네티켓 서약을 발표한다.	• 일상생활 속의 예를 들어 네티켓을 지켜야 함을 깨닫게 한다. • 학습지, 서약서
정리	■ 정리하기 - 배운 내용을 정리한다. - 사이버공간에서도 예절을 지켜야 하는 까닭을 안다.	• 작성한 네티켓 서약서를 간직하도록 한다.

참고 사이트 및 참고 문헌
• 네티켓 교실 http://neticlass.80port.net • 주니어 네이버 인터넷 윤리시간 http://jr.naver.com/safe/ • 아이틴 넷 http://www.iteennet.or.kr/ • 불법·청소년 유해정보 신고센터 http://www.internet119.or.kr/ • 정보통신윤리위원회 http://www.kiscom.or.kr/ • 사이버명예훼손 분쟁 조정부 http://www.bj.or.kr/

4.1.8 학습 자료의 예

◉ 내가 앞으로 지켜나갈 네티켓을 정해 볼까요?

선서! 저는 앞으로 이렇게 네티켓을 지키겠습니다.
_____ 초등학교   2학년 ____ 반 _____

첫째, 나와 생각이 다른 친구들의 의견도 존중하겠습니다.

둘째, ...

셋째, ...

▶ 내가 정한 네티켓을 써 보고 친구들 앞에서 큰 소리로 다짐을 해 봅시다.

4.1.9 수행평가

수행평가 내용 및 기준안 예

주제	사이버 공간에서 소식을 전하는 방법과 지켜야 할 예절 알기	교과서 (쪽수)		영역	정보사회의 생활	학년	2학년
학업 성취 목표	[지식] • 컴퓨터로 소식을 전하는 방법을 알 수 있다. • 컴퓨터로 만나는 다양한 이웃의 모습을 상상해 보고 사이버 공간에서 지켜야 할 예절을 알 수 있다. [기능] • 전자우편, 대화방, 게시판을 사용할 수 있다. • 사이버 공간에서 지켜야 할 예절에 맞게 컴퓨터로 소식을 전할 수 있다. [가치 및 태도] • 컴퓨터로 소식을 전할 때 예절 바르지 못한 행동을 비판적으로 생각하고 고치려고 노력한다. • 서로의 정보를 교환하고, 협력하는 자세로 학습에 참여한다.							
평가 과제	컴퓨터로 소식을 전하는 방법과 사이버 공간에서 지켜야 할 예절을 알고 실생활에서 사용하기							
평가 방법	○ 컴퓨터로 소식을 전하는 방법 알기(관찰) ○ 사이버 공간에서 지켜야 할 예절 알기 (지필) ○ 우리가 지켜야 할 네티켓 정하기(토의 발표) ○ 예절을 지키며 전자우편, 대화방, 게시판 사용하기(관찰)				평가도구 및 준비물	○ 체크리스트 ○ 학습지		
평가 유형	○ 관찰, 지필 및 토의 발표							
평가상의 유의점	○ 네티켓에 관련된 내용은 인지적으로만 평가하지 말고 실생활에 적용하는 모습을 평가한다.							
평가 항목 및 척도									

평가 항목(문항)	평 가 척 도	배 점
컴퓨터로 소식을 전하는 방법을 알고 있는가? (관찰)	컴퓨터로 소식을 전하는 방법을 2개 이상 알고 있다.	상
	컴퓨터로 소식을 전하는 방법을 1개 알고 있다.	중
	컴퓨터로 소식을 전하는 방법을 잘 알지 못한다.	하
사이버 공간에서 지켜야 할 예절을 알고 있는가? (관찰)	사이버 공간에서 지켜야 할 예절을 잘 알고 있다.	상
	사이버 공간에서 지켜야 할 예절을 알고 있다.	중
	사이버 공간에서 지켜야 할 예절을 잘 알지 못한다.	하
우리가 지켜야 할 네티켓을 정하고 발표할 수 있는가? (토의 발표)	우리가 지켜야 할 네티켓을 토의하는 데 적극 참여하고 잘 발표한다.	상
	우리가 지켜야 할 네티켓을 토의하는 데 참여하나 발표를 능숙하게 하지 못한다.	중
	우리가 지켜야할 네티켓을 토의하는 데 잘 참여하지 않고 발표도 잘 하지 못한다.	하
예절을 지키며 전자우편, 게시판, 대화방을 사용할 수 있는가? (관찰)	예절을 지키며 전자우편, 게시판, 대화방을 잘 사용할 수 있다.	상
	전자우편, 게시판, 대화방을 잘 사용하나 예절을 잘 지키지 못한다.	중
	예절을 지키지 못하며 전자우편, 게시판, 대화방을 잘 사용하지 못한다.	하

컴퓨터과 교수법 및 교재연구

수행평가 체크리스트 예

1단계(2학년)		학반	번호	이름	
학습 주제	사이버 공간에서 소식을 전하는 방법과 지켜야 할 예절 알기	2학년 반			
영역	평가 항목	날짜	확인	평가 상 중 하	비고
정보 사회 의 생활	1. 컴퓨터로 소식을 전하는 방법을 알고 있다.				5-6개(상) 3-4개(중) 0-2개(하)
	2. 사이버 공간에서 지켜야 할 예절을 알고 있다.				
	3. 전자우편, 대화방, 게시판을 사용할 수 있다.				
	4. 사이버 공간에서 지켜야 할 예절에 맞게 컴퓨터로 소식을 전할 수 있다.				
	5. 컴퓨터로 소식을 전할 때 예절바르지 못한 행동을 비판적으로 생각하고 고치려고 노력한다.				
	6. 서로의 정보를 교환하고, 협력하는 자세로 학습에 참여한다.				

176

제6장 정보 사회의 생활 영역 지도의 실제

정보사회의 생활	학 습 지	학년 반 번
1단계(2학년)		이름 :
학습 주제	사이버 공간에서 지켜야 할 예절	

1. 다음 그림을 보고 네티켓을 지켜 바르게 행동하는 사람에게는 ( )안에 '상'을, 바르지 못한 행동에는 ( )안에 '경고'라고 써 봅시다.

| 얼마나 잘 했나요? | |

컴퓨터과 교수법 및 교재연구

4.2 2단계(예시 : 4학년 - 출동! 사이버 구조대!)

4.2.1 단원의 개관

본 단원은 초·중등학교 ICT 교육 운영지침 가운데 '정보 사회의 생활'과 '종합 활동' 영역 2단계에 해당하는 인터넷과 게임 중독에 대하여 다루고 있다. 이 지침에 근거하여 본 단원은 인터넷과 게임을 자주 접했을 때 생길 수 있는 인터넷과 게임 중독의 심각성을 학습자들이 깨닫고, 이에 대한 대처 방법과 예방 방법을 학습할 수 있게 하여 안전한 컴퓨터 생활을 할 수 있도록 주제중심 프로젝트 형식으로 구성하였다.

본 단원은 이러한 활동들을 통하여 학습자가 실생활과 관련된 문제를 좀 더 체계적이고 논리적으로 해결할 수 있는 능력을 키우는 데 주안점을 두었다. 또한 문제를 해결하고 해결 방안을 적극적으로 알리며, 그와 관련된 홍보 자료를 만드는 데 다양한 ICT 기능을 활용할 수 있도록 하였다.

4.2.2 단원의 학습 계열

선수 학습 요소	본시 학습 요소(4-7)	후속 학습 요소
• 신나는 인터넷 여행(1-4) • 정보를 주고받아 보아요 (2-5) • 초대장을 만들어요(3-3)	• 프로젝트 학습 계획 세우기 • 인터넷과 게임 중독에 대하여 조사하기 • 홍보 자료 만들기 • 홍보 활동하기	• 우리는 사이버 지킴이 (5-6)

4.2.3 단원의 목표

- 인터넷과 게임 중독의 개념 및 증상을 이해할 수 있다.
- 인터넷과 게임 중독의 예방 및 대처 방법을 찾아 설명할 수 있다.
- 인터넷과 게임 중독에 관한 자료를 인터넷에서 찾아 문서로 정리할 수 있다.

- 수집한 정보 자료를 분석하고 분류하여 종합할 수 있다.
- 팀별로 정보를 교환하고, 협력하여 인터넷과 게임 중독에 대하여 알리는 홍보 자료를 만들 수 있다.
- 홍보자료를 가지고 홍보활동을 할 수 있다.
- 다양하고 창의적인 방법으로 문제를 해결하고 이를 다른 사람에게 자신 있게 발표할 수 있다.
- 인터넷과 게임 중독을 예방하는 생활을 할 수 있다.

4.2.4 단원의 지도 계획

차시	단계	학습 활동	비고
1	계획하기	• 인터넷과 게임 중독의 심각성 알기 [활동 1] 문제 해결을 위한 구조대 조직하기 [활동 2] 문제 해결 활동 계획하기 [활동 3] 문제 해결을 위한 역할 나누기	본시학습
2	실행하기	[활동 1] 자료 수집 및 정리하기 • 다양한 방법으로 인터넷과 게임 중독에 대한 자료를 수집하고 종합 정리하기	
3~4		[활동 2] 홍보 자료 만들고 홍보 활동하기 • 인터넷과 게임 중독에 대한 홍보물 만들기 (3/5) • 홍보 활동하기(4/5)	
5	되돌아 보기 서로 나누기	• 자기평가와 동료 평가 및 반성하기 - 독창성, 내용전달의 정확성 및 내용전달의 효과성, 필수 ICT 소양 능력, 협력활동 • 홍보자료와 홍보 활동 내용에 대하여 친구들과 공유하기	

4.2.5 지도상의 유의점

- 인터넷과 게임 중독의 심각성을 학습자가 충분하게 깨닫게 한다.
- 프로젝트 학습은 초반의 동기부여가 매우 중요하다. 그러므로 초반 활동(모둠구성, 활동 계획하기, 역할 분담하기)부터 학습자가 자신감을 가지고 할 수 있도록 충분한 시간을 확보한다.

- 인터넷이나 책 등 다양한 방법으로 수집한 자료들을 그대로 옮기는 수준으로 자료를 정리하는 것이 아니라 학습자가 자신의 언어로 자료들을 교과서에 다시 정리해 볼 수 있게 장려한다.
- 실제 홍보 활동을 할 때 이루어지는 고민들, 예를 들어 홍보의 목적과 대상, 장소 계획하기 등과 같은 것들을 학습자들이 직접 해 보게 함으로써 학습의 실제성을 높이고 이러한 구조화 된 활동 속에서 학습자가 행동의 논리적 측면을 발달시킬 수 있게 돕는다.
- 홍보 활동에 거부감을 느끼지 않고 활발히 참여 할 수 있도록 독려한다.
- 홍보 자료를 만드는데 디자인적인 측면을 꾸미는 데 너무 치중하기보다는 내용의 정확도와 전달의 효과성에 더욱 치중할 수 있게 지도한다.
- 모둠과 함께 활동하는 협동 학습이므로 협동 자세의 중요성에 대하여 강조한다.

4.2.6 단원 평가 계획

평가 관점	평가 방법	평가 척도
인터넷과 게임 중독의 심각성을 느끼고 이 문제를 해결하기 위한 계획을 자기 주도적으로 세우는가?	관찰	3단계
인터넷과 게임 중독과 관련된 자료를 다양한 방법으로 조사하고 이를 다시 자신의 언어로 종합하고 정리하였는가?	포트폴리오	3단계
홍보의 목적을 정확하게 이해하고 홍보 활동을 위한 계획을 세우는가?	관찰	3단계
홍보 활동을 위한 효과적인 홍보 자료를 만들었는가?	포트폴리오	3단계
인터넷과 게임 중독을 예방하는 생활을 하고자 하는 태도를 가지고 있는가?	관찰	3단계
홍보활동에 적극 참여하는 태도를 가지고 있는가?	관찰	3단계

4.2.7 본시 교수-학습 과정안

일시		대상	4학년	장소	교실
단원	출동! 사이버 구조대!		차시		1/5차시
학습주제	인터넷과 게임 중독의 심각성 알기		교과서쪽		
학습목표	가. 문제 상황을 이해하고 과제 해결을 위한 계획을 세울 수 있다. 나. 협동 학습에 관심을 갖고 참여할 수 있다.				
준비	교사	학생들의 ICT 소양 능력 및 활용 능력 등 사전 파악			

단 계	교 수 - 학 습 활 동	자료 및 유의점
도 입	■ 동기 유발하기 - 교과서에 제시된 문제 상황을 살펴보고, 문제 파악하기 ■ 공부할 문제 확인하기 - 사이버 구조대를 조직하여 봅시다.	○학습자가 사이버 구조대 라는 실제성을 부여한다.
전 개	■ 인터넷과 게임 중독의 심각성 파악하기 ■ 프로젝트 과제 해결을 위한 모둠 조직하기 ■ 과제 해결을 위한 활동 파악하기	○인터넷과 게임 중독으로 인한 또 다른 실제적 사건들을 제시하여 그 심각성을 알게 한다.
정 리	■ 효율적인 활동을 위해 역할 나누어 보기 ■ 차시 예고하기 - 인터넷 및 게임 중독과 관련된 자료 찾아보기	○모둠원의 역할이 고르게 분배되게 한다.

참고 사이트 및 참고 문헌
• 중앙교수학습센터 http://www.edunet4u.net/student/index.html • 정보통신윤리위원회 http://www.kiscom.or.kr • 경찰청사이버테러 대응센터 http://www.netan.go.kr

컴퓨터과 교수법 및 교재연구

4.2.8 학습자료 예

 사이버 구조대가 해야 할 활동들을 살펴봅시다.

구조대 활동

- 인터넷과 게임 중독에 대하여 자세히 조사하기

  활 동 내 용
  - 인터넷과 게임 중독의 뜻 알아보기
  - 인터넷과 게임 중독의 증상 조사하기
  - 인터넷과 게임 중독의 자가 진단법 찾아보기
  - 인터넷과 게임 중독에 관련된 사건이나 사례 조사하기
  - 인터넷과 게임 중독의 예방법 찾아보기

- 인터넷과 게임 중독에 대하여 다른 사람들에게 알리기

  활 동 내 용
  - 홍보 활동 계획 세우기
  - 홍보 자료 제작 계획 세우기
  - 컴퓨터로 홍보 자료 만들기
  - 홍보 활동하기
  - 사이버 구조대 활동에 대하여 반성하기

효율적인 활동을 위해 구조대원의 역할을 나누어 봅시다.

역할		이름	역할		이름
자료 수집 이끔이	자료를 수집하는 활동을 할 때 이끔이가 되어 활동 전반을 계획하고 수집 활동이 효과적으로 잘 이루어지도록 살핌		자료 제작 이끔이	홍보 자료를 만들때 이끔이가 되어 활동 전반을 계획하고 효과적인 홍보 자료가 만들어질 수 있도록 살핌	
자료 정리 이끔이	자료를 컴퓨터로 정리하는 활동을 할 때 이끔이가 되어 활동 전반을 계획하고 자료가 잘 정리될 수 있게 살핌		홍보 활동 이끔이	홍보 활동을 할 때 이끔이가 되어 홍보 활동이 적극적이고 효과적으로 이루어질 수 있도록 계획하고 살핌	

▶ 사이버 구조대원 모두가 한 번씩 활동의 이끔이가 되어 활동을 할 수 있게 역할을 나눕니다.

▶ 구조대 친구들 각자가 자신의 역할을 적극적으로 해야만 활동을 무사히 마칠 수 있을 것입니다.

컴퓨터과 교수법 및 교재연구

4.2.9 수행평가

수행평가 내용 및 기준안 예

주제	인터넷과 게임중독 홍보 자료 만들기	교과서 (쪽수)		영역	정보사회의 생활	학년	4학년
학업 성취 목표	[지식] • 홍보의 목적과 대상을 알고 있다. [기능] • 홍보활동에 사용할 홍보자료를 효과적으로 만들기 위한 계획을 세울 수 있다. • 컴퓨터를 이용하여 인터넷과 게임 중독에 대하여 알리는 홍보자료를 만들 수 있다. [가치 및 태도] • 모둠 친구들과 협력하여 효과적으로 홍보 활동을 할 수 있다.							
평가 과제	○ 컴퓨터를 이용하여 인터넷과 게임중독에 대하여 알리는 홍보자료 만들기							
평가 방법	○ 홍보의 목적을 정확하게 이해하고 홍보 활동을 위한 계획 세우기(관찰) ○ 홍보 활동을 위한 효과적인 홍보 자료 만들기(학습지) ○ 친구들과 협력하여 홍보 활동하기(관찰)					평가도구 및 준비물		○ 체크리스트 ○ 학습지
평가 유형	○ 지필, 관찰, 포트폴리오,							
평가상의 유의점	○ 홍보 자료를 만드는 데 디자인적인 측면을 평가하기보다는 그 내용상의 정확도와 전달의 효과성 측면에서 평가한다. ○ 모둠과 함께 활동하는 협동 학습이므로 협력 측면에서도 평가한다.							

평가 항목 및 척도

평가 항목 (문항)	평가 척도	배점
홍보의 목적을 정확하게 이해하고 홍보 활동을 위한 계획을 세울 수 있는가? (관찰)	홍보의 목적을 정확히 알고 홍보 활동을 위한 계획을 잘 세운다.	상
	홍보의 목적은 알고 있으나 홍보 활동을 위한 계획을 잘 세우지 못한다.	중
	홍보의 목적을 잘 알지 못하고 홍보 활동을 위한 계획도 세우지 못한다.	하
홍보 활동을 위한 효과적인 홍보자료를 만들 수 있는가? (학습지)	3가지 이상의 정보를 수집하여 효과적인 홍보자료를 구성한다.	상
	2가지 이상의 정보를 수집하여 홍보자료를 구성한다.	중
	1가지 정도의 정보를 수집하여 홍보자료를 구성한다.	하
친구들과 완성된 자료를 가지고 홍보활동을 할 수 있는가? (관찰)	친구들과 서로 의견을 주고 받으며 자신의 역할에 최선을 다하여 홍보활동을 한다.	상
	친구들과 서로 의견을 주고 받으며 활동하나 자신의 역할 중 끝마치지 못한 것이 있다.	중
	친구들과 의견을 주고 받지 않고 활동하며, 맡은 역할을 끝마치지 못한다.	하

수행평가 체크리스트 예

2단계(4학년)			학반	번호	이름
학습 주제	인터넷과 게임중독 홍보 자료 만들기		4학년 반		

영역	평가 항목	날짜	확인	평가			비고
				상	중	하	
정보 사회의 생활	1. 홍보활동의 목적과 대상을 정확히 알고 있다.						4개(상) 2-3개(중) 0-1개(하)
	2. 홍보활동에 사용할 홍보자료를 효과적으로 만들기 위한 계획을 세울 수 있다.						
	3. 컴퓨터를 이용하여 인터넷과 게임중독에 대하여 알리는 홍보자료를 만들 수 있다.						
	4. 모둠 친구들과 협력하여 효과적으로 홍보 활동을 할 수 있다.						

컴퓨터과 교수법 및 교재연구

정보사회의 생활	학 습 지	학년 반 번
2단계(4학년)		이름 :
학습 주제	인터넷과 게임중독 홍보 자료 만들기	

♣ 친구들과 함께 인터넷과 게임중독에 관한 홍보 자료를 어떻게 꾸밀지 계획하여 간단하게 표현해 봅시다.

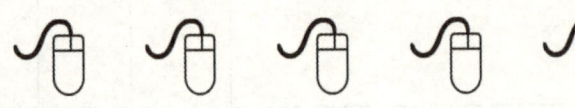

4.3 3단계(예시 : 6학년 - 저작권)

4.3.1 학습 개관

정보통신 발달과 더불어 인터넷을 통하여 원하는 자료를 얼마든지 찾을 수 있게 되었다. 그러나 무분별한 자료 복제로 저작권 침해가 심각해지고 있다. 초등학생들은 저작권에 대한 인식이 거의 없어 자기도 모르는 사이에 범법자가 될 위험에 놓여 있는 상황이다. 그러므로 초등학교에서부터 저작권에 대한 바른 인식을 심어주기 위한 교육과 저작권을 침해하지 않는 방법을 익힐 수 있는 교육이 철저히 이루어져야 할 것이다. 수많은 자료의 홍수 속에 노출되어 있는 학생들에게 저작권의 개념과 저작권 침해 피해 사례를 알게 하고, 타인의 저작물을 이용할 경우 주의사항을 인식하며, 저작권을 바르게 표기하는 방법을 익혀 실천하도록 한다.

본 단원은 협동 프로젝트학습으로 진행하며 학생들은 모둠별로 제시된 주제 중 원하는 주제를 선택하여 과제를 해결하는 활동을 하게 된다.

4.3.2 학습의 계열

선수 학습 요소	본시 학습 요소(6-7)	후속 학습 요소
• 사이버 공간의 올바른 예절(3-3) • 네티켓과 대인 윤리(3-5)	• 저작권의 의미와 보호의 필요성 이해하기 • 저작권을 바르게 표기하고 이용하는 방법 실천하기	• 사이버 공간의 윤리와 필요성(7-5)

4.3.3 학습 목표

• 과제 해결에 필요한 정보를 다양한 방법으로 수집, 분류, 분석 및 종합할 수 있다.

- 저작권의 의미와 필요성을 알고, 저작권을 바르게 표기하고 이용하는 방법을 알 수 있다.
- 저작권에 관한 내용을 알기 쉽게 구성하여 책으로 만들고, 프로젝트 과정 보고서를 프레젠테이션 등의 자료로 창의적으로 제작할 수 있다.
- 사이버 공간을 통해 다양한 협동 프로젝트 학습을 수행할 수 있다.

4.3.4 학습 진행 계획

차시	단계	학습 활동	비고
1	계획하기	• 동기 유발하기 • 프로젝트 소개하기 • 브레인스토밍하기 • 모둠별 과제 해결 계획 세우기	
2~3	자료 수집 및 정리하기	• 참고 자료 선정하기 • 주어진 역할에 따라 과제 해결에 필요한 자료 수집하기 • 수집한 자료 분류 및 종합 정리하기	
4~6	과제 해결하기	• 저작권 침해 예방의 목적에 맞고 이해하기 쉬운 내용으로 저작권에 관한 책을 제작할 수 있다 • 활동 결과 보고서 작성하기	본시학습
7	발표하기	• 결과물 발표하기	
8	마무리 하기	• 개인별, 모둠별 성찰하기 • 개인별, 모둠별 상호 평가하기 • 프로젝트 활동 정리하기	

4.3.5 지도상의 유의점

- 학생들이 프로젝트 학습을 처음 경험하는 경우에는 프로젝트 학습 사례를 안내해 주어서 프로젝트 학습에 대해 이해시키는 시간을 갖고 프로젝트 학습을 시작하는 것이 좋다.
- 프로젝트 학습 진행시 과제 학습이 이루어지게 되는 경우에는 가정에 프로젝트 활동에 관한 가정 통신문을 발송하면 학생들의 과제 해결이 더 효과적으로 이루어질 수 있다.
- 저작권이라는 내용이 생소하고 어려우므로 참고자료를 충분히 제공해야 한다.

- 프로젝트 학습이 진행되는 동안 온라인 프로젝트 학습 방에 수시로 방문하여 학생들의 활동 상황을 점검하고 조언자, 안내자로서의 역할을 해주어야 한다.

4.3.6 평가 계획

평가 관점	평가 방법	평가 척도
• 과제 해결에 필요한 정보를 다양한 방법으로 수집, 분류, 분석 및 종합할 수 있는가?	관찰, 포트폴리오	3단계
• 저작권의 의미와 필요성을 알고 저작권을 바르게 표기하고 이용하는 방법을 알고 있는가?	지필	3단계
• 저작권 침해 피해 사례를 알고 이에 대한 예방 및 이해를 위한 책자를 잘 만들었는가?	포트폴리오	3단계
• 활동 과정을 보여주는 보고서 프레젠테이션을 잘 만들었는가?	포트폴리오	3단계
• 사이버 공간을 통해 다양한 협동 프로젝트 학습을 수행할 수 있는가?	관찰	3단계

컴퓨터과 교수법 및 교재연구

4.3.7 본시 교수-학습 과정안

일시		대상	6학년	장소	교실
단원		저작권		차시	4~6/8차시
학습주제		저작권에 관한 책 만들기		교과서쪽	
학습목표		• 저작권 보호에 관한 내용을 이해하고 실생활에 적용할 수 있다. • 저작권에 관한 내용을 이해하기 쉽게 구성하여 책으로 제작할 수 있다. • 활동 결과 보고서 프레젠테이션 자료를 만들 수 있다. • 주어진 역할을 충실히 하고 협동하여 과제를 해결할 수 있다.			
준비	교사	• 전자 메일을 이용해 상담을 해 줄 수 있는 전문가를 사전에 확보한다. • 책 만들기에 사용할 수 있는 참고 자료 샘플을 준비한다. • 수업에 필요한 프로그램이 설치되어 있는지 확인한다. • 인터넷 및 컴퓨터가 정상적으로 작동하는지 사전에 점검한다.			
	학생	책 샘플			

단계	교 수 - 학 습 활 동	자료 및 유의점
도 입	■ 지난 시간 과제 확인하기 ■ 학습 문제 확인하기 - 저작권에 관한 내용을 이해하기 쉽게 책자로 만들어 봅시다.	
전 개	■ 과제 해결의 순서를 안내하기 - 저작권에 관한 책 자료 구상하기 → 저작권에 관한 책 만들기 → 활동 결과 보고서 만들기 ■ 책 만들기 구상 - 자료 제작 계획을 교과서에 기록하도록 한다. ■ 책 제작하기 - 모둠원들이 수집한 자료를 함께 점검하고 수정 작업을 거쳐 완성하도록 한다. ■ 활동 결과 보고서 제작 방법 안내하기 ■ 활동 결과 보고서 제작하기 - 작성된 스토리보드를 바탕으로 화면을 구성한다. - 프레젠테이션 자료가 완성되면 모둠원들은 교사가 제시해 준 평가 척도에 의해 평가하고, 수정 보완한다. ■ 활동 결과 발표 준비 안내하기	
정 리	■ 과제 제시하기 - 결과 발표 준비하기	

참고 사이트 및 참고 문헌
• 저작권위원회   http://www.copyright.or.kr • 저작권보호센터   http://www.cleancopyright.or.kr • 정보통신윤리위원회 http://www.kiscom.or.kr • 클린 인터넷 캠페인 http://event.naver.com/2007/06/clean/cleancampaign2_07.html • 정보공유연대   http://www.ipleft.or.kr/ • 한국소프트웨어저작권협회 http://www.spc.or.kr • 정보공유라이센스   http://www.freeuse.or.kr

제6장 정보 사회의 생활 영역 지도의 실제

4.3.8 학습자료 예

> 어린이 저작권 책 만들기 계획하기

1. 자료를 어떻게 만들어야 할지 모둠원들의 의견을 모아 봅시다.

어떤 내용을 넣을까?

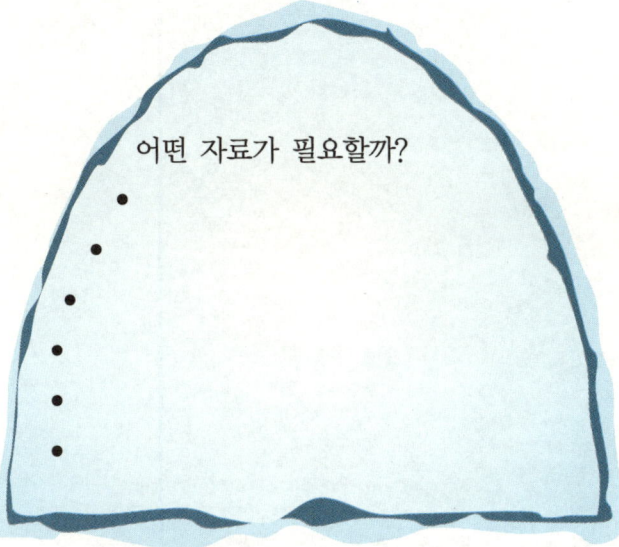

어떤 자료가 필요할까?

누가 만들까?

- 표지 디자인 :
- 그래픽 작업 :
- 책 구성 :
- 자료조사 :
- 편집 및 인쇄 :
- 설문조사 :

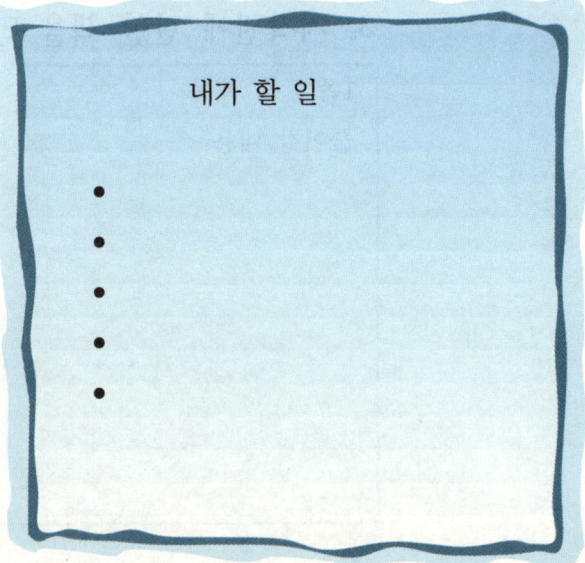

내가 할 일

컴퓨터과 교수법 및 교재연구

2. 저작권에 관한 책을 만들기 위해 내용을 자유롭게 구성하여 봅시다.

책 제목 :

차 례	들어갈 내용	비고

3. 저작권에 관한 책을 만들 계획을 구체적으로 세워 봅시다.

1쪽 : 책 제목 들어갈 내용	쪽 : 들어갈 내용 :

4.3.9 수행평가 척도

수행평가 내용 및 기준안 예

주제	저작권 보호	교과서 (쪽수)		영 역	정보사회의 생활	학년	6학년
학업 성취 목표	[지식] 저작권 보호에 관한 내용을 이해할 수 있다. [기능] 저작권에 관한 내용을 책으로 제작하여 보고서 자료를 만들 수 있다. [가치 및 태도] 서로의 정보를 교환하고, 협력하는 자세로 학습에 참여한다.							
평가 과제	○ 저작권 보호에 관한 내용이 무엇인지 말하기 ○ 저작권에 관한 내용을 알고 책으로 제작하기							
평가 방법	○ 저작권 보호에 관한 내용 설명하기 (발표) ○ 저작권에 관한 책을 만들기 위해 계획하기 (지필) ○ 저작권에 관한 책과 보고서 제작하기 (관찰)					평가도구 및 준비물		학습지
평가 유형	○ 발표, 지필 및 관찰							
평가상의 유의점	○ 저작권에 관한 책을 단순히 제작하는 데 그치지 않고, 모둠원들과 협력하여 구체적으로 계획을 세워 내용을 구성하는가에 초점을 맞춰 평가한다.							
평가 항목 및 척도								

평 가 항목 (문 항)	평 가 척 도	배 점
저작권 보호에 관한 내용이 무엇인지 말할 수 있는가? (발표)	저작권 보호에 관한 내용을 두 가지 이상 말할 수 있다.	상
	저작권 보호에 관한 내용을 한 가지 말할 수 있다.	중
	저작권 보호에 관한 내용을 설명할 수 없다.	하
저작권에 관한 내용을 책으로 제작하기 위해 구체적으로 계획을 세울 수 있는가? (지필)	저작권에 관한 책을 만들기 위한 내용을 두 가지 이상 쓸 수 있다.	상
	저작권에 관한 책을 만들기 위한 내용을 한 가지 쓸 수 있다.	중
	저작권에 관한 책을 만들기 위한 내용을 쓸 수 없다.	하
저작권에 관한 책과 보고서를 제작할 수 있는가? (관찰)	저작권에 관한 책을 만들고, 결과 보고서도 제작할 수 있다.	상
	저작권에 관한 책을 만들 수는 있으나 결과 보고서를 제작할 수 없다.	중
	저작권에 관한 책을 만들지 못하고 결과 보고서를 제작하지도 못한다.	하

컴퓨터과 교수법 및 교재연구

수행평가 체크리스트 예

3단계(6학년)		학반	번호	이름
학습 주제	저작권 보호	6학년 반		

영역	평가 항목	날짜	확인	평가			비고
				상	중	하	
정보 사회 의 생활	1. 저작권 보호에 관한 내용을 이해할 수 있다.						3개(상) 2개(중) 1개(하)
	2. 저작권에 관한 내용을 책으로 제작하여 보고서 자료를 만들 수 있다.						
	3. 서로의 정보를 교환하고, 협력하는 자세로 학습에 참여한다.						

제 6 장 정보 사회의 생활 영역 지도의 실제

정보사회의 생활 3단계(6학년)	학 습 지	학년 반 번 이름 :
학습 주제	저작권 보호	

♣ 저작권에 관한 책 만들기
 - 자유롭게 표지를 그려 보시오.

〈예 시〉

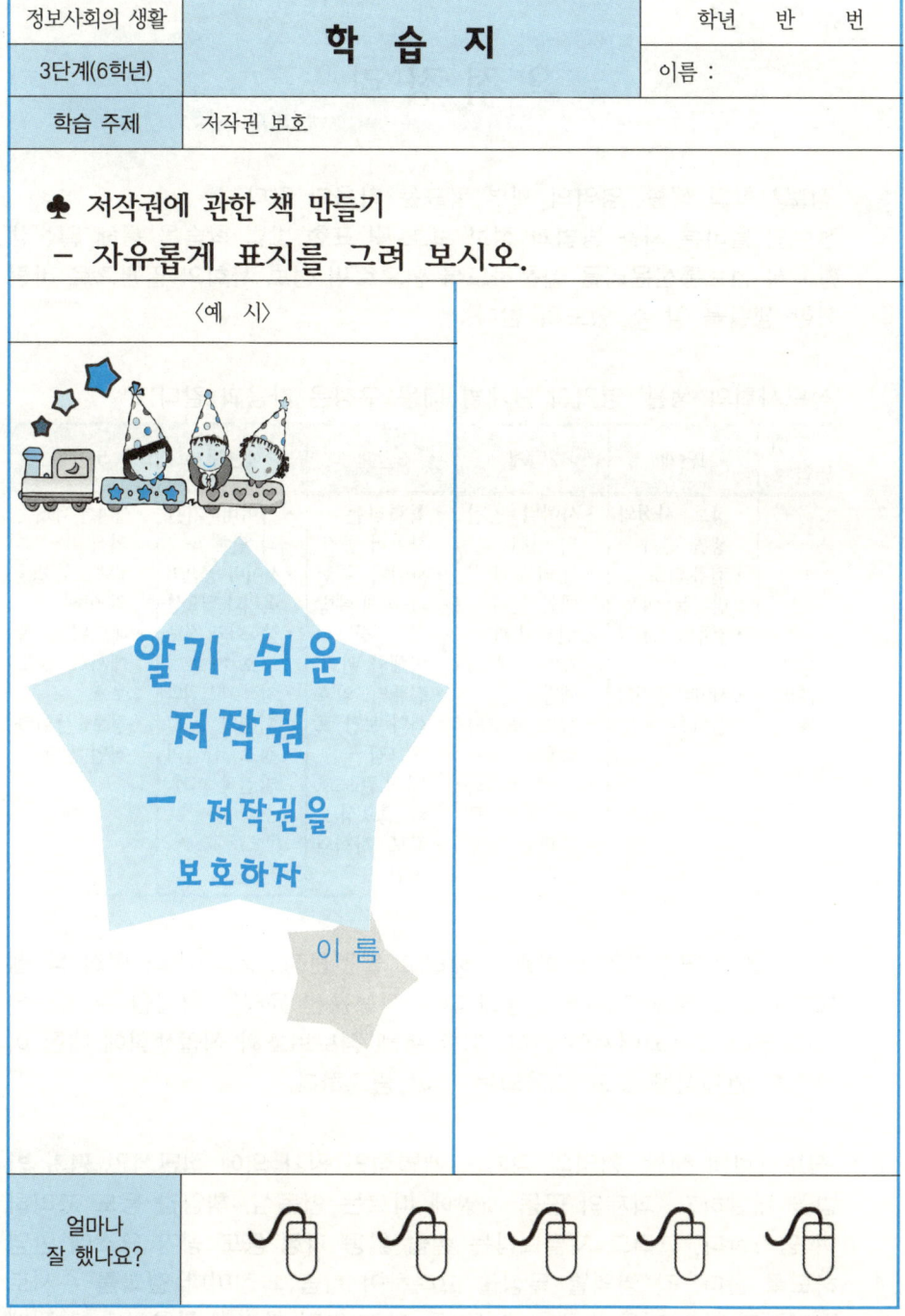

알기 쉬운
저작권
- 저작권을
보호하자
이 름

얼마나 잘 했나요?	🖱 🖱 🖱 🖱 🖱

195

컴퓨터과 교수법 및 교재연구

요점정리

1. '정보사회의 생활' 영역의 세부 목표는 다음과 같다.
   정보의 올바른 사용 방법과 정보 보호 및 표현 방법 학습을 통해 일상생활에서 정보통신윤리를 실천하도록 함으로써 정보 사회의 일원으로 바람직한 생활을 할 수 있도록 한다.

2. '정보사회의 생활' 영역의 단계별 내용 구성은 다음과 같다.

단계 영역	1단계	2단계	3단계	4단계	5단계
정보 사회의 생활	• 정보 사회와 생활 변화 • 컴퓨터로 만나는 이웃 • 컴퓨터 사용의 바른 자세 • 사이버 공간의 올바른 예절	• 사이버 공간의 이해 • 네티켓과 대인 윤리 • 인터넷과 게임 중독의 예방 • 정보 보호와 암호 • 바이러스, 스팸으로부터의 보호	• 협력하는 사이버 공간 • 사이버 폭력과 피해 예방 • 개인 정보의 이해와 관리 • 컴퓨터 암호화와 보안 프로그램 • 저작권보호와 필요성 • 정보 사회와 직업	• 사이버 기관과 단체 • 사이버 공간의 윤리와 필요성 • 암호화와 정보 보호 기술 • 지적 재산권의 이해와 보호 • 정보 산업의 발전과 미래	• 올바른 네티즌 의식 • 정보 보호 법률의 이해 • 네트워크 속에서의 정보 보호 • 정보 사회와 직업 선택

3. 정보사회의 긍정적인 변화를 이해하고 불건전정보와 사이버 범죄 등 정보화로 인해 발생되는 역기능에 대한 정보통신 윤리가 확립될 수 있도록 1단계부터 교육되어져야 한다. 이를 통해 정보보호와 직업생활에 대한 이해까지 연계성을 갖고 교육되는 것이 중요하다.

4. '정보사회의 생활' 영역의 평가는 개별적인 평가 외에 집단적인 평가 방법을 개발하고, 과제의 공동 개발에 따르는 협동심, 책임감 등도 고려하여 평가한다. 그리고 지필보다는 실습 활동 과정 등도 평가 요소에 반영하도록 한다. 각 영역별 특성을 고려하여 학습 과정이나 결과를 수시로 평가하고 학습 활동의 관찰, 면담 등 여러 가지 방법을 활용하되, 사전에 평가 기준, 방법, 시기 등을 계획하여 실시한다.

제6장 정보 사회의 생활 영역 지도의 실제

 연 습 문 제

1 정보통신기술 교육에서 '정보사회의 생활' 영역의 목표를 기술하시오.

2 정보통신기술 교육에서 '정보사회의 생활' 영역의 단계별 학습 내용을 보다 구체적으로 구성하시오.

3 '정보사회의 생활' 영역에서 학생의 흥미나 수준을 고려한 수준별 교수·학습 과정안을 작성하시오.

4 '정보사회의 생활' 영역을 다양하게 평가할 수 있는 방법을 제안하시오.

컴퓨터과 교수법 및 교재연구

참 고 문 헌

교육인적자원부(2000). 초·중등학교 정보통신기술 교육 운영지침 해설서. 교육인적자원부.

교육인적자원부(2006). 초·중등학교 정보통신기술 교육 운영지침 해설서. 교육인적자원부.

광주광역시교육청(2007). 컴퓨터 1학년 교과서 및 교사용 지도서. 광주광역시교육청.
광주광역시교육청(2007). 컴퓨터 2학년 교과서 및 교사용 지도서. 광주광역시교육청.
광주광역시교육청(2007). 컴퓨터 3학년 교과서 및 교사용 지도서. 광주광역시교육청.
광주광역시교육청(2007). 컴퓨터 4학년 교과서 및 교사용 지도서. 광주광역시교육청.
광주광역시교육청(2007). 컴퓨터 5학년 교과서 및 교사용 지도서. 광주광역시교육청.
광주광역시교육청(2007). 컴퓨터 6학년 교과서 및 교사용 지도서. 광주광역시교육청.

김미량 외(2003). **컴퓨터교과 교재 연구**. 교육과학사.

전우천(2006). ICT교육운영지침해설. 한국정보교육학회 하계 학술발표대회 주제발표 자료집.

한국정보교육학회 컴퓨터교재개발분과위원회(2004). **컴퓨터과 교수법 및 교재 연구**. 생능출판사.

Chapter 07 정보기기의 이해 영역 지도의 실제

본 단원에서는 개정된 ICT 교육 운영지침에 의해 고시된 ICT 소양 교육내용 체계 중에서 '정보 기기의 이해' 영역에 대한 교육과정 해설, 영역별 지식 체계, 학습 지도 내용, 교재 연구 및 학습 지도의 예, 수행평가의 예를 소개한다.

> **학습목표 >>>**
> - '정보기기의 이해' 영역의 지식체계를 이해할 수 있다.
> - '정보기기의 이해' 영역의 단계별 학습지도 내용을 이해하고, 주제에 맞는 활동 내용을 설계할 수 있다.
> - '정보기기의 이해' 영역의 학습 주제에 맞는 교수·학습 과정안을 작성할 수 있다.
> - '정보기기의 이해' 영역의 수행평가 과정을 알고, 평가 사례를 제작할 수 있다.

1 [정보기기의 이해] 영역 교육과정 해설

정보통신기술 교육 운영지침은 초·중등학교의 국민공통 기본 교육과정에서 정보통신기술 교육을 하기 위한 학교 교육과정 편성·운영 자료이다. 현재의 지침은 2000년 8월에 시행된 운영지침을 2005년 12월 개정하였다.

'정보 기기의 이해' 영역은 크게 세 가지의 내용으로 구성되어 있다. 첫째는 컴퓨터를 포함한 각종 정보 기기의 기능과 구성요소 간의 필연적 연관성을 이해할 수 있도록 하며, 둘째는 컴퓨터의 동작이 하드웨어와 소프트웨어의 유기적 관계에 의해 이루어지고 있음을 이해할 수 있도록 하고, 셋째에는 더 나아가 컴퓨터 간의 네트워크 구성에 따른 통신 구조를 이해할 수 있도록 하는 내용으로 구성되어 있다. 이러한 구성은 시각적으로 나타나는 기기에 대한 접

컴퓨터과 교수법 및 교재연구

근에서 컴퓨터 내부에서 동작하는 추상적 정보처리의 과정에 대한 이해로 나아가도록 교육내용을 구성하였다.

정보기기의 이해 영역의 단계별 내용 체계는 〈표 7-1〉과 같다.

〈표 7-1〉 '정보기기의 이해' 영역 단계별 내용 체계

단계 영역	1단계 (초1-2)	2단계 (초3-4)	3단계 (초5-6)	4단계 (중1-3)	5단계 (고1)
정보 기기의 이해	• 컴퓨터 구성요소의 이해 • 컴퓨터의 조작	• 운영 체제의 사용법 • 컴퓨터의 관리 • 소프트웨어의 이해 • 유틸리티 프로그램 활용 • 주변 장치의 활용	• 컴퓨터 동작의 이해 • 컴퓨터 사용 환경 설정 • 네트워크의 이해 • 정보 기기의 이해와 활용	• 운영체제의 이해 • 네트워크의 구성 요소와 원리 • 컴퓨터 내부 구조의 이해 • 자신의 컴퓨터 구성	• 운영 체제의 동작 원리 • 서버와 네트워크구조

2 [정보기기의 이해] 영역 지식체계

'정보 기기의 이해' 영역은 컴퓨터를 포함한 각종 정보 기기의 동작 원리와 작동 방법 및 사이버 공간의 환경 구성을 이해하도록 함으로써 학생들의 일상생활과 학교교육 활동을 위한 기초적인 능력이 함양되도록 하는 것을 목표로 하고 있다.

본 영역에서는 학생들이 컴퓨터 하드웨어와 소프트웨어의 구성과 원리를 이해한 후 컴퓨터운영 체제의 원리와 사용법, 컴퓨터 네트워크 환경의 이해를 통해 직접 자신의 컴퓨터를 구성할 수 있도록 한다. 또한 다양한 주변 기기(디지털 카메라, MP3, 핸드폰 등)의 특징과 사용 방법 및 컴퓨터와의 데이터 전송 방법 등을 알도록 하며 나아가 다양한 운영 체제와 서버, 네트워크의 고급개념과 환경을 이해하도록 한다. 이러한 정보통신기술을 학생들이 기초적인 능력으로 갖춤으로써 학생들은 일상생활과 학교교육 활동에 유용하게 응용할 수 있다.

3 [정보기기의 이해] 영역 단계별 학습지도 내용

3.1 단계별 지도내용 운영

○ 단계별 내용의 구성은 국민 공통 기본 교육 기간(10년간)에 적용할 수 있도록 5단계로 구분하여 제시하였으나, 단계별 지도 내용과 내용의 배열은 반드시 학습의 순서를 의미하는 것이 아닌 예시적인 성격을 지니고 있으므로, 각 학교에서는 학교의 실정, 학생의 능력과 수준, 교과와의 관련 등을 고려하여 학년별 또는 학기별 하위 단계를 설정하고, 목표 달성에 알맞게 탄력적으로 조정할 수 있다.

○ 단계별 내용의 적용은 학년제 운영의 현실적인 교육 여건에 따라 가급적 1단계는 초등학교 1, 2학년, 2단계는 초등학교 3, 4학년, 3단계는 초등학교 5, 6학년, 4단계는 중학교 1, 2, 3학년, 5단계는 고등학교 1학년 적용을 기준으로 하였으나 각 학교에서는 학생의 관심, 적성, 능력 및 발달수준 등을 고려하여 무학년제로 융통성 있게 운영할 수도 있다.

○ 각 학교에서는 이 지침을 바탕으로 정보통신기술 교육에 필요한 구체적인 교육 실천 계획을 수립하여야 하며, 교과·재량 활동·특별 활동의 시간을 활용하거나 별도의 시간을 확보하여 수업 시간 수를 균형 있게 배정하도록 한다.

컴퓨터과 교수법 및 교재연구

3.2 [정보기기의 이해] 영역 단계별 학습지도 내용

3.2.1 1단계 : 컴퓨터구성요소의 이해, 컴퓨터의 조작

목 표	○ 정보 기기의 구성 요소를 이해하고 조작할 수 있다. ○ 다양한 정보의 종류와 정보 기기를 인식하고 간단한 문제를 해결할 수 있다.
주 제	활 동
컴퓨터 구성 요소의 이해	- 컴퓨터의 기본 구성 요소에 대해 각각의 기능을 설명할 수 있다. 　* 주변에서 접하는 컴퓨터의 다양한 모습 그리기 　* 컴퓨터의 처리장치와 입력 장치, 출력 장치를 구분하여 나타내기 　* 컴퓨터의 기본 장치를 사람의 모습에 비유하기 　* 미래에 생겨날 컴퓨터 장치들을 상상해서 그려보기 - 자료를 입력하는 장치와 출력하는 장치를 구분할 수 있다. 　* 자료를 입력하는 장치의 종류 알아보기 　* 자료를 출력하는 장치의 종류 알아보기 　* 눈으로 볼 수 있는 자료를 출력하는 장치 구분하기 　* 귀로 들을 수 있는 자료를 출력하는 장치 구분하기 　* 기타 여러 가지 방법으로 자료를 알아 볼 수 있도록 출력하는 장치 알아보기
컴퓨터의 조작	- 컴퓨터와 주변 기기를 올바른 순서로 끄고 켤 수 있다. 　* 컴퓨터에 연결된 장치들을 끄는 각각의 방법 알아보기 　* 컴퓨터 전원이 켜져 있는 상태에서 연결할 수 있는 장치 알아보기 　* 컴퓨터 전원이 켜져 있는 상태에서 연결할 수 없는 장치 알아보기 - 키보드의 올바른 운지법을 익혀 문자를 입력할 수 있다. 　* 바른 자세로 컴퓨터 키보드 치기 　* 나쁜 자세로 컴퓨터 키보드를 장시간 사용했을 때 나타날 수 있는 증상 알기 　* 키보드 운지법에 따라 각각의 키에 해당하는 손가락 알기 　* 운지법을 이용하여 키보드 연습하기 　* 특수키를 이용하여 키 조합하기 - 마우스를 이용하여 학습용 소프트웨어를 활용할 수 있다. 　* 자신이 원하는 프로그램을 실행시키는 아이콘 찾기 　* 자신이 만들고 싶은 프로그램 아이콘 그리기 　* 마우스를 사용하는 바른 자세 익히기

3.2.2 2단계 : 운영체제의 사용법, 컴퓨터의 관리, 소프트웨어의 이해, 유틸리티 프로그램 활용, 주변 장치의 활용

목 표	○ 자신이 사용하는 운영체제를 이용하여 파일관리를 할 수 있다. ○ 폴더를 구성하여 파일을 분류하여 저장할 수 있다. ○ 소프트웨어의 종류를 알고 각각의 역할을 설명할 수 있고, 분류할 수 있다. ○ 자신의 목적에 맞는 적당한 프로그램을 선택하여 활용할 수 있다. ○ 컴퓨터와 연결하여 작동되는 여러 종류의 주변장치를 알고 목적에 맞게 이용할 수 있다.
주 제	활 동
운영 체제의 사용법	- 운영 체제 화면의 구성 요소를 이해할 수 있다. 　* 컴퓨터를 종료하는 기능 실행시키기 　* 운영 체제에서 제공하는 화면 구성과 메뉴 구성 이해하기 　* 자신이 원하는 프로그램을 실행시키기 위해 메뉴를 찾아가는 방법 알기 - 아이콘의 기능과 모양에 따른 차이점을 설명할 수 있다. 　* 운영체제에서 기본적으로 제공하는 아이콘의 종류와 기능 이해하기 　* 아이콘과 확장자와의 관계를 이해하고, 설명하기 - 필요한 파일이나 폴더를 선택, 복사, 이동, 삭제할 수 있다. 　* 파일을 관리하기 위해서 폴더 구성과 파일자료를 효과적으로 정렬하는 방법 알기 　* 파일을 선택하여 다른 폴더에 복사, 이동하는 순서 알기 　* 파일이나 폴더를 삭제하는 방법 2가지 이상 알기 　* 파일 관리 기능과 단축키와의 관계 알기 - 텍스트, 이미지, 동영상 파일을 각각 적합한 프로그램을 실행하여 그 내용을 볼 수 있다. 　* 파일을 효과적으로 관리하기 위하여 파일명 정하는 방법 살펴보기 　* 파일의 확장자와 파일의 종류를 구분지어 특징을 이해하기 　* 데이터 파일의 확장자와 실행 프로그램을 연관 짓기
컴퓨터의 관리	- 아이디와 비밀번호를 활용하여 컴퓨터를 관리할 수 있다. 　* 컴퓨터를 종료하는 기능 실행시키기 　* 사용자의 목적에 맞게 필요한 환경을 구성하기 　* 사용자의 정보를 보호하기 위한 다양한 보호기능 익히기 - 사용 목적에 맞게 폴더를 구성하고 파일을 관리할 수 있다. 　* 여러 개의 파일을 목적별로 폴더를 나누어 분류하기 　* 운영체제가 제공하는 기본적인 폴더의 종류와 기능 설명하기

소프트웨어 의 이해	- 소프트웨어의 개념을 이해할 수 있다. * 순서대로 일시키는 목록 작성하기 * 컴퓨터를 통하여 작업하기 위해서는 다양한 소프트웨어가 수행되는 것을 이해하기 * 소프트웨어는 명령에 의해 실행됨을 알기 - 소프트웨어의 종류(시스템 소프트웨어, 응용 소프트웨어)와 역할을 알 수 있다. * 소프트웨어의 종류가 목적에 따라 나누어지는 것을 이해하기 * 시스템 소프트웨어와 응용 소프트웨어의 사용목적이 다름을 이해하기 - 시스템 소프트웨어와 응용 소프트웨어의 차이점을 구별할 수 있다. * 시스템 소프트웨어를 사용하는 목적 알기 * 응용 소프트웨어의 주사용 목적 설명하기
유틸리티 프로그램 활용	- 파일 압축 프로그램의 종류와 압축 형식을 이해할 수 있다. * 압축 프로그램의 효과 설명하기(묶음, 축소) * 압축하는 방법의 다양성과 각각의 프로그램의 종류 이해하기 - 알맞은 프로그램을 활용하여 압축된 파일을 해제할 수 있다. * 압축된 방법을 찾기 * 압축된 방법에 맞는 프로그램을 선택하여 파일을 해제하기 - 시스템 유틸리티를 활용하여 컴퓨터를 최적화할 수 있다. * 컴퓨터의 처리속도를 높이기 위해 지원되는 소프트웨어의 종류 알기 * 컴퓨터의 처리속도를 높이기 위해 적당한 유틸리티 실행하기
주변 장치의 활용	- 다양한 저장 장치의 용도를 구별할 수 있다. * 매체에 따른 저장 장치 구분하기 * 용량에 따른 저장 장치 선택하기 * 저장 장치의 속도에 따라 나열하기 - 스캐너 장치를 컴퓨터에 연결하여 이미지를 입력할 수 있다. * 스캐너 장치의 기능 이해하기 * 스캐너 장치를 연결하기 * 스캐너 장치를 통해 이미지 입력하기 - 프린터 장치를 컴퓨터에 연결하여 문서나 이미지를 출력할 수 있다. * 프린터 장치의 기능 이해하기 * 프린터 장치 연결하여 문서나 이미지 출력하기

3.2.3 3단계 : 컴퓨터 동작의 이해, 컴퓨터 사용 환경 설정, 네트워크의 이해, 정보 기기의 이해와 활용

목 표	○ 기본적인 컴퓨터의 동작 원리를 이해하고 설명할 수 있다. ○ 자신이 필요로 하는 프로그램을 설치, 삭제하여 자신의 컴퓨터 사용 환경을 설정할 수 있다. ○ 컴퓨터가 네트워크를 통해 자료를 전달하는 과정을 설명할 수 있다. ○ 컴퓨터와 연결될 수 있는 다양한 정보기기의 특징을 이해하고 다양한 정보기기에 자료를 전송할 수 있다.
주 제	활 동

컴퓨터 동작의 이해	- 컴퓨터 내부 장치의 역할을 이해할 수 있다.
	  * 컴퓨터 내부에는 여러 장치들이 연결되어 서로 자료를 전달함을 알기
	  * 컴퓨터 내부에 여러 장치들의 이름과 기능을 알기
	
	- 운영 체제와 컴퓨터 내부 장치와의 관계를 이해할 수 있다.
	  * 운영체제가 컴퓨터의 여러 자원을 관리함을 알기
	  * 운영체제가 컴퓨터를 작동시키는 개략적인 단계를 이해하기
	
	- 컴퓨터의 명령 수행 과정을 이해할 수 있다.
	  * 컴퓨터의 기본 연산(AND, OR, NOT)의 종류와 기능을 이해하기
	  * 컴퓨터 명령들은 여러 개가 모여 절차적으로 수행됨을 이해하기
	
	- 컴퓨터 각 장치 간의 동작을 설명할 수 있다.
	  * 컴퓨터는 각 장치를 제어하는 기능을 가지고 있음을 이해하기
	  * 컴퓨터의 각 장치를 제어하기 위해 연결된 신호선이 있음을 이해하기

컴퓨터 사용 환경 설정	- 응용프로그램을 설치, 삭제할 수 있다.
	  * 더 이상 사용하지 않는 프로그램을 삭제하는 방법 알기
	  * 자신에게 필요 없는 프로그램 삭제하기
	  * 자신에 필요한 프로그램 설치하는 방법 알기
	  * 현재 설치된 프로그램의 종류 조사하기
	
	- 컴퓨터의 사용 환경 설정을 변경할 수 있다.
	  * 자신에게 맞게 컴퓨터 사용 환경을 변경하기
	
	- 컴퓨터의 메모리를 효율적으로 관리할 수 있다.
	  * 현재 사용 중인 메모리 확인하기

네트워크의 이해	- 네트워크의 개념을 이해할 수 있다.
	  * 물건을 효과적으로 주고받기 위해 역할을 구성한 네트워크 이해하기
	  * 컴퓨터가 정보를 주고받기 위해 패킷으로 나누어야 할 필요성을 알기
	
	- 컴퓨터를 물리적으로 네트워크에 연결할 수 있다.
	  * 컴퓨터를 네트워크에 연결하기 위해 필요한 장치가 필요함을 이해하기

	* 네트워크 연결에 필요한 다양한 장치들이 있음을 설명하기
	
	- 컴퓨터의 네트워크 연결 상태를 확인할 수 있다.
	  * 컴퓨터 네트워크의 연결 상태를 항상 표시하는 방법 알기
	
	- 네트워크 환경 설정 기능을 익히고 사용할 수 있다.
	  * 컴퓨터를 서로 구분하기 위해서 컴퓨터는 주소를 가짐을 이해하기
	  * 자신의 컴퓨터에 컴퓨터 주소 설정하는 방법알기
	
	- 컴퓨터에 장착된 네트워크 장비를 파악할 수 있다.
	  * 컴퓨터를 네트워크에 연결하기 위해 필요한 장치가 있음을 이해하기
	  * 자신의 컴퓨터에 장착되어 있는 장비 중에서 네트워크에 사용할 수 있는 것 찾아내기
	
	- 네트워크에 연결된 컴퓨터에서 자료를 공유할 수 있다.
	  * 자신의 폴더를 공유하기
	  * 자신의 컴퓨터에 연결된 프린터 공유하기
	  * 타인의 공유된 폴더 접근하는 방법 알기

정보
기기의
이해와
활용
	- 다양한 정보 기기의 특징을 이해하고 사용할 수 있다.
	  (예 : 디지털 카메라, MP3 플레이어, 휴대폰, 디지털 캠코더, PDA 등)
	  * 컴퓨터와 연결될 수 있는 다양한 정보기기가 있음을 알기
	  * 다양한 정보기기 연결하기
	  * 다양한 정보기기의 자료를 관리하기
	  * 여러 정보기기가 처리하는 자료의 종류 알기
	  * 여러 정보기로 자료를 전송하는 방법 알기
	
	- 정보 기기나 이동 저장 장치와 컴퓨터 간의 자료를 전송할 수 있다.
	  * 컴퓨터와 다양한 주변 장치 및 기기들과 정보를 교환하기

3.2.4 4단계 : 운영 체제의 이해, 네트워크의 구성 요소와 원리, 컴퓨터 내부구조의 이해, 자신의 컴퓨터 구성

목 표	○ 운영 체제의 개념과 필요성을 이해하고, 종류와 특징을 비교할 수 있다. ○ 네트워크의 구성요소와 원리를 이해할 수 있다. ○ 컴퓨터를 구성하는 하드웨어의 역할을 이해하고 각각의 특징을 설명할 수 있다. ○ 자신이 주로 사용하는 일에 맞추어 컴퓨터 시스템을 구성할 수 있다.
주 제	활 동

운영
체제의
이해
	- 운영 체제의 개념과 필요성을 이해할 수 있다.
	  * 운영 체제의 사용 목적을 이해하기
	  * 다양한 종류의 운영체제 알기

	* 운영 체제의 역할알기
	* 스케쥴링의 개념과 필요성 알기
	
	- 운영 체제의 다양한 기능을 이해할 수 있다.
	  * 운영 체제가 기본적으로 갖추어야 할 기능 알기
	  * 편리한 기능을 제공하기 위해 추가되는 기능 조사하기
	  * 메모리 사용량과 프로세스, 스레드를 확인하기
	  * 인터럽트의 개념을 이해하고 처리 과정을 이해하기
	  * 교착상태의 원리와 예방법 이해하기
	
	- 운영 체제의 종류를 알고 특징을 비교할 수 있다.
	  (예 : 서버용 운영 체제, 개인 컴퓨터용 운영 체제)
	  * 개인용 운영 체제와 서버용 운영 체제의 특징 구분하기
	  * 개인용 운영 체제와 서버용 운영 체제 종류 구분하기

네트워크의
구성
요소와
원리
	- 네트워크의 구성 요소와 특징을 이해할 수 있다.
	  * 데이터의 전송과정과 전송방식을 이해하기
	  * 데이터의 충돌 원리와 네트워크의 장애를 처리할 수 있는 방법 이해하기
	
	- 네트워크의 종류를 알고 비교할 수 있다.
	  (예 : LAN, WAN 등)
	  * 차세대 통신망의 종류를 나열하고, 각각의 특징에 대해 설명하기
	  * 서비스 영역별 네트워크의 종류를 구분하고 각각의 특징 나열하기
	
	- IP 주소와 다양한 프로토콜의 사용 목적을 이해할 수 있다.
	  * TCP/IP 프로토콜의 종류를 나열하고, 각각의 기능에 대해 설명하기
	  * 네트워크 주소체계를 이해하고 목적에 맞는 프로토콜 사용하기
	
	- 네트워크 보안의 중요성을 인식할 수 있다.
	  * 네트워크 보안과 개인정보 보호(해킹, 스니핑)를 위한 방법 이해하고 적용하기
	  * 인터넷에서 사용하는 암호화 기술의 원리와 방법 이해하기

컴퓨터
내부
구조의
이해
	- 컴퓨터를 구성하는 하드웨어의 역할을 이해하고 특징을 비교할 수 있다.
	  * 컴퓨터 명령의 기본 사이클을 기반으로 명령어 처리과정을 이해하기
	  * 데이터의 연산과정과 연산원리(덧셈, 뺄셈)를 이해하기
	
	- 내 컴퓨터에 설치된 하드웨어의 종류와 특징(성능)을 조사할 수 있다.
	  * 컴퓨터에 설치된 하드웨어 종류 조사하기
	  * 컴퓨터 하드웨어의 특징 조사하기
	
	- 사용 목적에 맞는 하드웨어를 선택할 수 있다.
	  * 업무와 관련하여 특별히 요구되는 장치의 종류와 기능에 대해 조사 발표하기

자신의
컴퓨터
구성
	- 사용 목적에 맞는 컴퓨터 시스템을 구성할 수 있다.
	  * 목적에 따라 다른 시스템을 구성하기
	
	- 직접 자신의 컴퓨터를 조립할 수 있다.
	  * 자신에게 필요한 컴퓨터 부품 목록 만들기
	  * 컴퓨터 조립 순서 조사하기

컴퓨터과 교수법 및 교재연구

3.2.5 5단계 : 운영 체제의 동작 원리, 서버와 네트워크 구조

목 표	○ 프로세스의 개념을 이해하고 현재 실행 중인 프로세스의 종류를 확인할 수 있다. ○ 컴퓨터의 데이터가 저장되는 저장 장치들이 계층구조를 이루는 이유를 설명할 수 있다. ○ 다양한 네트워크 구조를 이해하고 각각의 장단점을 비교할 수 있다. ○ 실생활에서 사용되는 네트워크의 구조가 어떻게 구성되어 있는지 예측해 볼 수 있다.
주 제	활 동

운영 체제의 동작 원리	- 운영 체제가 여러 개의 프로세스를 처리하는 원리를 이해할 수 있다.
	  * 프로그램과 프로세스의 개념을 이해하기
	
	- 프로세스의 개념을 이해하고 프로세스의 목록을 확인할 수 있다.
	  * 현재 수행되고 있는 프로세서 목록 확인하기
	  * 프로세스 강제로 종료하기
	
	- 메모리의 개념을 이해하고 메모리 계층 구조를 파악할 수 있다.
	  * 계층적 메모리 구조 이해하기
	  * 캐시 메모리 원리 이해하기
	
	- 파일과 디렉터리의 개념을 이해하고 속성을 확인할 수 있다.
	  * 파일의 구성과 접근에 대한 원리 이해하기
	  * 디스크 캐시, RAID에 대해 이해하기
	  * 디렉터리의 개념 이해하기

서버와 네트워크의 구조	- 네트워크 구조의 개념을 이해할 수 있다.
	  * CGI 프로그램의 개념을 이해하기
	
	- 다양한 네트워크 구조의 특징을 비교할 수 있다.
	   (예 : 서버-클라이언트 구조, P2P 등)
	  * P2P 네트워크의 구조 및 특징을 이해하기
	  * 서버와 클라이언트 네트워크의 구조 및 특징을 이해하기
	  * CGI 프로그램의 개념을 이해하고 간단한 프로그램 작성하기
	
	- 서버의 종류와 역할을 이해할 수 있다.
	  * 다양한 서비스를 하는 서버의 종류 조사하기
	
	- 실생활에서 어떤 네트워크 구조가 사용되고 있는지 예측해 볼 수 있다.
	   (예 : 은행업무, 메신저 등)
	  * 변화 발전하는 네트워크 환경에 대해 이해하기
	  * 실생활에 이용되는 네트워크 구조 조사하기
	  * 미래의 네트워크 기술 예측해 보기

4 [정보기기의 이해] 영역 지도의 실제

4.1 1단계(예시 : 2학년 – 컴퓨터 구성 요소의 이해)

4.1.1 단원의 개관

본 단원에서는 현재의 컴퓨터 장치들을 바탕으로 미래에 개발될 컴퓨터 장치들을 상상해 보게 함으로써 생활 속에서 컴퓨터 들이 어떻게 적용될 수 있을지 상상할 수 있는 기회를 제공한다. 현재의 규격화된 컴퓨터는 미래에 새로운 형태로 재탄생할 수 있고, 자신이 컴퓨터의 도움을 받아 더 많은 일을 할 수 있도록 상상할 수 있는 기회를 학생에게 제공하여 학생들의 창의력과 사고력을 높이는 데 목적이 있다.

4.1.2 단원의 학습 계열

선수 학습 요소	본시 학습 요소	후속 학습 요소
• 주변에서 접하는 컴퓨터의 다양한 모습 조사하기 • 컴퓨터의 처리장치와 입력 장치, 출력 장치를 구분하기	• 현재 사용되고 있는 컴퓨터의 다양한 모습 조사하기 • 미래의 컴퓨터의 모습 상상하기 • 미래의 컴퓨터의 모습 표현하기	• 미래의 컴퓨터가 생활에 미칠 영향의 범위를 상상하여 글로 표현하기

4.1.3 단원의 목표

- 컴퓨터의 다양한 모습을 찾아 그림으로 표현할 수 있다.
- 컴퓨터의 처리장치, 입력 장치, 출력 장치들을 구분하여 나타낼 수 있다.
- 현재 사용되고 있는 컴퓨터의 다양한 모습을 말할 수 있다.
- 미래의 컴퓨터의 모습을 상상할 수 있다.
- 미래의 컴퓨터가 생활에 영향을 미칠 수 있는 범위를 상상할 수 있다.

컴퓨터과 교수법 및 교재연구

4.1.4 단원 지도 계획

단원명	차시	교과서쪽	학 습 내 용	비고
컴퓨터 구성요소의 이해	1/3		■ 컴퓨터 모습 조사하기 - 조별로 주변에서 접할 수 있는 컴퓨터 모습 조사하기 - 컴퓨터의 모습을 모아 스크랩하기 - 컴퓨터의 장치들 구분하기(처리, 입출력)	
	2/3		■ 미래의 컴퓨터 모습 상상하기 - 현재의 다양한 컴퓨터의 모습 조사하기 - 미래에 생겨날 컴퓨터 장치들 발표하기 - 미래의 컴퓨터의 모습 그림으로 표현하기	본시 학습
	3/3		■ 미래의 컴퓨터가 생활에 미칠 영향 표현하기 - 미래의 컴퓨터가 생활에 미칠 영향 발표하기 - 미래의 컴퓨터가 생활에 미칠 영향 글로 표현하기	

4.1.5 지도상의 유의점

- 학생들이 다양한 방법으로 자료를 조사하도록 지원한다.
- 학생들이 한 가지 장치에 집중하여 학습하지 않도록 한다.
- 소형화, 고사양화된 컴퓨터에 의한 영향에 중심을 두어 상상하게 한다.
- 친구의 발표를 주의 깊게 듣고 자신의 생각에 반영하도록 한다.

4.1.6 단원 평가 계획

	평가 관점	평가방법	평가척도
과제 이해	• 주변에서 다양한 컴퓨터의 모습을 조사할 수 있는가? • 컴퓨터의 장치들을 용도에 맞게 구분할 수 있는가?	지필	상,중,하
학습 산출물	• 미래의 컴퓨터의 모습을 잘 표현하였는가?	포트폴리오	상,중,하
참여 태도	• 다른 친구의 발표를 바른 자세로 집중하여 듣는가? • 주어진 활동을 성실하게 수행하는가?	관찰	상,중,하

4.1.7 본시 교수-학습 과정안

일시		대상	2학년	장소	교실
단원	컴퓨터 구성 요소의 이해			차시	2/3 차시
학습주제	미래의 컴퓨터 모습 상상하여 표현하기			교과서쪽	
학습목표	컴퓨터의 모습을 조사하여 미래의 컴퓨터 모습을 상상하여 그림으로 표현할 수 있다.				
준비	교사	영상 표시 장치 작동 여부 확인, 정보 기기의 예 관련 자료, 실물화상기, 평가 기준표			
	학생	교과서 및 필기도구, 색연필 또는 사인펜, 도화지			
단계	교 수 - 학 습 활 동			자료 및 유의점	
도 입	■ 동기 부여 • 우리 교실, 우리 학교, 우리 집에서 찾아볼 수 있는 컴퓨터는 어떠한 모습을 하고 있나요? • 다양한 모습(과거, 현재)의 컴퓨터 사진자료를 보여주고 본 것에 대해 발표하게 한다. • 앞으로의 미래 사회에는 컴퓨터의 모습이 어떻게 변해 갈지 생각해 볼까요? ■ 학습 내용 제시 • 학습 목표 제시 미래의 컴퓨터의 모습을 상상해 보고, 그림으로 표현할 수 있다. • 학습 활동 안내하기 ① 과거의 컴퓨터의 모습 알아보기 ② 현재의 다양한 컴퓨터의 모습 조사하기 ③ 미래의 컴퓨터 모습 상상하여 그림으로 표현하기			• 자기의 생활 속에서 찾아보도록 한다. • 사진자료	
전 개	■ 과거와 현재의 컴퓨터의 모습에 대해 알아보기 • 과거에 사용했던 컴퓨터의 모습은 어떠한지 알아봅시다. - 과거의 컴퓨터의 크기는 얼마만 한가요? - 현재의 컴퓨터의 크기는 얼마만 한가요? - 현재 컴퓨터의 모습들은 어떠한 형태를 띠고 있나요? ■ 미래의 컴퓨터의 모습 상상하여 그려보기 • 미래의 컴퓨터의 모습은 입출력 장치 및 처리 장치들이 어떻게 변화할지 말해 봅시다. - 입출력 장치는 어떻게 변해 왔나요? - 크기는 어떻게 변해 왔나요? - 사람들이 사용하는 형태는 어떻게 변했나요? - 미래의 장치는 어떻게 발전할까요? • 미래의 컴퓨터의 모습을 그림으로 표현하기			첫째 시간에 학습한 내용과 연계한다. • 학습지 그림을 잘 그리는 것보다는 컴퓨터 장치들의 발전을 창의적으로 상상해보는 것이 중요함을 강조한다.	
정 리	• 자신이 상상한 미래의 컴퓨터의 모습은 어떻게 변해갈지 실물화상기를 통해 친구들과 토론한다.			• 실물화상기	
참고 사이트 및 참고 문헌					
• 네이버 http://www.naver.com • 엠파스 http://www.empas.com • 야후 http://kr.yahoo.com • 구글 http://www.google.co.kr					

컴퓨터과 교수법 및 교재연구

4.1.8 학습자료 예

학습 자료의 예 1

 컴퓨터의 다양한 모습을 조사하여 발표해 봅시다.

※ 이제까지 다양한 모습의 컴퓨터들이 만들어져 왔습니다. 과거와 현재의 다양한 컴퓨터 및 주변장치들을 조사해 봅시다.

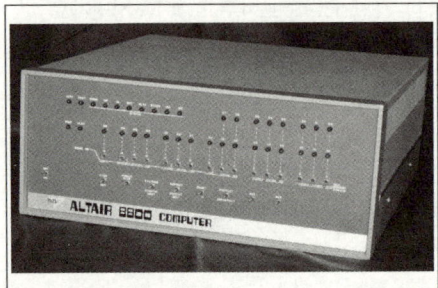 알테어 8800 기능 : 크기 :	 에니악 기능 : 크기 :
 삼성 NT-Q1 기능 : 크기 :	미래의 컴퓨터 기능 : 크기 :

212

학습 자료의 예 2

 미래의 컴퓨터는 어떤 모습일까요?

※ 자신이 생각하는 미래의 컴퓨터 모습을 그림으로 그리고, 기능과 크기를 표시해 봅시다.

컴퓨터 이름 :
　　　크기 :
　　　기능 :

컴퓨터과 교수법 및 교재연구

4.1.9 수행평가

평가 내용 및 기준안 예

주제	미래의 컴퓨터 모습 상상하여 표현하기	교과서 (쪽수)		영역	정보기기의 이해	학년	2학년
학업 성취 목표	[지식] • 컴퓨터의 입출력 장치, 처리 장치를 구분할 수 있다. • 컴퓨터의 발전과정을 이해할 수 있다. • 미래 컴퓨터의 모습을 상상하여 표현할 수 있다. [기능] • 미래의 컴퓨터 모습을 그림으로 그릴 수 있다. [가치 및 태도] • 미래 컴퓨터에 대해 관심을 갖도록 한다.							
평가 과제	○ 미래 컴퓨터의 모습을 각각의 장치를 중심으로 상상하여 그림으로 표현하고 그 특징을 설명하기							
평가 방법	○ 관찰 ○ 포트폴리오 ○ 체크리스트				평가도구 및 준비물			체크리스트
평가 유형	○ 관찰 및 발표							
평가상의 유의점	○ 미래의 컴퓨터의 모습을 창의적으로 상상해 표현하는 것에 중점을 두어 평가한다.							
평가 항목 및 척도								

평 가 항 목 (문 항)	평 가 척 도	배 점
생활 속에서 다양한 컴퓨터의 모습을 찾아 말할 수 있는가? (관찰 및 발표)	컴퓨터 모습의 예를 3가지 이상 찾았다.	상
	컴퓨터 모습의 예를 1-2가지 찾았다.	중
	컴퓨터 모습의 예를 찾지 못한다.	하
컴퓨터의 각 장치의 모습을 찾을 수 있는가? (관찰 및 발표)	컴퓨터의 입출력, 처리 장치를 명확하게 알고 설명한다.	상
	각 장치의 일부분을 찾아 설명한다.	중
	컴퓨터의 장치를 구분하지 못한다.	하
미래의 컴퓨터의 발전될 모습을 상상하여 표현할 수 있는가? (포트폴리오 및 체크리스트)	컴퓨터의 발전 모습을 독창적인 아이디어로 표현한다.	상
	컴퓨터의 모습을 열심히 표현하나 창의성이 부족하다.	중
	컴퓨터의 모습을 잘 표현하지 못한다.	하
미래 컴퓨터의 변화된 모습과 기능 등의 특징을 설명할 수 있는가? (포트폴리오 및 체크리스트)	그림으로 나타낸 미래의 컴퓨터의 기능 및 특징을 적절하게 설명한다.	상
	그림으로 나타낸 미래의 컴퓨터의 기능 및 특징을 설명할 수 있다.	중
	그림으로 나타낸 미래의 컴퓨터의 기능 및 특징을 잘 설명하지 못한다.	하

수행평가 체크리스트 예

영역	1단계(2학년)		학반	번호	이름		
			학년 반				
	평가 항목	날짜	확인	평가			비고
				상	중	하	
정보 기기의 이해	1. 생활 속의 컴퓨터 조사 발표하기			9-10 개	5-8 개	0-4 개	
	2. 컴퓨터 입출력 장치의 모습 관찰하기						
	3. 컴퓨터 처리장치의 모습 관찰하기						
	4. 컴퓨터 외부 장치 모습 발표하기						
	5. 미래의 컴퓨터 모습 그리기						
	6. 미래의 컴퓨터 성능 발표하기						
	7. 컴퓨터의 기능에 따른 모양 상상하기						
	8. 컴퓨터의 기능에 따른 변화될 모양 발표하기						
	9. 친구의 발표 내용을 통해 자신의 생각 발전시키기						
	10. 미래의 컴퓨터로 인한 생활의 변화 발표하기						

컴퓨터과 교수법 및 교재연구

4.2 2단계(예시 : 4학년 - 컴퓨터의 관리)

4.2.1 단원의 개관

본 단원에서는 자신의 컴퓨터를 관리하기 위해 아이디와 비밀번호를 활용할 수 있고, 컴퓨터를 안전하게 종료하는 능력을 기르게 한다. 사용자의 목적에 맞게 필요한 환경을 구성하고, 사용자의 정보를 보호하기 위한 다양한 보호기능의 사용법을 익히는 것이 본 단원의 구성 목적이다.

4.2.2 내용 체계

선수 학습 요소	본시 학습 요소	후속 학습 요소
• 컴퓨터 종료하는 여러 방법 알기 • 아이디와 비밀번호의 개념 알기	• 사용자 보호기능 익히기 • 사용자의 목적에 맞게 필요한 환경 구성하기 • 목적에 맞게 폴더 구성하여 파일 저장하기	• 시스템 유틸리티를 활용하여 컴퓨터 최적화하기 • 프로그램 설치, 삭제하기

4.2.3 단원의 목표

- 컴퓨터를 부팅하고 종료하는 기능을 안다.
- 아이디와 비밀번호를 이용하여 컴퓨터를 부팅할 수 있다.
- 사용자가 원하는 환경으로 운영체제의 모양을 변경할 수 있다.
- 다양한 방법으로 사용자의 정보를 보호하는 기능이 있다는 것을 알고 활용할 수 있다.
- 목적에 맞게 폴더를 구성하여 파일을 분류할 수 있다.
- 운영체제가 기본적으로 제공하는 폴더의 종류와 기능을 설명할 수 있다.

4.2.4 단원의 지도 계획

단원명	차시	교과서쪽	학습 내용	비고
컴퓨터의 관리	1/2		• 컴퓨터 이용하기 – 컴퓨터를 종료하는 여러 방법 알기 – 아이디와 비밀번호 사용 알기	
	2/2		• 자신의 환경 관리하기 – 타사용자 접근 금지 방법 알기 – 자신의 환경 설정하기 – 목적에 맞게 폴더 구성하기 – 폴더에 파일 저장하기	본시 학습

4.2.5 지도상의 유의점

- 실습 중에 비밀번호를 잊어버리지 않도록 주의를 준다.
- 학생들이 내용에 따라 골고루 실습이 이루어지도록 한다.
- 실습과정에 발생하는 문제점을 자세히 기록하도록 한다.
- 학습 종료 후 실습실을 잘 정리하도록 한다.

4.2.6 단원 평가 계획

	평가 관점	평가방법	평가척도
과제 이해	• 아이디와 비밀번호의 개념을 이해하는가?	지필	상,중,하
기능 평가	• 아이디와 비밀번호를 이용하여 컴퓨터를 잠글 수 있는가? • 폴더를 구성하고 파일을 정리할 수 있는가?	실기	상,중,하
참여 태도	• 적극적으로 실습에 임하는가?	관찰	상,중,하

컴퓨터과 교수법 및 교재연구

4.2.7 본시 교수-학습 과정안

일시		대상	4학년	장소	교실
단원	컴퓨터 관리하기			차시	2/2 차시
학습주제	사용자 정보 보호기능 및 폴더 관리			교과서쪽	
학습목표	사용자 정보를 보호하기 위하여 다양한 보호기능을 이용할 수 있다. 목적에 맞게 폴더를 나누어 파일을 분류할 수 있다.				
준비	교사	영상 표시 장치 작동 여부 확인, 정보 기기의 예 관련 자료, 평가 기준표			
	학생	교과서 및 필기도구			

단계	교 수 - 학 습 활 동	자료 및 유의점
도입	■ 동기 부여 • 컴퓨터를 한 사람이 독점적으로 사용할 수도 있고, 여러 사람이 같이 사용할 수도 있다. • 자신의 정보를 다른 사람이 접근한다면 문제가 생길 것이다. • 자신의 정보를 보호하는 기능에는 어떤 것이 있는지 알아볼까요? ■ 학습 내용 제시 • 학습 목표 제시 　사용자 정보 보호기능을 이용할 수 있다. 　목적에 맞게 폴더를 나누어 파일을 분류할 수 있다. • 학습 활동 안내하기 　① 아이디와 비밀번호의 개념 이해하기 　② 아이디와 비밀번호를 이용하여 로그인하기 　③ 개인사용자 환경 설정하기 　④ 폴더 추가, 삭제하기, 파일 복사, 이동하기	화면 캡쳐 자료
전개	■ 컴퓨터 종료 방법 알기 • 컴퓨터 종료 방법에는 어떤 것이 있는지 알아봅시다. 　- 대기모드, 다시시작, 로그오프는 각각 언제 사용하는가? ■ 아이디와 비밀번호 입력하여 부팅하기 • 자신의 집에 아무나 들어오지 못하게 하기 위한 방법에는 무엇이 있는가? • 비밀번호만 사용하는 것과 아이디와 비밀번호를 모두 사용하는 것의 차이는 무엇인가? • 아이디와 비밀번호를 입력하여 부팅하도록 하는 방법을 알아봅시다. 　- 컴퓨터에 암호 설정은 어떻게 하는가? ■ 컴퓨터 이용 중에 화면 잠그기 • 컴퓨터 사용 중에 잠시 컴퓨터를 잠그는 방법을 알아봅시다. 　- 컴퓨터에 암호를 설정하여 화면 보호기는 어떻게 실행하는가? ■ 목적에 맞게 폴더 관리하기 • 폴더를 어떻게 구성하면 파일을 찾기 쉽게 분류할 수 있을까? 　- 폴더의 이름 설정하는 방법 알아봅시다.	첫째 시간에 학습한 내용과 연계한다. • 학습지

	– 폴더를 이동, 삭제, 생성 하는 방법을 알아봅시다. – 폴더의 파일을 다른 폴더로 이동, 복사 하는 방법을 알아봅시다.	
정리	• 자신의 정보를 보호하기 위하여 컴퓨터를 잠그는 방법의 순서를 기록해 본다. • 자신의 목적에 맞게 폴더를 관리하기 위해 폴더를 이동, 삭제, 생성하는 방법을 말해 보자.	• 실물화상기

4.2.8 학습 자료 예

 자신의 컴퓨터를 관리하는 방법을 기록해 봅시다.

비밀번호를 입력하여 부팅하도록 설정하기	사용 중에 비밀번호를 이용하여 화면을 잠그기
폴더 생성, 이동, 삭제 하는 방법	파일 이동, 복사 하는 방법

컴퓨터과 교수법 및 교재연구

4.2.9 수행평가

수행평가 내용 및 기준안 예

주제			교과서 (쪽수)		영역	정보기기의 이해	학년	4학년
학업 성취 목표	[지식] • 아이디와 비밀번호를 이용하여 컴퓨터를 부팅하는 방법을 안다. [기능] • 컴퓨터에 암호를 설정할 수 있다. • 폴더를 생성, 이동할 수 있다. • 파일관리를 자유롭게 할 수 있다. [가치 및 태도] • 컴퓨터 실습에 적극적으로 임한다.								
평가 과제	○아이디와 비밀번호 설정 및 파일 관리하기								
평가 방법	○관찰 ○체크리스트					평가도구 및 준비물		체크리스트	
평가 유형	○관찰 및 실기 평가								
평가상의 유의점	○기능을 찾을 수 있는 시간을 제공한다.								

평가 항목 및 척도

평가 항목(문항)	평가 척도	배점
아이디와 비밀번호를 입력하여 컴퓨터를 부팅하도록 설정할 수 있는가? (실기)	설정할 수 있다.	상
	설정하지 못한다.	하
암호를 설정하여 사용 중 화면 잠그는 기능을 설정할 수 있는가? (실기)	암호를 설정하는 화면 잠그는 기능을 수행할 수 있다.	상
	화면 보호기는 실행시키나 암호를 설정하지 못한다.	중
	화면 잠금 기능을 이해하지 못한다.	하
폴더를 생성하여 파일을 이동할 수 있는가? (체크리스트)	폴더 생성을 자유롭게 하고, 파일을 이동할 수 있다.	상
	폴더 생성과 파일 이동 중 한 가지는 실행할 수 있다.	중
	폴더 생성과 파일 이동을 이해하지 못한다.	하

제7장 정보기기의 이해 영역 지도의 실제

수행평가 체크리스트 예

영역	평가 항목	2단계(4학년)		학반	번호	이름		
				학년 반					
		날짜	확인	평가			비고
				상	중	하	
정보기기의 이해	1. 컴퓨터의 사용이 허가 되지 않은 사용자를 막는 방법알기			9-10개	5-8개	0-4개	
	2. 아이디와 비밀번호 이해하기						
	3. 아이디와 비밀번호 설정하기						
	4. 아이디와 비밀번호 변경하기						
	5. 사용하지 않을 때 다른 사용자가 사용하지 못하도록 하는 방법 알기						
	6. 폴더의 이름 바꾸기						
	7. 폴더의 내용 다른 곳으로 복사하기						
	8. 폴더의 내용 다른 곳으로 이동하기						
	9. 폴더 아래에 새로운 폴더 만들기						
	10. 실습에 적극적으로 참여하기						

컴퓨터과 교수법 및 교재연구

4.3 3단계(예시 : 6학년 – 컴퓨터 동작의 이해)

4.3.1 단원의 개관

본 단원에서는 컴퓨터의 기본적인 동작원리를 이해하는 것이 목적이다. 컴퓨터 내부에는 여러 장치들이 있으며 이들은 서로 연결되어 자료를 전달한다. 컴퓨터 기본 연산 및 컴퓨터 내부의 여러 장치들을 이해하기 위한 시작 단원으로 차후 중등의 컴퓨터 원리 학습에 기반이 됨으로 초등 수준에 맞추어 구체적인 사례를 따져 반복적으로 이해할 수 있도록 하여야 한다. 본 단원에서 제시되는 컴퓨터의 기본 연산은 AND, OR, NOT 연산이다. 이들은 전지 및 전구를 이용한 회로를 통해 작동원리를 설명할 수 있고, 실제 사례를 통해 기본 연산의 원리를 이해시킬 수 있도록 해야 한다. 기본 연산을 이해하고 나면 좀 더 복잡한 명령어들은 기본 연산을 순차적으로 수행함으로써 이해할 수 있다는 것을 제시할 수 있으나 이는 심화과정이나 후속 학습의 영역으로 남겨 두는 것이 좋다.

4.3.2 단원의 학습 계열

선수 학습 요소	본 학습 관련 요소	후속 학습 요소
• 컴퓨터 내부에는 여러 가지 장치들이 연결되어 있음을 알기 • 컴퓨터 내부의 여러 장치들 이름 알기	• 컴퓨터의 기본연산의 종류와 기능을 이해하기 • 컴퓨터 명령들은 여러 개가 모여 절차적으로 수행됨을 이해하기 • 컴퓨터의 각 장치들을 제어하는 장치가 있음을 알기	• 공통버스의 필요성과 작동원리 이해하기 • 컴퓨터 명령의 기본 사이클을 기반으로 명령어 처리과정 이해하기 • 데이터의 연산과정과 연산원리 이해하기

4.3.3 단원의 목표

- 컴퓨터의 내부에는 여러 장치들이 연결되어 있음을 안다.
- 컴퓨터 내부의 여러 장치들의 이름을 말할 수 있다.
- 컴퓨터의 기본 연산의 종류와 연산 결과를 설명할 수 있다.

- 컴퓨터 명령은 기본 연산이 여러 개가 모여 절차적으로 실행됨으로써 수행된다는 것을 설명할 수 있다.
- 제어장치의 기능을 알고, 제어장치와 연결된 신호선에 대해 설명할 수 있다.
- 컴퓨터 내부의 여러 장치들 사이의 자료를 주고받기 위한 자료전달 경로가 존재함을 설명할 수 있다.

4.3.4 단원의 지도 계획

단원명	차시	교과서쪽	학 습 내 용	비고
컴퓨터 동작의 이해	1/2		■ 컴퓨터 내부 장치의 이해 - 컴퓨터 내부의 여러 장치들 조사하기 - 컴퓨터 내부의 장치 이름 조사하기 - 컴퓨터의 중앙처리장치 찾기	
	2/2		■ 기본 연산 이해하기 - 컴퓨터의 기본 연산 종류 알기 - 기본 명령어 회로 만들어 보기 - 컴퓨터를 제어하는 제어장치의 위치 찾기 - 컴퓨터와 제어 장치가 연결되어 있음을 알기	본시 학습

4.3.5 지도상의 유의점

- 다양한 질문이 일어날 수 있도록 부드러운 분위기를 만든다.
- 다양한 장치들을 조사하여 중요 부분과 기타 부분으로 나누어 학습하도록 한다.
- 회로를 만들어 보는 과정에서 다양한 시도를 해 보도록 한다.
- 컴퓨터 내부 장치에 대해 너무 상세히 학습하지 않도록 한다.

4.3.6 단원 평가 계획

	평가 관점	평가방법	평가척도
과제 이해	• 컴퓨터 중요 내부 장치들의 이름을 알고 있는가? • 컴퓨터의 기본 연산의 종류를 나열할 수 있는가?	지필	상,중,하
기능 평가	• AND 기능을 하는 회로를 만들 수 있는가? • OR 기능을 하는 회로를 만들 수 있는가?	실기	상,중,하
참여 태도	• 적극적으로 회로 만들기에 참여하는가?	관찰	상,중,하

4.3.7 본시 교수-학습 과정안

일시		대상	6학년	장소	교실
단원	컴퓨터 동작의 이해			차시	2/2 차시
학습주제	컴퓨터 기본연산을 회로로 만들어 보기			교과서쪽	
학습목표	컴퓨터의 기본 연산을 종류를 알고 회로를 만들 수 있다. 기본 연산을 수행하는 전기 회로들의 작동 결과를 예측하여 설명할 수 있다.				
준비	교사	영상 표시 장치 작동 여부 확인, 컴퓨터 내부 사진 자료, 평가 기준표			
	학생	교과서 및 필기도구, 전지 회로 실험 세트			

단 계	교 수 - 학 습 활 동	자료 및 유의점
도 입	■ 동기 부여 • 컴퓨터는 계산을 하지 않고 계산을 한다. 계산표에서 경우를 찾아 결과를 제시한다. • 컴퓨터는 어떠한 방법으로 계산을 할까요? • 컴퓨터가 계산하는 방법을 직접 만들어 볼까요? ■ 학습 내용 제시 • 학습 목표 제시 　컴퓨터 기본 연산의 종류를 나열할 수 있다. 　기본 회로를 전기회로로 만들 수 있다. • 학습 활동 안내하기 ① 기본연산 종류 모형 만들기 ② 전기회로 꾸미기 ③ 회로 상태에 따른 결과 기호로 표시하기 ④ 장치 작동 신호 이해하기	화면 캡쳐 자료
전 개	■ 컴퓨터의 기본 연산 종류 알기 • 컴퓨터는 계산을 어떻게 할까요? 　- 컴퓨터가 계산하는 기본 방식에는 어떤 것이 있을까요? 　- AND, OR, NOT ■ 전기 회로로 기본 회로 만들어 보기 • 전기 회로로 컴퓨터 기본 연산 회로를 만들면 어떻게 될까? 　- 스위치 2개를 병렬로 연결하는 방법과 스위치 2개를 직렬로 연결하는 방법이 있다. 　- 스위치를 직렬로 연결하는 회로는 AND연산을 표현하는 것이고 　- 스위치를 병렬로 연결하는 회로는 OR연산을 표현하는 것이다. ■ 전기 회로의 작동상태에 따라 기호화하기 • 스위치의 상태와 전구에 불이 오는 상태를 기호로 표시하면 어떻게 될까? 　- 스위치의 상태는 닫혀 있거나 열려 있다.	첫째 시간에 학습한 내용과 연계한다. • 학습지 여러 가지 회로를 만들어 보도록 시간을 확보해 줌. 기호화 방법에는 여러 가지가 있으므로 기존의 방식을 강요해서는 안 됨.

	– 전구의 상태는 불이 켜지거나 꺼져 있다.
	• 스위치의 상태에 기호를 부여하여 스위치 2개의 모든 상태를 나열해 보자.
	• 친구가 설정한 기호를 비교해 보고 어떠한 것이 더 좋은가 토론해 보자.
	• 기호를 숫자로 바꾼다면 어떻게 바꾸어 표시하는 것이 좋은지 토론해 보자.
	■ 스위치 동시에 작동하도록 시키기
	• 만약 스위치가 동시에 작동되지 않는다면 결과는 어떻게 나타날까?
	  – 스위치를 동시에 작동시키기 위한 방법에는 어떤 것이 있을까?
	  – 만약 스위치의 개수가 많아 순차적으로 작동시켜야 한다면 어떻게 하는 것이 좋을까?	

정 리	• 컴퓨터가 계산을 하기 위해서 가지고 있는 기본 연산이 3가지 있다. • 여러 개의 스위치를 동시에 혹은 순서에 맞게 작동시키기 위해서는 어떤 방법이 있는가?	• 빔프로젝트

컴퓨터과 교수법 및 교재연구

4.3.8 학습 자료의 예

 컴퓨터의 기본 연산에는 어떤 것이 있는지 알아봅시다.

0과 1의 곱셈표를 만들어 봅시다.	컴퓨터의 기본 연산의 종류를 써 봅시다.
직렬 회로(AND)의 상태표를 그려 봅시다.	병렬 회로(OR)의 상태표를 그려 봅시다.

사람들은 자동판매기에서 음료수를 뽑아 마신다. 자동판매기에서 동전이 판매금액에 이르면 1로 표시하고, 동전이 판매금액에 이르지 못할 경우는 0으로 표시한다. 또한 사람이 먹고 싶은 음료 버튼을 눌렀을 때 1로 표시하고 누르지 않았을 때를 0으로 표시한다면 어떤 회로를 이용하여 자동판매기를 만들어야 하는가?(음료수가 나오는 경우는 1, 나오지 않는 경우는 0)

4.3.9 수행평가

수행평가 내용 및 기준안 예

주제	컴퓨터 동작의 이해	교과서 (쪽수)		영 역	정보기기의 이해	학년	6학년
학업 성취 목표	[지식] • 기본 연산의 종류를 제시할 수 있다. [기능] • 다양한 회로를 만들 수 있다. 　　　　• 기본 연산의 상태표를 만들 수 있다. [가치 및 태도] • 전기 회로 만들기에 적극적으로 임한다.							
평가 과제	○ 기본 연산 회로를 만들고 상태표를 그릴 수 있다.							
평가 방법	○ 관찰 ○ 체크리스트					평가도구 및 준비물		체크리스트
평가 유형	○ 관찰 및 실기 평가						
평가상의 유의점	○ 다양한 방법으로 회로를 만들 수 있는 시간을 제공한다.							

평가 항목 및 척도		
평 가 항 목 (문 항)	평 가 척 도	배 점
컴퓨터의 기본 연산을 제시한 수 있는가? (필기)	기본 연산을 제시한다.	상
	기본 연산을 제시하지 못한다.	하
기본 연산에 따른 전기 회로를 구성할 수 있는가? (실기)	AND 회로, OR 회로 모두 잘 구성할 수 있다.	상
	AND 회로, OR 회로 중 한 가지를 구성할 수 있다.	중
	회로를 전혀 구성하지 못한다.	하
AND 회로, OR 회로의 스위치 상태에 따른 전구의 상태를 표시할 수 있는가? (필기)	AND 회로, OR 회로의 스위치 상태에 따른 전구의 상태를 숫자로 표시할 수 있다.	상
	AND 회로, OR 회로의 스위치 상태에 따른 전구의 상태를 약자를 이용하여 표시할 수 있다.	중
	상태표에 대해 전혀 이해하지 못한다.	하

컴퓨터과 교수법 및 교재연구

수행평가 체크리스트 예

3단계(6학년)		학반	번호	이름	
		학년 반			
영역	평가 항목	날짜	확인	평가	비고
				하 / 중 / 상	
정보 기기의 이해	1. 컴퓨터와 사람의 계산 방식 차이점 이해하기			0-4개 / 5-8개 / 9-10개	
	2. 컴퓨터 기본 연산을 나열하기				
	3. AND연산의 결과 설명하기				
	4. OR 연산의 결과 설명하기				
	5. NOT 연산의 결과 설명하기				
	6. AND 연산하는 전기회로 만들기				
	7. OR 연산하는 전기회로 만들기				
	8. AND 회로의 스위치와 전구의 상태표 만들기				
	9. OR 회로의 스위치와 전구의 상태표 만들기				
	10. 다양한 방법으로 전기회로 만들어 보기				

제7장 정보기기의 이해 영역 지도의 실제

요 점 정 리

1. 정보기기의 이해 영역의 내용 구성은 다음과 같다.
   1) 컴퓨터를 포함한 각종 정보 기기의 기능과 구성요소 간의 필연적 연관성을 이해하도록 한다.
   2) 컴퓨터의 동작이 하드웨어와 소프트웨어의 유기적 관계에 의해 이루어져 있다.
   3) 컴퓨터 간의 네트워크 구성에 따른 통신 구조를 이해할 수 있도록 하는 내용으로 구성된다.

2. '정보기기의 이해' 영역의 단계별 내용 구성은 다음과 같다.

영역 \ 단계	1단계 (초1-2)	2단계 (초3-4)	3단계 (초5-6)	4단계 (중1-3)	5단계 (고1)
정보기기의 이해	○컴퓨터 구성 요소의 이해 ○컴퓨터의 조작	○운영 체제의 사용법 ○컴퓨터의 관리 ○소프트웨어의 이해 ○유틸리티 프로그램 활용 ○주변 장치의 활용	○컴퓨터 동작의 이해 ○컴퓨터 사용 환경 설정 ○네트워크의 이해 ○정보 기기의 이해와 활용	○운영체제의 이해 ○네트워크의 구성 요소와 원리 ○컴퓨터 내부 구조의 이해 ○자신의 컴퓨터 구성	○운영 체제의 동작 원리 ○서버와 네트워크구조

3. 학습 목표, 학습 내용, 학습 활동, 그리고 학습 평가 등을 포함하는 '정보기기의 이해' 영역의 학습 주제에 맞는 교수·학습 과정안을 작성할 수 있다. 정보기기의 이해 영역 중에서 컴퓨터 동작의 이해에 있어 교사가 역할극이나 실제 수행을 통한 수업을 계획하는 것이 학생들의 이해를 높일 수 있다.

4. '정보기기의 이해' 영역의 평가는 개별적인 평가 외에 집단적인 평가 방법을 개발하고, 과제의 공동 개발에 따르는 협동심, 책임감 등도 고려하여 평가한다. 그리고 지필보다는 실습 활동 과정 등도 평가 요소에 반영하도록 한다. 각 영역별 특성을 고려하여 학습 과정이나 결과를 수시로 평가하고 학습 활동의 관찰, 면담 등 여러 가지 방법을 활용하되, 사전에 평가 기준, 방법, 시기 등을 계획하여 실시한다.

컴퓨터과 교수법 및 교재연구

연습문제

1. 정보통신기술 교육에 정보기기의 이해 영역의 개념을 간략히 정리하시오.

2. 정보기기의 이해 영역에 들어갈 수 있는 영역별 지식체계를 구성하여 보시오.

3. 정보기기의 이해 영역에서 활용할 수 있는 학습주제를 실생활과 관련하여 단계별로 내용을 재구성 해보시오.

4. 정보기기의 이해 영역에서 학생 개개인의 능력을 고려한 수준별 교수·학습 과정안을 작성하여 보시오.

5. 정보기기의 이해 영역에서 주제별로 적용할 수 있는 다양한 수행 평가 방법을 제시하고 예를 들어 설명하여 보시오.

참고문헌

교육인적자원부(2000). 초·중등학교 정보통신기술교육 운영지침 해설서. 교육인적자원부.

이원규(2005). "초·중등학교 정보통신기술교육과 컴퓨터교육과정의 통합 방안 연구". 연구보고서. 고려대학교 대학원 컴퓨터교육학과.

한국교육학술정보원(2005). "초·중등학교 정보통신기술 교육 운영지침 개정안 및 해설서". 연구보고서 RM2005-51. 한국교육학술정보원

Chapter 08 정보처리의 이해 영역 지도의 실제

본 단원에서는 개정된 ICT 교육 운영지침에 의해 고시된 ICT 소양 교육내용 체계 중에서 '정보 처리의 이해' 분야에 대한 교육과정 해설, 영역별 지식 체계, 학습 지도 내용, 교재 연구 및 학습 지도의 예, 수행평가의 예를 소개한다.

> **학습목표 >>>**
> - 다양한 정보의 종류를 인식하고 효율적인 문제 해결 방법을 찾아내는 능력을 키우도록 한다.
> - 정보통신기술 적용이 가능한 알고리즘적인 사고와 프로그램 작성 능력이 신장되도록 한다.

1 [정보 처리의 이해] 영역 교육과정 해설

신 정보통신 기술 교육의 지도 내용은 '정보 사회와 생활', '정보 기기의 이해', '정보 처리의 이해', '정보 가공과 공유', '종합 활동' 등 5개 영역으로 구성된다.

'정보 처리의 이해' 영역의 단계별 교육 내용은 〈표 8-1〉과 같다.

1단계(초등1, 2학년)는 생활 주변에서 만날 수 있는 정보에 대해 알아보는 시기이다. 정보 기기는 컴퓨터뿐만 아니라 텔레비전, 라디오, 전화기(휴대용 전화기 포함), PDA 등 다양하게 존재하며 이들이 처리하는 정보의 종류도 다양함을 알게 한다. 정보를 다루는 여러 현장을 알아보고 그 곳에서 다루는 정보의 특징을 파악할 수 있도록 한다. 또한, 학생들이 생활 주변에서 만나는

컴퓨터과 교수법 및 교재연구

문제들을 정확하게 파악하고 표현할 수 있도록 하며, 다양한 문제 해결 및 풀이 과정을 경험할 수 있게 한다.

2단계(초등3, 4학년)는 정보가 어떻게 처리되는지를 알아보는 단계이다. 정보를 다루는 현장에서 정보가 처리되는 과정을 익히고, 컴퓨터에서 정보가 2진수 형태로 저장, 처리된다는 사실을 이해하여 숫자와 문자 정보를 이진수로 표현해 본다. 또한 간단한 문제 해결 과정을 경험해 봄으로써 문제 해결 전략을 적용하여 문제가 해결되기까지의 과정을 이해하도록 한다.

3단계(초등5, 6학년)에서는 다양한 종류의 정보가 컴퓨터에서 어떻게 표현되며 특징이 무엇인지에 대하여 살펴보도록 한다. 멀티미디어 정보들은 고유의 표현 및 처리 방식이 있음을 인식하고, 정보 처리 과정에서 발생하는 다양한 문제와 그 처리 과정에 대해 알아보도록 한다. 또한 전단계보다 심화된 문제를 수준별로 다루어 봄으로써 효율적인 문제 해결 전략 수립 과정을 체계적으로 습득하도록 한다. 프로그래밍이란 무엇인지와 이를 구현하는 방법들을 탐구해 보게 하며 초등학생 수준에 맞는 교육용 프로그래밍 도구를 선정하여 실습해 볼 수 있게 한다.

4단계(중1, 2, 3학년)에서는 이전 단계에서 살펴보았던 문제 해결 전략들을 프로그램으로 구현해 보는 단계로써 컴퓨터 프로그램의 동작 원리를 이해하도록 한다. 알고리즘이 무언지에 대해 이해하고 이를 프로그래밍 언어로 사용하여 프로그램을 작성해 볼 수 있게 한다. 또한 간단한 데이터 구조, 입출력 프로그램을 이해하여 기본적인 프로그래밍을 경험할 수 있게 한다.

5단계(고1학년)에서는 대량의 정보 처리를 위한 데이터베이스의 개념을 이해한다. 생활 주변에서 접하는 문제들을 PC용 데이터베이스 관리 시스템을 이용하여 프로그래밍 함으로써 간단한 응용 소프트웨어를 작성해 볼 수 있는 능력을 기르도록 한다.

〈표 8-1〉 '정보 처리의 이해' 영역 단계별 내용체계

단계 영역	1단계	2단계	3단계	4단계	5단계
정보처리의 이해	• 다양한 정보의 세계 • 재미있는 문제와 해결 방법	• 숫자와 문자 정보의 표현 • 문제 해결 과정의 이해	• 멀티미디어 정보의 표현 • 문제 해결 전략과 표현 • 프로그래밍의 이해와 기초	• 알고리즘의 이해와 표현 • 간단한 데이터 구조 • 입출력 프로그래밍	• 데이터베이스의 이해와 활용 • 프로그램 제작 과정의 이해 • 응용 소프트웨어 제작

2 [정보 처리의 이해] 영역 지식체계

정보 처리의 이해에 있어 가장 기본이 되는 지식 및 기능을 습득할 수 있는 내용을 포함한다.

- 정보의 분류와 표현방법

다양한 정보의 종류와 표현 방법을 인식하고 간단한 문제를 해결해보면서 문제 해결 과정을 인식할 수 있도록 한다.

- 다양한 문제 분석과 해결 방법

정보 처리 과정 및 문제 해결 과정을 이해하고, 문제 해결 전략을 세워 간단한 프로그램을 작성할 수 있도록 한다.

- 알고리즘과 프로그래밍

알고리즘과 데이터 구조의 개념을 이해하고, 입·출력 프로그램을 작성할 수 있도록 한다.

- 대용량 정보 처리와 데이터베이스

데이터베이스의 개념과 프로그램 제작 과정을 이해하고 데이터베이스를 활용한 프로그램을 제작할 수 있도록 한다.

컴퓨터과 교수법 및 교재연구

3 [정보 처리의 이해] 영역 단계별 학습지도 내용

3.1 제1단계

목 표	○ 다양한 정보의 종류를 인식하고 특징을 말할 수 있다. ○ 재미있는 문제를 이해하고 문제 해결 과정을 인식할 수 있다.
주 제	활 동
다양한 정보의 세계	- 정보의 종류를 인식하고 해당 정보의 특징을 말할 수 있다. - 정보를 다루는 현장에서 정보가 어떻게 이용되는지 설명할 수 있다.
재미있는 문제와 해결 방법	- 문제를 이해하고 그 풀이 방법을 제시할 수 있다. - 생활 속의 간단한 문제를 다루어 보고 문제 해결 과정을 인식할 수 있다. (예 : 간단한 퍼즐 문제 등)

3.2 제2단계

목 표	○ 숫자와 문자 정보를 이진수로 표현할 수 있다. ○ 문제 해결 과정을 이해하고 정리·표현할 수 있다.
주 제	활 동
숫자와 문자 정보의 표현	- 정보를 다루는 현장에서의 정보 처리 과정을 설명할 수 있다. - 숫자와 문자 정보를 이진수로 표현할 수 있다.
문제 해결 과정의 이해	- 문제 해결 전략을 간단한 동작들의 집합으로 인식할 수 있다. - 문제 해결 전략 중에는 조건을 검사하여 서로 다른 동작을 하는 경우와 일련의 동작들이 반복되는 경우가 있음을 이해할 수 있다. - 문제 해결 전략을 적용하여 문제가 해결되기까지의 과정을 문서로 정리·표현할 수 있다. - 문제 해결 전략을 실제로 문제에 적용해 보고 올바르게 동작하는지 확인할 수 있다.

3.3 제3단계

목 표	○ 멀티미디어 정보의 표현 방식을 이해하고 설명할 수 있다. ○ 효율적인 문제 해결 방법을 찾아내는 능력을 키운다. ○ 프로그래밍의 개념을 인지하고 간단한 프로그래밍을 할 수 있다.
주 제	**활 동**
멀티미디어 정보의 표현	- 정보의 종류와 쓰임에 따른 표현 방식을 비교할 수 있다. - 정보 처리 과정에서 발생하는 다양한 문제를 인지할 수 있다. - 정보 표현을 위한 간단한 2진수 연산과 조작 방법을 이해할 수 있다. - 멀티미디어 자료의 표현 방법을 설명할 수 있다.
문제 해결 전략과 표현	- 문제 해결 과정에서 세워진 전략을 순서도로 표현할 수 있다. - 문제를 해결하기까지의 과정을 문서로 정리하고 표현할 수 있다. - 정리된 문제 해결 전략에서 불필요한 동작이 없는지 검토하여 수정할 수 있다. - 주어진 문제에 대해 여러 가지 문제 해결 전략이 있는지 살펴보고 어느 것이 보다 효율적인지 토론할 수 있다.
프로그래밍의 이해와 기초	- 프로그래밍의 개념을 인지할 수 있다. - 프로그래밍 언어의 기본 사용법을 인지할 수 있다. - 간단한 프로그램을 작성하여 실행할 수 있다.

3.4 제4단계

목 표	○ 알고리즘의 개념을 이해하고 표현할 수 있다. ○ 데이터 구조의 개념을 인지할 수 있다.
주 제	**활 동**
알고리즘의 이해와 표현	- 알고리즘의 개념을 인지할 수 있다. - 알고리즘을 표현할 수 있는 의사코드를 사용할 수 있다. - 이전 단계에서 수립한 문제 해결 전략들을 프로그래밍하여 실행할 수 있다.
간단한 데이터 구조	- 데이터 구조의 개념을 인지할 수 있다. - 배열의 개념을 인지할 수 있다. - 다양한 문제를 배열을 이용하여 표현하고 프로그래밍하여 실행할 수 있다. - 스택과 큐의 데이터 구조를 인지하고 배열을 이용, 프로그래밍하여 실행할 수 있다.
입·출력 프로그래밍	- 텍스트 기반의 입·출력 프로그램을 작성하여 실행할 수 있다. - 그래픽 기반의 입·출력 구성 요소와 그 특성을 인지할 수 있다. - 그래픽 기반의 입·출력 구성 요소를 활용하여 간단한 프로그램을 작성하여 실행할 수 있다.

컴퓨터과 교수법 및 교재연구

3.5 제5단계

목 표	○ 데이터베이스의 개념을 이해하고 활용할 수 있다. ○ 프로그램 작성 능력을 신장시켜 간단한 응용 소프트웨어를 제작하여 실행할 수 있다.
주 제	**활 동**
데이터베이스의 이해와 활용	- 데이터베이스의 개념을 인지할 수 있다. - 테이블을 설계하고 데이터를 입력할 수 있다. - 저장된 데이터를 보기 쉽게 표시하고 편리한 데이터 입력 방식을 기획할 수 있다. - 질의를 이용하여 원하는 데이터를 추출하여 조직화할 수 있다.
프로그램 제작 과정의 이해	- 프로그램 제작 과정을 인지할 수 있다. - 프로그램 제작 과정에서의 산출물에는 어떤 것들이 있는지 설명할 수 있다. - 적은 비용으로 좋은 소프트웨어를 개발하기 위한 여러 방안들을 제안할 수 있다.
응용 소프트웨어 제작	- 다양한 프로그래밍 도구의 특성을 파악하고 개발하고자 하는 응용 소프트웨어 작성에 적합한 프로그래밍 도구를 선택할 수 있다. - 데이터 관리 시스템을 비롯한 다양한 프로그래밍 도구를 이용하여 프로그램 제작 과정에 따라 간단한 응용 소프트웨어를 제작하여 실행할 수 있다.

4 [정보 처리의 이해] 영역 지도의 실제

4.1 1단계(예시 : 1학년 - 다양한 정보의 세계)

4.1.1 단원의 개관

본 단원은 정보 처리의 이해를 다루는 단원으로 생활 주변에 있는 여러 물건들 중에서 다양한 정보 기기를 찾아 이해하며 실생활에서 어떻게 사용되는지 알아보고, 재미있는 문제들을 올바르게 파악하고 해결 방법을 학습하는 단원이다.

4.1.2 단원의 학습 계열

선수 학습 요소	본시 학습 요소	후속 학습 요소
• 컴퓨터 구성 요소 이해	• 생활 주변에서 사용되는 다양한 정보 기기 알아보기 • 다양한 규칙이 있는 문제 해결하기 • 사다리 타기 문제 해결하기	• 다양한 정보 기기가 생활에 주는 도움 알기 • 일상 생활에서 일의 순서 알아보기 • 다양한 방법으로 분류하여 이름 짓기

4.1.3 단원의 목표

- 정보의 종류를 인식하고 그 특징을 말할 수 있다.
- 정보를 다루는 현장에서 정보가 어떻게 이용되는지 설명할 수 있다.
- 재미있는 문제를 이해하고, 생활 속의 간단한 문제의 해결 과정을 인식할 수 있다.

4.1.4 단원의 지도 계획

학년	주 제	차시	학습활동
1	다양한 정보의 세계	1	• 생활 주변에 있는 다양한 정보기기 알아보기
		2	• 생활 주변에서 정보기기가 사용되는 곳 알아보기
	재미있는 문제 해결하기	3	• 다양한 규칙이 있는 문제 해결하기
		4	• 사다리타기 문제 해결하기
		5	• 다양한 그림 지도 그리기(심화)

4.1.5 지도상의 유의점

- 다양한 정보기기를 생활 속에서 찾아볼 수 있게 한다.
- 간단한 퍼즐 문제 등의 재미있는 문제를 이해하고 해결할 수 있도록 지도한다.

컴퓨터과 교수법 및 교재연구

4.1.6 단원 평가 계획

평가 관점	평가 방법	평가 척도
• 우리 생활에서 정보기기가 사용되는 곳을 알고 있는가?	지필	3단계
• 가족 구성원이 사용하는 정보 기기를 적절하게 구분할 수 있는가?	지필	3단계
• 다른 친구들의 발표를 바른 자세로 집중하며 듣는가?	관찰	3단계

4.1.7 본시 교수-학습 과정안

일시		대상	1학년	장소	컴퓨터실
단원	다양한 정보의 세계			차시	
학습주제	생활 주변에서 정보 기기가 사용되는 곳 알아보기			교과서쪽	
학습목표	가. 생활 주변에서 정보 기기가 사용되는 곳을 알 수 있다. 나. 가족 구성원에 따라 사용하는 정보 기기를 나눌 수 있다. 다. 정보 기기를 올바르게 사용하는 마음가짐을 생활에 적용할 수 있다.				
단 계	교 수 - 학 습 활 동				자료 및 유의점
도 입	■ 동기 유발 • 정보 기기 그림 맞추기 활동 - 컴퓨터 한 조각의 그림을 보여 주며 전체 그림 알아 맞추기 활동을 한다. • 정보 기기를 사용해 본 경험 말하기 - 시계, 신호등, 사진기, 컴퓨터 ■ 학습 목표 확인 • 우리의 생활 주변에서 정보 기기가 사용되는 곳을 말할 수 있다.				•교샤: 컴퓨터 그림 자료
전 개	■ 해결 방법 탐색 • 정보 기기의 좋은 점 알기 - 시계, 계산기, 컴퓨터의 좋은 점을 발표한다. ■ 과제 해결 • 하룻동안 내가 이용하는 정보 기기에 대하여 이야기해 보기 - 아침에 몇 시에 일어났습니까? - 언제쯤 학교에 도착하나요? - 2교시에는 선생님과 무엇에 대해 공부하나요? - 학교에서 집으로 몇 시에 출발하나요? - TV를 보는 시각은 언제인가요? - 언제 잠자리에 들었나요? • 내가 사용하는 정보 기기와 그 쓰임새에 대하여 알아보기				•아동들의 생활 경험에 따라 구분이 명확하지 않은 경우가 있을 수 있으므로 가족 구성원들 나름대로 정보 기기를 필요에 따라 유용하게 사용하고 있다는 관점에서 수업 진행이 이루어져야 한다.

전 개	– 시계, TV, 컴퓨터 등 정보 기기와 쓰임새에 대하여 이야기해 본다. • 가족들이 자주 사용하는 정보 기기에 대하여 알아보기 – 휴대폰, 컴퓨터, TV, 오디오 등 정보 기기에 대하여 이야기해 본다. • 가족 구성원에 따라 사용하는 정보 기기를 나누어 보기 – 온 가족이 함께 사용하는 정보 기기 – 부모님께서 사용하는 정보 기기 – 우리들이 사용하는 정보 기기	• 풀, 가위
정 리	■ 학습 정리 • 가족 구성원에 따라 정보 기기를 나누는 활동 확인하기 – 친구와 비교하여 서로 다른 점을 찾기 • 정보 기기가 우리 생활에 주는 좋은 점 알기 • 재미있었던 활동이나 어려운 활동 등 느낀 점 이야기하기 ■ 차시 예고 • 규칙성 찾기	*평가 기준표에 의해서 학생들을 평가한다.

4.1.8 학습 자료의 예

--광역시 검인정 도서 「즐거운 컴퓨터」

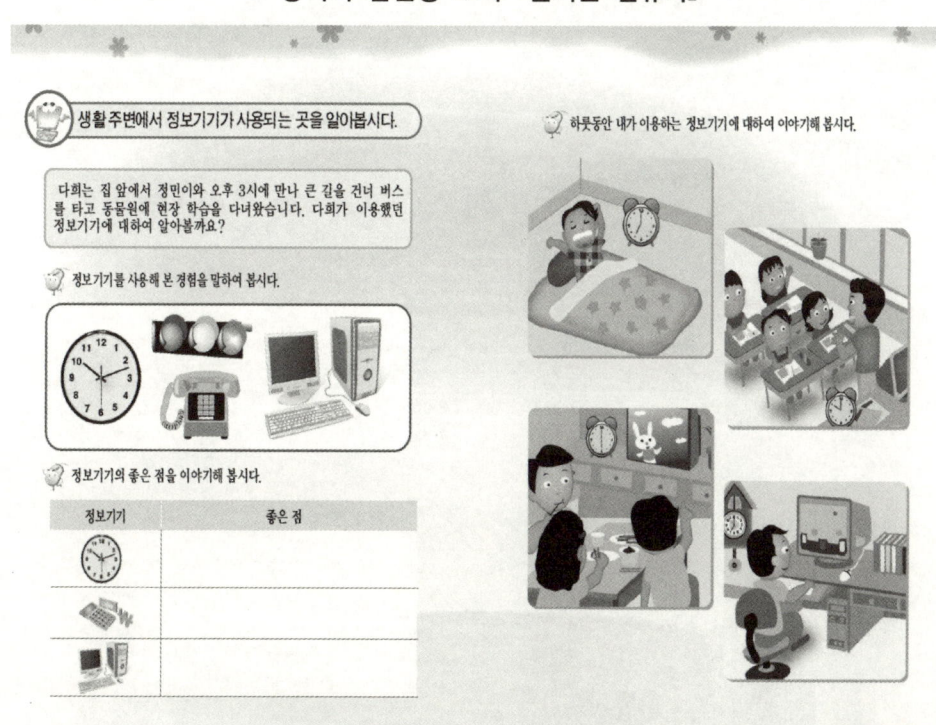

컴퓨터과 교수법 및 교재연구

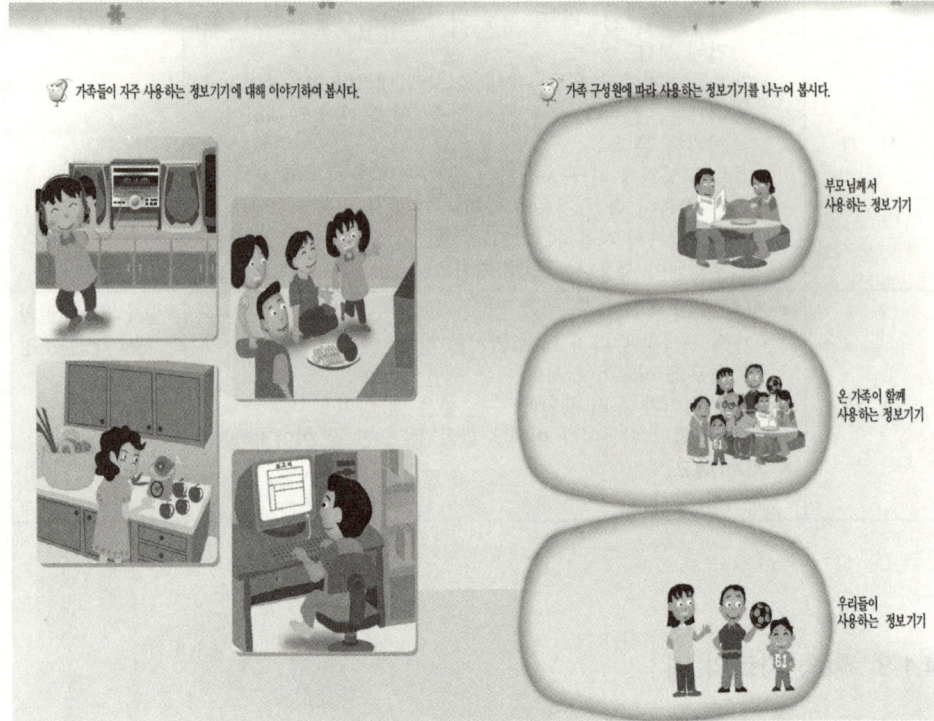

제 8 장 정보처리의 이해 영역 지도의 실제

정보 처리의 이해 1단계(1학년)	학 습 지	학년 반 번 이름 :
학습 주제	생활 주변에서 정보기기가 사용되는 곳 알아보기	

♣ 나의 하루 생활과 관련지어 정보기기를 적어 보세요.

일과	사용하는 정보기기
아침	
점심	
저녁	

♣ 가족 구성원에 따라 정보기기를 나누어 봅시다.

가족 구성원	사용하는 정보기기
아버지	
어머니	

얼마나 잘 했나요?	🖱 🖱 🖱 🖱 🖱

243

컴퓨터과 교수법 및 교재연구

4.1.9 수행평가

수행평가 내용 및 기준안 예

주제	생활 주변에서 정보 기기가 사용되는 곳 알아보기	교과서 (쪽수)		영역	정보 처리의 이해	학년	1학년
학업 성취 목표	[지식] •생활 주변에서 정보 기기가 사용되는 곳을 알 수 있다. [기능] •가족 구성원에 따라 사용하는 정보 기기를 나눌 수 있다. [가치 및 태도] •정보 기기를 올바르게 사용하는 마음가짐을 생활에 적용할 수 있다.						
평가 과제	○생활 주변에서 정보 기기가 사용되는 곳 알기 ○가족 구성원에 따라 사용하는 정보 기기를 나누어 보기						
평가 방법	○생활 주변에서 정보 기기가 사용되는 곳 알기(발표) ○가족 구성원에 따라 사용하는 정보 기기를 나누어 보기(지필)			평가도구 및 준비물	학습지 및 체크리스트		
평가 유형	○지필, 발표						
평가상의 유의점	○가족 구성원들 나름대로 정보 기기를 필요에 따라 유용하게 사용하고 있다는 관점에서 평가한다.						
평가 항목 및 척도								

평가 항목 (문항)	평가 척도	배점
생활 주변에서 정보 기기가 사용되는 곳을 알 수 있는가?	생활 주변에서 정보 기기가 사용되는 곳을 자세히 말한다.	상
	생활 주변에서 정보 기기가 사용되는 곳을 어느 정도 알고 말한다.	중
	생활 주변에서 정보 기기가 사용되는 곳을 알지 못한다.	하
가족 구성원에 따라 사용하는 정보 기기를 나눌 수 있는가?	가족 구성원에 따라 사용하는 정보 기기를 잘 나눌 수 있다.	상
	가족 구성원에 따라 사용하는 정보 기기를 어느 정도 찾을 수 있다.	중
	가족 구성원에 따라 사용하는 정보 기기를 잘 찾지 못한다.	하

수행평가 체크리스트의 예

1단계 (1학년)		학 반	번호	이름			
학습 주제	생활에서 정보 기기가 사용되는 곳 알기	1학년 반					
영역	평가 항목	날짜	확인	평가			비고
				상	중	하	
정보 처리의 이해	1. 정보 기기에는 다양한 종류가 있음을 안다.						5-6개(상) 3-4개(중) 0-2개(하)
	2. 우리 생활에 정보 기기가 이용됨을 안다.						
	3. 각각의 정보 기기의 특징을 안다.						
	4. 우리 생활에서 정보 기기가 사용되는 곳을 말할 수 있다.						
	5. 가족들이 사용하는 정보 기기에 대해 안다.						
	6. 가족 구성원에 따라 사용하는 정보 기기를 나눌 수 있다.						

컴퓨터과 교수법 및 교재연구

4.2 2단계(예시 : 3학년 – 순서대로 표현하기)

4.2.1 단원의 개관

본 단원은 정보 처리의 이해를 다루는 단원으로 정보의 표현 방법과 문제해결 과정을 구체적으로 학습하는 단원이다.

숫자와 문자 정보의 표현 방법을 실생활에서 알아보고 주어진 조건과 규칙에 따라 문제를 해결해 봄으로써 문제 해결 과정을 이해할 수 있도록 한다.

4.2.2 단원의 학습 계열

선수 학습 요소	본시 학습 요소	후속 학습 요소
• 다양한 정보 기기가 생활에 주는 도움 알기 • 일상 생활에서 일의 순서 알아보기 • 다양한 방법으로 분류하여 이름 짓기	• 생활 주변의 사물 표현하기 • 나만의 암호문 만들기 • 사물을 속성에 따라 분류하기 • 주어진 조건에 따라 문제 해결하기 • 규칙 찾아 문제 해결하기	• 정보 수집과 분류하기 • 컴퓨터가 수를 세는 방법 알기 • 가장 알맞은 방법 찾기 • 규칙에 맞게 원판 옮기기

4.2.3 단원의 목표

- 생활 주변의 사물을 여러 가지 숫자와 문자 정보로 표현할 수 있다.
- 나만의 암호문을 만들 수 있다.
- 사물을 속성에 따라 분류할 수 있다.
- 주어진 조건 및 규칙을 찾아 문제를 해결할 수 있다.

4.2.4 단원의 지도 계획

학년	주 제	차시	학습내용
3	숫자와 문자 정보의 표현	1	생활 주변의 사물들이 어떤 모습으로 바뀔 수 있는지 알아보기
		2	순서를 지켜 차례대로 표현하기
	문제 해결 과정의 이해	3	사물을 쓰임새가 같은 것끼리 나누기
		4	주어진 조건에 맞게 문제 해결하기
		5	나만의 암호문 만들기
		6	규칙을 찾아 문제 해결하기

4.2.5 지도상의 유의점

- 우리가 실생활 속에서 이용하는 여러 사물들이 바뀌는 모습을 통해 정보가 다양하게 표현될 수 있음을 이해할 수 있게 한다.
- 나만의 암호문 만들기를 통해 컴퓨터만의 언어가 있음을 알 수 있게 한다.

4.2.6 단원 평가 계획

평가관점	평가방법	평가척도
주어진 과제를 순서를 지켜 차례대로 표현할 수 있는가?	지필	3단계
사물을 쓰임새가 같은 것끼리 나눌 수 있는가?	지필	3단계
주어진 조건에 맞게 문제를 해결할 수 있는가?	지필	3단계
나만의 규칙을 정하여 암호문을 만들 수 있는가?	지필	3단계
규칙을 찾아 문제를 해결할 수 있는가?	지필	3단계

컴퓨터과 교수법 및 교재연구

4.2.7 본시 교수-학습 과정안

일시	년 월 일	대상	3학년	장소	교실
단원	순서대로 표현하기			차시	2 / 6
학습주제	순서를 지켜 차례대로 표현하여 봅시다.			교과서쪽	
학습목표	• 일이 일어난 순서대로 번호를 붙일 수 있다. • 일이 일어난 순서대로 과제를 해결하고 그 이유를 말할 수 있다. • 우리 생활주변에서 순서대로 이루어지는 일들을 말할 수 있다.				

단계	교수 - 학습 활동	자료 및 유의점

도입	■ 동기 유발 자료제시 하기
	  • 이 화면은 무엇을 하는 모습인가요?
	  • 밥을 먹기까지 어떤 순서로 움직이는지 말하여 봅시다.
	  학습 목표 확인
	■ 이번 시간에는 무엇에 대해 공부해 볼까요?
	  • 순서를 지켜 차례대로 표현하여 봅시다.
		• 교사: 동영상 자료
		• 학생: 색종이, 학습지, 필기구

전개	■ 화분에 씨앗을 심는 과정을 순서대로 표현하기
	  • 제일 먼저 무엇을 해야 할까요?
	  • 흙을 채운 뒤 무엇을 해야 할까요?
	  • 씨앗을 심고 어떤 일을 해야 하나요?
	  • 씨앗을 심는 과정을 순서대로 말하여 봅시다.
	■ 번호 순서대로 이어 강아지의 모습 완성하기
	  • 그림의 번호 순서대로 이어 강아지의 모습을 완성하여 봅시다.
	■ 차례대로 종이접기를 하여 올챙이 만들기
	  • 색종이를 준비하여 차례대로 종이접기
	  • 완성된 올챙이 붙이기
	■ 생활 주변에서 순서대로 이루어지는 일 생각하기
	  • 미끄럼틀을 타고 내리는 순서 말하기
	  • 인형 옷 입히기 놀이에서 입히고 벗기는 순서 알아보기
		• 아동들의 수준을 고려하여 응답을 요구한다.
		
		• 종이접기를 순서를 지켜 접을 수 있게 한다.

정리	■ 생활 속에서 순서대로 일어나는 일 말해보기
	  • 순서대로 일어나는 일의 예를 들고 순서대로 표현해보기
	■ 차시예고
	  • 쓰임새가 같은 것끼리 나누기
		* 평가 기준표에 의해서 학생들을 평가한다.

제8장 정보처리의 이해 영역 지도의 실제

4.2.8 학습자료 예

―광역시 검인정 도서「즐거운 컴퓨터」

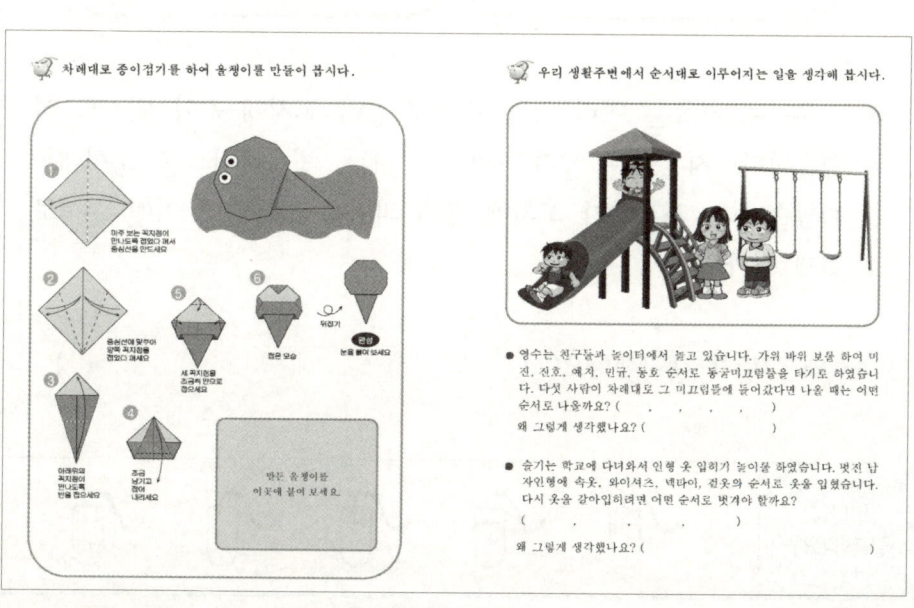

249

컴퓨터과 교수법 및 교재연구

정보 처리의 이해	학 습 지	학년 반 번
2단계(3학년)		이름 :
학습 주제	순서를 지켜 차례대로 표현하여 봅시다.	

♣ 다음 닭이 자라면서 변하는 모습을 일의 순서대로 번호를 붙여보세요.

♣ 지은이네 가족은 여러 과일을 작게 잘라 꼬치에 꽂아 먹기로 하였습니다. 지은이는 딸기, 바나나, 사과, 방울토마토를 순서대로 끼웠습니다. 지은이가 꼬치에 꽂힌 과일을 먹는다면 어떤 순서로 먹게 될까요?

(,   ,   ,   )

- 왜 그렇게 생각했나요? (   )

| 얼마나 잘 했나요? | | | | | |

4.2.9 수행평가

수행평가 내용 및 기준안 예

주제	순서대로 표현하기	영역	정보 처리의 이해	학년	3학년
학업 성취 목표	[지식] • 일에는 순서가 있음을 알고 일이 일어난 과정을 순서대로 표현할 수 있다. [기능] • 번호 순서대로 이어 그림을 완성할 수 있다. 　　　　• 순서대로 종이를 접어 올챙이 모양을 만들 수 있다. [가치 및 태도] • 생활에서 일의 순서를 알고 적용할 수 있다.					
평가 과제	○ 순서대로 종이접기를 하여 올챙이 만들기 ○ 생활에서 일어나는 일의 순서 알기					
평가 방법	○ 일이 일어난 순서대로 과제를 해결할 수 있나? (지필) ○ 우리 생활 주변에서 순서대로 일어나는 일을 말할 수 있나? (발표)			평가도구 및 준비물		학습지
평가 유형	○ 지필, 발표					
평가상의 유의점	○ 일이 일어나는 순서대로 처리하게 되면 쉽게 해결할 수 있음을 알게 한다.					

평가 항목 및 척도

평가 항목(문항)	평가 척도	배점
순서대로 종이접기를 하여 올챙이를 만들었는가?	순서에 맞게 종이접기를 하여 올챙이를 완성했다.	상
	순서는 알고 있으나 올챙이를 완성하지 못한다.	중
	올챙이를 만드는 순서를 알지 못한다.	하
우리 생활 주변에서 순서대로 일어나는 일을 말할 수 있는가?	생활 주변의 일을 순서대로 처리하고 그 이유를 말할 수 있다.	상
	생활 주변의 일을 순서대로 처리할 수 있다.	중
	생활 주변의 일을 처리하는 순서를 알지 못한다.	하

컴퓨터과 교수법 및 교재연구

수행 평가 체크리스트 예

2단계 (3학년)		학 반	번호	이름
학습 주제	순서대로 표현하기	3학년 반		

영역	평가 항목	날짜	확인	평가			비고
				상	중	하	
정보 처리의 이해	1. 일에는 순서가 있음을 안다.						
	2. 화분에 씨앗을 심는 순서를 안다.						
	3. 순서대로 번호를 연결하여 그림을 완성할 수 있다.						5-6개(상) 3-4개(중) 0-2개(하)
	4. 순서대로 종이접기를 할 수 있다.						
	5. 생활 주변에서 순서대로 일어나는 일의 예를 말할 수 있다.						
	6. 일을 순서대로 하면 좋은 점을 안다.						

4.3 3단계(예시 : 5학년 – 멀티미디어 정보의 표현)

4.3.1 단원의 개관

　　본 단원은 정보가 처리되는 방식을 이해하는 단원으로 그 중 멀티미디어 정보의 표현 방법을 학습하고 문제 해결 전략을 세워 표현하는 방법을 학습하는 단원이다. 멀티미디어 정보의 종류와 표현 방식을 알아보고 2진수 연산과 조작 방법을 이해하며 문제 해결의 전략을 세우고 정리하여 표현할 수 있게 한다.

4.3.2 단원의 학습 계열

선수 학습 요소	본시 학습 요소	후속 학습 요소
• 정보 수집과 분류하기 • 컴퓨터가 수를 세는 방법 알기 • 가장 알맞은 방법 찾기 • 규칙에 맞게 원판 옮기기	• 정보의 종류와 쓰임에 따른 표현 방식 비교하기 • 정보 표현을 위한 간단한 2진수 연산과 조작 방법 알기 • 멀티미디어 자료의 표현 방법 알기 • 문제 해결의 전략을 세우고 정리하여 표현하기	• 문제 해결의 전략을 세우고 순서도로 표현하기 • 프로그래밍의 개념을 알고, 기본 사용법 알기 • 간단한 프로그램을 작성하여 실행해 보기

4.3.3 단원의 목표

- 멀티미디어 정보의 종류와 표현 방식을 알 수 있다.
- 2진수 연산과 조작 방법을 알 수 있다.
- 문제 해결의 전략을 세우고 표현할 수 있다.

컴퓨터과 교수법 및 교재연구

4.3.4 단원의 지도 계획

학년	주 제	차시	학습내용
5	멀티미디어 정보의 표현	1	정보의 종류와 쓰임에 따른 표현 방식 비교하기
		2	정보 처리 과정에서 발생하는 다양한 문제 인지하기
		3	정보 표현을 위한 간단한 2진수 연산과 조작 방법 이해하기
		4	멀티미디어 자료의 표현 방법 알아보기
	문제 해결 전략과 표현	5	문제 해결의 전략 세우기
		6	문제 해결의 전략 정리하여 표현하기

4.3.5 지도상의 유의점

- 정보의 표현 방식을 너무 세부적으로 지도하지 않도록 한다.
- 정보 처리 과정에서 발생하는 다양한 문제를 생활 속에서 발견해 내도록 한다.
- 2진수 개념이 부족한 학생에게는 교사가 다시 한번 2진수에 대한 개념을 지도한다.
- 문제 해결의 전략이 다양하게 나올 수 있도록 한다.

4.3.6 단원 평가 계획

평가관점	평가방법	평가척도
정보의 종류가 다양함을 알고 그 종류를 말할 수 있는가?	지필	3단계
다양한 종류의 정보들이 쓰이고 있는 모습을 알고 있는가?	지필	3단계
정보의 쓰임에 따른 표현 방식을 알고 있는가?	지필	3단계

4.3.7 본시 교수-학습 과정안

일시	년 월 일	대상	5학년	장소	교실
단원	멀티미디어 정보의 표현			차시	1 / 6
학습주제	정보의 종류와 쓰임에 따른 표현 방식 비교하여 알아보기			교과서쪽	
학습목표	지식				정보의 종류와 쓰임에 따른 표현 방식 알기

단 계	교 수 – 학 습 활 동	자료 및 유의점
도 입	■ 동기 유발 자료제시 하기 　교실에 있는 여러 정보 기기를 보며, 얻을 수 있는 정보의 형태 알아보기 　학습 목표 확인 ■ 이번 시간에는 무엇에 대해 공부해 볼까요? 　• 정보의 종류와 쓰임에 따른 표현 방식을 비교하여 알아봅시다.	• 교사: 교실에 있는 여러 정보 기기
전 개	■ 정보의 종류 알아보기 　• 정보의 종류에는 어떤 것들이 있나요? 　　- 글, 그림, 소리, 동영상 등이 있습니다. ■ 정보의 쓰임새 알아보기 　• 다양한 종류의 정보들이 각각 쓰이고 있는 모습을 찾아봅시다. 　　- 글: 책, 신문 기사 등 　　- 사진·그림: 사진, 그림책, 삽화 등 　　- 소리: 음악, 라디오 뉴스, 전화 등 　　- 동영상: 영화, TV 프로그램 등 ■ 쓰임에 따른 표현 방식의 차이 비교하기 　• 다양한 정보의 쓰임에 따른 표현 방식을 비교하여 봅시다. 　　- 글: 문자 형태로 종이 또는 화면에 표현됨 　　- 사진·그림: 화면을 화소(pixel)라고 하는 미세한 점들로 나누어 표현함. 화소의 세밀하고 자세한 정도를 해상도라고 함 　　- 소리: 귀를 통해 듣는 정보로 공기의 진동으로 전달되는 형태를 컴퓨터에서 디지털 신호로 변환하여 표현됨 　　- 동영상: 소리, 글, 그림 등이 합쳐져 화면이 움직이며 표현됨	
정 리	■ 학습 정리 　• 정보의 종류와 쓰임에 따라 표현 방식의 차이 설명하기 ■ 차시 예고	* 평가 기준표에 의해서 학생들을 평가한다.

컴퓨터과 교수법 및 교재연구

4.3.8 학습자료 예

정보 처리의 이해	학 습 지	학년 반 번
3단계(5학년)		이름 :
학습 주제	정보의 종류와 쓰임에 따른 표현 방식 비교하기	

♣ 다음 방식들로 표현되는 정보의 예를 2가지 이상 적어봅시다.

- 문자의 형태로 종이 또는 화면에 표현됨 [   ]
- 화면의 화소라고 하는 미세한 점들로 나누어 표현함 [   ]
- 귀를 통해 듣는 정보로 공기의 진동으로 전달되는 형태를 컴퓨터에서 디지털 신호로 변환하여 표현함 [   ]
- 소리, 글, 그림 등이 합쳐져 화면이 움직이며 표현됨 [   ]

얼마나 잘 했나요?

4.3.9 수행평가

수행평가 내용 및 기준안 예

주 제	정보의 종류와 쓰임에 다른 표현 방식 비교하기	영 역	정보 처리의 이해	학년	5학년
학업 성취 목표	[지식] • 정보의 종류와 쓰임에 따른 표현 방식을 비교할 수 있다.				
평가 과제	○ 다양한 정보의 종류를 알고 있는가? ○ 정보의 쓰임에 따른 각각의 표현 방식을 알고 있는가?				
평가 방법	○ 수행 평가지 ○ 발표	평가도구 및 준비물	수행평가지 및 체크리스트		
평가 유형	○ 관찰, 지필, 발표				
평가상의 유의점	○ 정보의 종류와 쓰임에 따른 표현 방식의 차이를 이해하고 있는지를 중점적으로 평가한다.				

평가 항목 및 척도

평 가 항 목 (문 항)	평 가 척 도	배 점
다양한 정보의 종류를 알고 있는가?	다양한 정보의 종류를 잘 알고 있다.	상
	다양한 정보의 종류를 몇 가지 알고 있다.	중
	다양한 정보의 종류를 알지 못한다.	하
정보의 쓰임에 따른 각각의 표현 방식을 알고 있는가?	정보의 쓰임에 따른 표현 방식의 차이를 잘 알고 있다.	상
	정보의 쓰임에 따른 표현 방식의 차이를 조금 알고 있다.	중
	정보의 쓰임에 따른 표현 방식의 차이를 알지 못한다.	하

컴퓨터과 교수법 및 교재연구

수행평가 체크리스트의 예

3단계 (5학년)		학 반	번호	이름
학습 주제	정보의 종류와 쓰임에 따른 표현방식 비교	5학년 반		

| 영역 | 평가 항목 | 날짜 | 확인 | 평가 | | | 비고 |
				상	중	하	
정보 처리의 이해	1. 정보의 종류에는 다양한 종류가 있음을 안다.						5-6개(상) 3-4개(중) 0-2개(하)
	2. 각각의 정보 종류의 특징을 안다.						
	3. 정보들이 쓰이고 있는 모습을 말할 수 있다.						
	4. 쓰임에 따른 표현 방식의 차이를 안다.						
	5. 쓰임에 따른 표현 방식을 비교할 수 있다.						
	6. 우리 생활에서 정보를 적절하게 사용할 수 있다.						

4.4 재미있게 배워요

4.4.1 2진수로 표현해요

교육과정	[2단계] 숫자와 문자 정보의 표현
주 제	컴퓨터가 사용하는 2진수 표현 방법 알아보기
학습자료	(점 16개 카드) (점 8개 카드) (점 4개 카드) (점 2개 카드) (점 1개 카드)

활 동	• 컴퓨터는 0과 1만을 사용해서 문자와 숫자 그리고 소리 같은 다양한 정보를 표현합니다. 어떻게 표현할 수 있을지 알아봅시다.
	• [2진수 카드]를 준비하고, 아래와 같은 순서로 카드를 놓습니다.
	
	• 먼저, 주어진 수만큼 점이 보이도록 카드를 뒤집어 봅시다.
	(0~31까지 수를 여러 가지 제시하여 다양하게 표현하게 한다)
	6 - 첫 번째, 두 번째, 다섯 번째 카드 뒤집기
	
	13 - 첫 번째, 네 번째 카드 뒤집기
	
	• 카드를 뒤집었을 때 그것을 '0'으로, 뒤집지 않고 점이 보이게 둔 것을 '1'로 표현해 봅시다.
	                  6 - 00110 / 13 - 01101
	• 위와 같이 0과 1을 이용하여 숫자를 나타내는 것이 2진수 체계입니다.
	• 우리가 사용하는 숫자 10진수체계를 2진수로 바꾸는 놀이를 해 봅시다.
	12 - 0 1 1 0 0
	• 반대로, 2진수로 표현한 수를 10진수의 수로 바꾸어 봅시다.
	      1 0 1 0 1 = 21

4.4.2 숫자로 그리는 그림

교육과정	[3단계] 멀티미디어 정보의 표현
주 제	2진수 체계로 그림을 표현하는 방법 알기
학습자료	을 비롯한 다양한 크기의 모눈종이

활 동	• 컴퓨터는 숫자를 이용하여 멀티미디어 자료를 저장합니다. 숫자로 그림을 나타내는 방법을 알아봅시다.
	• 아래 그림은 픽셀의 개념을 알아보기 위해 ♡그림을 확대한 것입니다. 컴퓨터에서는 흰색칸을 0, 검은색 칸을 1로 표현하여 저장합니다.
	    - 0 1 1 0 1 1 0
	    - 1 0 0 1 0 0 1
	    - 1 0 0 0 0 0 1
	    - 0 1 0 0 0 1 0
	    - 0 0 1 0 1 0 0
	    - 0 0 0 1 0 0 0
	• 숫자를 보고 모눈종이에 그림을 그려봅시다.
	    〈활동지〉 〈정답〉
	    - 0 0 1 1 1 0 0
	    - 0 1 0 0 0 1 0
	    - 1 0 1 0 1 0 1
	    - 1 0 0 0 0 0 1
	    - 0 1 0 0 0 1 0
	    - 0 0 1 1 1 0 0
	• 그림이 큰 경우 그 진수를 사용하게 되면 숫자의 길이가 길어집니다. 그래서 컴퓨터는 큰 그림을 좀 더 짧고 편리하게 표현하기 위해 숫자의 개수를 사용합니다. 첫 번째 숫자는 흰색 픽셀의 개수, 두 번째는 검정색 픽셀의 개수를 적으면서 계속 반복하여 표현합니다. 만약 첫 번째 칸이 검정색이라면 흰색 픽셀이 0칸이므로, 0으로 시작합니다.
	    - 0 1 1 0 1 1 0 1,2,1,2,1
	    - 1 0 0 1 0 0 1 0,1,2,1,2,1
	    - 1 0 0 0 0 0 1 0,1,5,1
	    - 0 1 0 0 0 1 0 1,1,3,1,1
	    - 0 0 1 0 1 0 0 2,1,1,1,2
	    - 0 0 0 1 0 0 0 3,1,3
	• 다음 숫자 암호를 이용하여 그림을 직접 그려봅시다. 그림을 완성한 학생은 스스로 그림 암호를 만들어 보도록 합시다.
	    4,11
	    4,9,2,1
	    4,9,2,1
	    4,11
	    4,9
	    4,9
	    5,7
	    0,17
	    1,15

요점정리

1. '정보 처리의 이해' 영역은 다양한 정보의 종류를 인식하고 효율적인 문제 해결 방법을 찾아내는 능력을 키우며, 정보통신기술 적용이 가능한 알고리즘적 사고와 프로그램 작성 능력의 신장을 목표로 하고 있다.

2. '정보처리의 이해' 영역의 단계별 내용 구성은 다음과 같다.

단계 영역	1단계	2단계	3단계	4단계	5단계
정보 처리의 이해	• 다양한 정보의 세계 • 재미있는 문제와 해결 방법	• 숫자와 문자 정보의 표현 • 문제 해결 과정의 이해	• 멀티미디어 정보의 표현 • 문제 해결 전략과 표현 • 프로그래밍의 이해와 기초	• 알고리즘의 이해와 표현 • 간단한 데이터 구조 • 입출력 프로그래밍	• 데이터베이스의 이해와 활용 • 프로그래밍 제작 과정의 이해 • 응용 소프트웨어 제작

3. 학습 목표, 학습 내용, 학습 활동 그리고 학습 평가 등을 포함하는 '정보처리 이해' 영역의 학습 주제에 맞는 교수·학습 과정안을 작성할 수 있다.

4. '정보 처리의 이해' 영역의 평가는 관찰, 지필, 발표 등의 다양한 방법을 적용하여 수행평가지와 체크리스트를 활용하여 학습 결과 뿐만 아니라 문제 해결 과정도 함께 평가할 수 있도록 한다.

컴퓨터과 교수법 및 교재연구

연 습 문 제

1. 정보통신기술 교육에 정보 처리의 이해 영역의 목표를 기술하시오.

2. 정보 처리의 이해 영역에서 실생활에 연관된 다양한 학습 주제를 선정하시오.

3. 정보 처리의 이해 영역 2단계에서 한 차시를 선택하고, 학습에 적합한 교수 방법을 선정하여 교수·학습 과정안을 작성하여 보시오.

4. 정보 처리의 이해 영역 3단계 '정보 표현을 위한 간단한 2진수 연산' 수업을 위한 놀이를 통한 수업 아이디어를 교재의 예시를 참고하여 간단한 학습 과정안으로 작성하여 보시오.

참고문헌

교육인적자원부(2000), 초.중등학교 정보통신기술교육 운영지침 해설서, 교육인적자원부.

부산광역시교육청(2007), 즐거운 컴퓨터 1학년 교과서, 부산광역시교육청.

부산광역시교육청(2007), 즐거운 컴퓨터 1학년 교사용 지도서, 부산광역시교육청.

부산광역시교육청(2007), 즐거운 컴퓨터 3학년 교과서, 부산광역시교육청.

부산광역시교육청(2007), 즐거운 컴퓨터 3학년 교사용 지도서, 부산광역시교육청.

한국교육학술정보원(2005), 초·중등학교 정보통신기술 교육 운영지침 개정(안), 연구보고서.

J. Glenn Brookshear(2003), Computer Science : An Overview 7th Ed., Addison Wesley.

Tim Bell, Ian H. Witten and Mike Fellows(2006), Computer Science Unplugged : An Enrichment and Extension Programme for Primary-aged Children, http : //cs.unplugged.com.

Chapter 09 정보가공과 공유 영역 지도의 실제

본 단원에서는 개정된 ICT 교육 운영지침에 의해 고시된 ICT 소양 교육내용 체계 중에서 '정보 가공과 공유' 영역에 대한 교육과정 해설, 영역별 지식 체계, 학습 지도 내용, 교재 연구 및 학습 지도의 예, 수행평가의 예를 소개한다.

학습목표 >>>

- '정보 가공과 공유' 영역의 지식 체계를 이해할 수 있다.
- '정보 가공과 공유' 영역의 단계별 학습지도 내용을 이해하고, 주제에 맞는 활동 내용을 설계할 수 있다.
- '정보 가공과 공유' 영역의 학습 주제에 맞는 교수·학습 과정안을 작성할 수 있다.
- '정보 가공과 공유' 영역의 수행평가 과정을 알고, 평가 사례를 제작할 수 있다.

1 [정보 가공과 공유] 영역 교육과정 해설

2005년 말 새로 고시된 ICT 교육 운영지침의 내용 체계는 기존의 5단계인 '정보의 이해와 윤리', '컴퓨터 기초', '소프트웨어의 활용', '컴퓨터 통신' 및 '종합 활동'에서 새로운 5단계 즉 '정보 사회의 생활', '정보기기의 이해', '정보 처리의 이해', '정보 가공과 공유' 및 '종합활동'으로 변경되었다.

'정보 가공과 공유' 영역에서 1단계(초등 1,2학년)에서는 '생활과 정보 교류' 및 '사이버 공간과의 만남'을 다룬다. 1단계에서는 학생들이 사이버 공간과 친숙한 활동을 통해서 사이버 공간으로의 접속, 및 사이버 공간에서의 글 읽기 및 글 올리기 등의 활동을 포함한다. 2단계(초등 3,4학년)에서는 "사이버 공간에서의 정보 검색과 수집" 및 "문서 편집과 그림 작성"을 주로 다룬다.

컴퓨터과 교수법 및 교재연구

2단계에서는 사이버 공간에서 다양한 정보를 검색하는 방법을 배우고 또한 검색한 자료를 분석하는 방법을 익힌다. 특히 정보 검색의 경우 다양한 정보 검색엔진의 사용법을 익히고 주제별 및 분류별로 다양한 정보를 검색하는 방법을 익힌다. 또한 문서 편집기를 이용하여 간단한 문서를 생성, 편집, 저장 및 처리하는 방법을 학습하게 된다. 3단계(초등 5,6학년)에서는 "사이버 공간 생성, 관리 및 교류", "수치 자료 처리" 및 "발표용 문서 작성"을 다룬다. "사이버 공간 생성, 관리 및 교류"에서는 개인 홈페이지, 미니 홈피 및 블로그 등을 생성하고 관리하는 방법을 주로 다루며 사이버 공간 상에서의 협력 작업 등 다양한 정보 교류를 다룬다. "수치 자료 처리"에서는 수치 자료를 입력하여 간단한 통계처리를 배우며 다양한 형태로 수치 자료를 시각화하는 방법을 다룬다. "발표용 문서 작성"은 간단한 발표용 문서를 생성하고 편집하는 방법을 다루며 또한 발표용 문서에 애니메이션 및 하이퍼링크 추가 등 다양한 부가 기능을 추가하는 방법을 다룬다. 4단계(중 1,2,3학년)에서는 "정보의 공유 및 협력", "정보 교류 환경의 설정", "웹 문서 제작" 및 "멀티미디어 자료의 활용"을 다룬다. "정보의 공유 및 협력"에서는 FTP 및 전자 게시판을 통한 정보의 공유 방법을 이해하여 실제 생활에 적용하는 방법을 익히며 또한 공유 활동을 통해 친구와 협동 작업을 할 수 있는 방법을 익힌다. "정보 교류 환경의 설정"에서는 전자우편 및 웹 브라우저의 환경 설정을 통해 정보를 안전하고 정확하게 전달하는 방법을 배운다. 또한 자신의 취향에 맞게 정보 교류 환경 설정하는 방법을 익힌다. "웹 문서 제작"은 웹 문서의 동작 원리를 이해하고 간단한 태그를 이용하여 웹 문서를 생성하고 편집하는 방법을 다룬다. 또한 "멀티미디어 자료의 활용"에서는 소리 자료 및 이미지 자료의 생성과 편집, 가공할 수 있은 방법을 다룬다. 5단계(고1)에서는 "멀티미디어 자료의 가공"과 "웹 사이트 운영 및 관리"를 주로 다룬다. "멀티미디어 자료의 가공"에서는 간단한 동영상과 애니메이션 자료를 제작, 편집 및 가공하는 방법을 배운다. 또한 "웹 사이트 운영 및 관리"에서는 자신에게 필요한 웹 사이트를 구축하여 운영하는 방법을 다룬다.

다음 〈표 9-1〉은 "정보 가공과 공유" 영역의 단계별 교육 내용을 나타낸다.

〈표 9-1〉 '정보 가공과 공유' 영역의 단계별 내용체계

단계 영역	제 1단계	제 2단계	제 3단계	제 4단계	제 5단계
정보 가공과 공유	• 생활과 정보교류 • 사이버 공간과의 만남	• 사이버 공간에서의 정보 검색과 수집 • 문서 편집과 그림 작성	• 사이버 공간 생성, 관리 및 교류 • 수치 자료 처리 • 발표용 문서 작성	• 정보 공유 및 협력 • 정보 교류 환경의 설정 • 웹 문서 제작 • 멀티미디어 자료의 활용	• 멀티미디어 자료의 가공 • 웹 사이트 운영 및 관리

2 [정보 가공과 공유] 영역 지식 체계

"정보 가공과 공유" 영역은 컴퓨터 활용 방법과 사이버 공간에서의 정보 전달 및 교류 방법을 이해함으로써 사이버 공간을 직접 만들고 관리하는 방법을 익히도록 하며 사이버 공간에서 표현되는 자료의 제작과 그 제한점을 이해하도록 한다. 구체적으로 '정보 가공과 공유' 영역은 사이버 공간의 생성과 정보 교류, 기본적인 멀티미디어 자료의 생성과 활용, 기본적인 응용 소프트웨어의 사용 방법 등을 다룬다.

□ 사이버 공간의 생성과 정보 교류

사이버 공간에서의 정보교류의 장점을 먼저 이해한 후, 사이버 공간에서의 다양한 정보 교류 방법을 익힌다. 이를 바탕으로 자신만의 사이버 공간을 생성하고 운영하는 방법을 익힌 후 직접 간단한 웹 문서를 제작하는 방법을 제시하였다. 따라서 점진적으로 내용이 심화되도록 하였으며, 활용뿐만 아니라 사이버 공간의 작동원리 및 웹 문서의 원리 등 원리 교육도 조화를 이루도록 하였다.

□ 응용 소프트웨어 및 멀티미디어 자료의 활용

응용 소프트웨어는 기존의 소프트웨어의 기능 숙지 차원을 넘어서 먼저 각 자료의 종류와 특징을 이해한다. 또한 개개인의 문제를 해결하기 위해서

컴퓨터과 교수법 및 교재연구

필요한 자료의 선정하고 적절한 응용 소프트웨어를 선택하여 사용하는 방법을 다룬다.

- 문서 편집기

문서 편집기의 경우 가장 활용 빈도가 높으며 또한 지속적으로 사용해야 되는 특성상 2단계부터 단계적인 내용을 포함시키되 점차 이미지 및 표 등의 점차 복잡하고 다양한 기능을 추가하여 단계별 내용을 제시한다.

-스프레드시트 소프트웨어

복잡한 기능보다 간단한 수치 처리와 처리 결과를 다양하게 시각화하는 데 초점을 맞추었다.

-그래픽 편집 소프트웨어

기본적인 이미지를 직접 제작하고 다양한 부가 기능을 익힌다. 특히 제작한 이미지는 문서 편집기, 프레젠테이션 소프트웨어 등 다양한 매체에 이용될 수 있기 때문에 문서 편집기와 함께 2단계부터 학습하도록 하였다.

-프레젠테이션 소프트웨어

이미지, 사운드 등 다양한 자료를 활용하여 만드는 방법을 제시하고, 다른 응용 소프트웨어의 결과물을 활용할 수 있는 방법을 제시한다. 프레젠테이션 소프트웨어는 특성상 다른 매체 제작 소프트웨어의 결과물을 활용할 수 있기 때문에 다른 응용 소프트웨어보다 나중에 배울 수 있도록 하였다.

□ 멀티미디어 자료의 생성과 활용

기본적으로 사운드 및 동영상을 위주로 배운다. 다른 매체보다 제작 방법이 다양하고 복잡하기 때문에 중학교 이후에 배우도록 하였다. 사운드 및 동영상은 직접 제작하여 활용하기에 앞서 그 종류와 특성을 이해해야 하며 다양한 기본 원리를 먼저 학습하도록 하였다.

3 [정보 가공과 공유] 영역 단계별 학습 지도 내용

3.1 제1단계

목 표	○일상생활에서의 정보 교류의 필요성을 이해하고 다양한 정보 교류 방법을 이해할 수 있다. ○사이버 공간의 장점과 사이버 공간의 접속 및 사용방법을 익힐 수 있다.
주 제	활 동
생활과 정보교류	- 생활 주변에서 발견할 수 있는 정보 교류 방법을 제시할 수 있다. - 각 정보 교류 방법에 따른 장점과 단점을 비교할 수 있다. - 자신이 알고 있는 정보 교류 방법을 실생활에 활용할 수 있다.
사이버 공간과의 만남	- 사이버 공간과의 즐거운 만남을 경험할 수 있다. (예 : 인터넷의 애니메이션 동화, 동요 등) - 사이버 공간의 편리함과 장점을 제시할 수 있다. - 필요한 홈페이지에 접속할 수 있다.

3.2 제2단계

목 표	○사이버 공간에서의 정보 검색 방법을 익히고 필요한 정보를 수집할 수 있다. ○문서 편집기를 이용하여 필요한 문서를 작성할 수 있고, 그래픽 편집 프로그램을 이용하여 그림을 그릴 수 있다.
주 제	활 동
사이버 공간에서의 정보 검색과 수집	- 인터넷에서 정보를 찾는 다양한 방법을 알고 실제로 원하는 정보를 찾아볼 수 있다. - 검색 엔진의 종류와 사용 방법을 익힐 수 있다. - 학습에 필요한 자료를 검색 엔진을 이용하여 검색할 수 있다. - 웹 전자 게시판에 바른 표현으로 글을 쓸 수 있다. - 전자우편의 의미를 이해하고 사용할 수 있다.
문서 편집과 그림 작성	- 문서 편집 기능을 이용하여 필요한 문서를 작성할 수 있다. - 다양한 종류의 개체나 표를 삽입해 문서를 작성할 수 있다. - 작성된 문서를 파일로 관리하고 출력하여 학습 활동에 활용할 수 있다. - 그래픽 편집 프로그램을 이용하여 그림을 그릴 수 있다.

3.3 제3단계

목 표	○ 사이버 공간을 생성하고 관리할 수 있으며, 필요한 경우 사이버 공간에서 협동작업을 수행할 수 있다. ○ 스프레드시트 소프트웨어를 이용하여 수치 자료를 처리하고 또한 그래프 형태로 시각화할 수 있다. ○ 프레젠테이션 소프트웨어를 이용하여 발표용 문서를 제작하고 편집하는 방법을 익히며 활용할 수 있다.
주 제	활 동
사이버 공간 생성, 관리 및 교류	- 사이버 공간에서의 활동에 대해 이해할 수 있다. - 사이버 공간에서 유용한 정보를 공유하는 방법에 대해 설명할 수 있다. - 블로그와 미니홈피 등 사이버 공간을 생성하고 관리할 수 있다. - 모둠별 과제 수행, 전문가와의 만남 및 모둠별 발표 과제 공유 등 사이버 공간을 통해 다양한 협동 프로젝트 학습을 수행할 수 있다.
수치 자료 처리	- 수치 자료를 입력하고 수식을 이용하여 생활에 필요한 자료를 만들 수 있다. - 수치 자료를 여러 가지 형태의 그래프로 시각화할 수 있다. - 수치 자료에 여러 가지 함수를 적용하여 분석할 수 있다. - 수치 자료를 정렬하고 다양한 방법으로 필터링할 수 있다.
발표용 문서 작성	- 쉽고 편리하게 발표용 문서를 만드는 방법을 알고 활용할 수 있다. - 여러 가지 개체를 이용하여 발표용 문서를 제작할 수 있다. - 애니메이션과 하이퍼링크를 이용하여 발표용 문서를 제작할 수 있다. - 주제를 정하여 발표용 문서를 제작하고 바른 자세로 발표할 수 있다.

3.4 제4단계

목 표	○ 정보 공유 및 협력의 방법을 이해하고 일상생활의 활동에 적용할 수 있다. ○ 안전하고 정확한 정보의 교류를 위해 환경을 설정하고 필요한 경우 변경할 수 있다. ○ 웹 문서의 동작원리를 이해하며 태그나 웹 문서 편집기를 이용하여 간단한 웹 문서를 제작하고 편집할 수 있다. ○ 소리와 그래픽 등 멀티미디어 자료를 생성하고 편집할 수 있으며 이를 활용할 수 있다.
주 제	활 동
정보 공유 및 협력	- 인터넷의 정보 공유 및 협력을 이해할 수 있다. - FTP와 웹 게시판 등을 이용하여 정보 공유의 방법을 이해하고 실제 활동에 적용할 수 있다. - 정보 공유의 한계 및 제한점에 대해 설명할 수 있다. - 정보의 공유를 통해 친구와 전문가 등과 협동 작업을 할 수 있다.

정보 교류 환경의 설정	- 정보를 안전하고 정확하게 전달하는 환경에 대해 설명할 수 있다. - 정보 전달의 제한점과 환경 설정의 필요성을 이해할 수 있다. - 전자우편, 웹 브라우저 등의 환경 설정을 바꿀 수 있다. - 환경 설정의 오류를 찾아 수정할 수 있다.
웹 문서 제작	- 웹 문서의 동작 원리와 여러 가지 제작 방법을 이해할 수 있다. - 간단한 태그를 활용하여 웹 문서를 작성할 수 있다. - 웹 편집 프로그램을 이용하여 웹 문서를 작성할 수 있다.
멀티미디어 자료의 활용	- 소리 자료의 형식을 알고 수정, 편집, 가공할 수 있다. - 그래픽 편집 프로그램을 이용하여 이미지를 제작할 수 있다. - 그래픽 편집 프로그램을 이용하여 이미지에 다양한 방법으로 변화를 주고 출력할 수 있다.

3.5 제5단계

목 표	○ 간단한 동영상과 애니메이션을 제작하고 이를 활용할 수 있다. ○ 자신에게 필요한 웹 사이트를 제작하고 운영할 수 있다.
주 제	활 동
멀티미디어 자료의 가공	- 간단한 동영상을 제작할 수 있다. - 동영상과 애니메이션 자료를 수정, 편집, 가공하는 방법을 익힐 수 있다. - 멀티미디어 자료를 이용하여 자신의 생각을 표현할 수 있다.
웹 사이트 운영 및 관리	- 좋은 웹 사이트의 기준을 선별할 수 있다. - 기존 웹 사이트의 구성을 이해하고, 평가할 수 있다. - 자신에게 필요한 웹 사이트를 구축할 수 있다. - 자신의 웹 사이트를 운영하고 관리할 수 있다.

4 [정보 가공과 공유] 영역 지도의 실제

4.1 1단계(예시 : 2학년 - 사이버 공간 접속)

4.1.1 단원의 개관

본 단원에서는 정보의 정의를 익히며 정보의 중요성을 인식한다. 또한

일상 생활에서 발생하는 다양한 정보 교류 활동을 익힌다. 정보사회의 특징을 이해하며 정보 사회의 중요한 특징인 사이버 공간에서의 교류를 이해하여 사이버 공간에서의 만남에 대한 다양한 편리성과 장점을 이해한다.

4.1.2 단원의 학습 계열

선수 학습 요소	본시 학습 요소	후속 학습 요소
• 사이버 공간의 특징 및 장점 이해	• 웹 브라우저의 기본 기능 익히기	• 홈페이지 접속

4.1.3 단원의 목표

- 정보의 필요성과 중요성을 이해한다.
- 정보 교류의 필요성을 인식한다.
- 정보의 다양한 교류 방법을 익힌다.
- 사이버 공간의 장점과 접속 방법을 익힌다.

4.1.4 단원의 지도 계획

차시	단계	학습 활동	비고
1	계획하기	• 정보의 중요성을 이해하기 • 사이버 공간의 장점을 이해하기	
2~4	실행하기	[활동 1] 정보의 교류 -정보의 정의 이해 -정보의 중요성 이해	
		[활동 2] 사이버 공간의 이해 -사이버 공간의 이해 -사이버 공간의 장점 이해	
		[활동 3] 사이버 공간의 접속 -웹 브라우저의 기본적인 사용 방법 숙지 -홈페이지 접속	본시학습
5	서로 나누기	-사이버 공간의 장점과 단점 확인 -웹 브라우저의 기본 기능대해서 토의	

4.1.5 지도상의 유의점

- 데이터와 정보의 차이점을 깨닫게 한다.
- 사이버 공간도 현실 공간의 일부임을 깨닫게 한다.
- 사이버 공간에서의 만남의 장점과 단점을 깨닫게 한다.

4.1.6 단원 평가 계획

평가 관점	평가 방법	평가 척도
일상 생활에서의 다양한 정보 교류 방법을 얼마나 제시할 수 있는가?	지필	상,중,하
각각의 정보 교류 방법에 대한 장점과 단점을 제시할 수 있는가?	지필	상,중,하
사이버 공간의 편리함과 장점을 제시할 수 있는가?	지필	상,중,하
필요한 홈페이지에 접속할 수 있는가?	실습	2단계

컴퓨터과 교수법 및 교재연구

4.1.7 본시 교수-학습 과정안

일 시		대 상	2학년	장 소	컴퓨터실
단 원	사이버 공간과의 만남			차 시	4/5 차시
학습주제	사이버 공간에서의 정보 교류			교과서쪽	
학습 목표	가. 일상생활에서의 다양한 정보교류방법을 살펴본다. 나. 사이버 공간의 장점을 이해한다. 다. 사이버 공간으로 접근하여 글을 읽는다.				
준비	교사	다양한 사이버 공간의 접속 방법 숙지			
	학생	사이버 공간의 장점 이해			
단 계	교수-학습 활동				자료 및 유의점
도 입	■ 동기유발 • 일상생활에서의 정보 교류와 통신하기 위해서 어떠한 매체를 사용하는가를 토론한다. - 정보 전달 매체의 장점과 단점을 비교해 본다. • 컴퓨터를 이용한 정보 전달의 장점을 이해한다. ■ 학습 목표 확인 • 일상생활에서 사용하는 다양한 정보 교류 방법을 이해하고 사이버 공간에서의 정보 교류의 특징을 이해한다.				• 프레젠테이션 소프트웨어를 이용하여 발표문서 사전 제작 • 우리가 생각하는 것보다 많은 통신 매체가 있음을 주지시킨다.

전 개	■ 사이버 공간으로의 접근
	• 사이버 공간으로 접근하는 방법 학습
	  -웹 사이트
	  -FTP
	  -Telnet
	■ 다양한 사이버 공간에서의 다양한 활동
	• 웹사이트
	  - 글 읽기, 글 올리기, 자료 내려받기
	• FTP
	  - 자료 송·수신
	• Telnet
	  -원격 접속과 해제
					• 주로 교사에 의해 보여주기 위주로 진행하되, 한글 주소로 접속할 수 있는 사이트로 접속하여 진행한다.

정 리	■ 학습 정리 • 일상생활에서 이용한 정보 전달 매체는 어떤 것들이 있는가? • 사이버 공간의 장점을 이해한다. • 사이버 공간에서 할 수 있는 활동을 정리한다.				

4.1.8 학습 자료의 예

 과거부터 현재까지 다양한 통신 수단이 사용되었다. 다음의 각각 통신 수단에 대해서 그 특징을 서술하시오.

통신 수단	특징

4.1.9 수행 평가

수행평가 내용 및 기준안 예

주제	사이버 공간 접속	교과서 (쪽수)		영역	정보 가공과 공유	학년	2학년
학업성취 목표	[지식] • 일상생활에서의 다양한 정보교류방법을 살펴본다. • 사이버 공간의 장점을 이해한다. [기능] • 사이버 공간으로 접근하여 글을 읽는다. [가치 및 태도] • 사이버 공간에서 지켜야 할 예절을 이해하고 실천한다. • 정보 교류의 중요성을 이해하며, 잘못된 정보의 결과를 이해한다.							
평가 과제	○ 사이버 공간의 장점 말하기 ○ 웹 사이트에 접속하여 글 읽고 쓰기						
평가 방법	○ 사이버 공간의 장점 말하기(발표) ○ 웹 사이트에 접속하여 글 읽고 쓰기(관찰)				평가 도구 및 준비물			체크리스트
평가 유형	○ 발표 및 관찰							
평가 상의 유의점	○ 웹 사이트에 접속 시 한글 사이트로 접속하게 한다. ○ 웹 브라우저의 사용 방법 숙지를 먼저 확인한다.						

평가 항목 및 척도		
평가 항목 (문항)	평가척도	배점
사이버 공간의 장점을 알고 있는 가?	시간과 공간 측면에서의 장점을 말한다.	상
	좋다는 것만 안다.	중
	잘 모른다.	하
웹 사이트에 접속하여 글을 읽고 쓸 수 있는가?	접속하여 글을 읽고 쓴다.	상
	글을 읽지만 쓰지 못한다.	중
	접속이 서툴다.	하

수행 평가 체크 리스트 예

1단계(2학년)		학반	번호	이름	
학습 주제	사이버 공간 접속	2학년 반			

영역	평가 항목	날짜	확인	평가			비고
				상	중	하	
정보 가공과 공유	1. 정보 교류의 중요성을 안다.						
	2. 정보 전달 매체의 다양성을 안다.						
	3. 사이버 공간의 장점을 말한다.						6~7개(상) 3~5개(중) 0~2개(하)
	4. 기본적인 웹 브라우저 사용법을 안다.						
	5. 웹 사이트에 접속할 수 있다.						
	6. 웹 사이트에서 글을 읽을 수 있다.						
	7. 웹 사이트에서 글을 쓸 수 있다.						

컴퓨터과 교수법 및 교재연구

정보 가공과 공유	**학 습 지**	학년 반 번
1단계(2학년)		이름 :
학습 주제	정보의 교류의 다양한 방법 이해	

♣ 정보를 전달할 수 있는 다양한 수단을 살펴봅시다. 또한 각 정보 전달 수단의 장점과 단점을 표현해 봅시다.

얼마나 잘 했나요?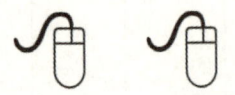

4.2. 2단계(예시 : 4학년 - 정보 검색)

4.2.1 단원의 개관

본 단원에서는 사이버 공간에서의 정보 검색과 수집을 다룬다. 도서관을 이용하거나 신문 등에서 정보를 찾는 것보다 사이버 공간에서의 정보 검색이 훨씬 빠르다는 것을 학습한다. 구체적으로 다양한 정보 검색 엔진의 종류를 살펴보고 또한 검색엔진을 통해서 정보를 검색하는 방법을 익힌다.

4.2.2 단원의 학습 계열 내용 체계

선수 학습 요소	본시 학습 요소	후속 학습 요소
• 사이버 공간의 이해	• 검색 엔진의 사용법 익히기	• 다양한 정보 검색 실습

4.2.3 단원의 목표

- 사이버 공간을 통한 정보 검색의 특징과 장점을 이해한다.
- 다양한 검색엔진의 종류를 살펴보며 그 사용방법을 익힌다.
- 검색엔진을 이용하여 필요한 정보를 검색한다.

컴퓨터과 교수법 및 교재연구

4.2.4 단원 지도 계획

차시	단계	학습 활동	비고
1	계획하기	• 검색 엔진의 필요성 이해하기 • 각자 사이버 상에서 찾고 싶은 검색 문제 선정하기	

2~4	실행하기	[활동 1] 사이버 공간의 이해
		  - 사이버 공간의 특징
		  - 사이버 공간의 장점과 단점	

2~4	실행하기	[활동 2] 검색 엔진의 사용법
		  - 검색 엔진의 종류
		  - 검색 엔진의 사용법
			본시학습

2~4	실행하기	[활동 3] 정보 검색 실습 - 다양한 정보의 수집과 선별	
5	서로 나누기	• 검색엔진마다 서로 다른 검색결과를 보여줄 수 있음을 알자. • 검색엔진의 대표적인 검색방식에 대해 서로 논의하자.	

4.2.5 지도상의 유의점

- 다양한 검색엔진이 존재하며, 각 검색엔진의 검색방법도 다양함을 주지시킨다.
- 검색 엔진을 통해 수집한 정보가 틀릴 수 있음을 주지시키며, 정보는 정확성과 더불어 시기 적절성이 매우 중요함을 강조한다.
- 다양한 검색 문제를 제시하여 정보 검색 능력을 향상시킨다.

4.2.6 단원 평가 계획

평가 관점	평가 방법	평가 척도
사이버 공간의 특징과 그 장점과 단점을 기술하시오	지필	상,중,하
검색엔진의 종류와 그 사용법을 이해하는가?	지필	상,중,하
검색엔진을 이용하여 다양한 정보를 수집할 수 있는가?	실습	상,중,하

4.2.7 본시 교수-학습 과정안

일 시		대 상	4학년	장 소	컴퓨터실
단 원	사이버 공간에서의 정보 검색			차 시	3/5 차시
학습주제	정보 검색과 수집			교과서쪽	
학습 목표	가. 사이버 공간에서의 정보 검색의 장점을 이해한다. 나. 다양한 정보 검색 엔진의 종류를 이해한다. 다. 다양한 정보 검색 방법을 학습한다.				
단 계	교수-학습 활동				자료 및 유의점

도 입	■ 동기유발
	• 인쇄매체를 이용할 때의 불편함을 토론한다.
	  - 시간 측면
	  - 검색 결과 측면
	• 사이버 공간에서의 정보 검색의 장점을 이해한다.
	■ 학습 목표 확인
	• 사이버 공간에서의 정보 검색 방법을 이해하여 실생활에서 필요한 정보를 수집한다.
					• 오프라인에서 정보검색의 문제점을 부각시킨다.

전 개	■ 정보 검색 엔진의 종류
	• 다양한 정보 검색 엔진의 종류와 특징을 이해한다.
	  -Edunet 등
	■ 정보 검색 엔진의 사용 방법
	• 다양한 정보 검색 엔진의 사용 방법을 익힌다.
	  - 주제어 방식
	  - 카테고리 방식
	■ 정보 검색 과제 해결
	• 다양한 정보 검색 문제를 해결한다.
	• 검색 결과를 서로 비교한다.
	• 다양한 검색엔진의 특징을 서로 토의한다.
					• 사이버 공간에서의 정보검색의 장점을 주지시킨다.
					• 사이버 공간에서의 정보 검색 결과가 항상 정확하지 않을 수 있음을 주지시킨다.
					• 정보 검색 실습을 위하여 다양한 예제를 준비한다.

정 리	■ 학습 정리 • 가상공간에서의 정보 검색의 장점은 무엇인가? • 정보 검색 엔진의 종류는 크게 어떻게 분류되는가? • 정보 검색 엔진의 사용 방법을 이해한다.				

컴퓨터과 교수법 및 교재연구

4.2.8 학습 자료의 예

 정보검색 엔진은 다양한 정보를 가상공간에서 쉽게 찾을 수 있는 수단이다. 다음 검색방법의 특징을 기술하시오.

1. 주제어 방식
   ①
   ②
   ③

2. 카테고리 방식
   ①
   ②
   ③

3. 다음 문제를 정보 검색을 통하여 답하시오.

문제	정답
경기도에서 가장 높은 산은?	
아이슬랜드의 수도는 어디인가?	
우리나라에서 5번째로 면적이 넓은 섬은?	
스리랑카의 화폐 단위는?	
인도의 역대 노벨상 수상자는 각각 누구인가?	

4.2.9 수행 평가의 예

수행평가 내용 및 기준안 예

주제	사이버 공간에서의 정보 검색	교과서 (쪽수)		영역	정보 가공과 공유	학년	4학년
학업 성취 목표	[지식] • 사이버 공간에서의 정보 검색의 장점을 이해한다. 　　　• 다양한 정보 검색 엔진의 종류를 이해한다. [기능] • 다양한 정보 검색 방법을 학습한다. [가치 및 태도] • 친구들과 협력하여 문제를 해결하는 방법을 배운다.						
평 가 과 제	○ 사이버 공간에서의 정보 검색의 장점 말하기 ○ 정보 검색 방법의 종류와 이해 ○ 다양한 정보 검색 문제 해결						
평 가 방 법	○ 사이버 공간에서의 정보 검색의 장점(발표) ○ 정보 검색 방법의 종류와 이해(발표) ○ 정보 검색 문제(과제 부여)			평가도구 및 준비물			○ 체크리스트	
평 가 유 형	○ 발표 및 과제 부여						
평가상의 유의점	○ 사이버 공간에서의 정보 검색의 장점과 오프라인 상에서의 정보 검색의 단점을 연결시킨다. ○ 다양한 분야의 정보 검색 문제를 제시한다.						
평가 항목 및 척도							
평가 항목(문항)		평 가 척 도					배 점	
사이버 공간에서의 정보 검색의 장점을 아는가?		검색 시간과 분량 측면에서 발표한다.					상	
^		막연히 안다.					중	
^		잘 모른다.					하	
사이버 공간에서의 정보 검색 방법의 종류를 아는가?		두 가지 종류와 차이점을 안다.					상	
^		두 가지 방법 중 하나만 안다.					중	
^		잘 모른다.					하	
5개 이상의 다양한 정보 검색 문제를 제시한다.		4개 이상 해결한다.					상	
^		2~3개 해결한다.					중	
^		1개 이하로 해결한다.					하	

수행평가 체크 리스트의 예

2단계(4학년)		학반	번호	이름			
학습 주제	사이버 공간에서의 정보 검색	4학년 반					
영역	평가 항목	날짜	확인	평가			비고
				상	중	하	
정보 가공과 공유	1. 사이버 공간에서의 정보 검색의 장점을 이해한다.						6~8개(상) 3~5개(중) 0~2개(하)
	2. 정보 검색 엔진의 종류는 무엇인가?						
	3. 검색 엔진의 기본적인 사용 방법을 이해한다.						
	4. 자연 분야의 정보 검색 문제 해결						
	5. 사회 분야의 정보 검색 문제 해결						
	6. 예술 분야의 정보 검색 문제 해결						
	7. 스포츠 분야의 정보 검색 문제 해결						
	8. 교육 분야의 정보 검색 문제 해결						

정보 가공과 공유 2단계(4학년)	학 습 지	학년　반　번 이름 :
학습 주제	사이버 상에서의 정보 검색	

♣ 다음과 같은 정보 검색 방법의 장점과 단점을 설명하세요

　1) 도서관을 직접 방문하거나, 책이나 잡지를 읽어 검색하는 방법

　2) 친한 친구에게 전화해서 알아내는 방법

　3) 정보 검색 엔진을 이용하여 사이버 공간에서 검색하는 방법

♣ 정보 검색 엔진의 정보 검색 방법으로 가장 많이 사용되는 주제어 방식과 카테고리 방식을 비교설명하세요

얼마나 잘 했나요?

컴퓨터과 교수법 및 교재연구

4.3. 3단계 (예시 : 6학년 – 발표용 문서)

4.3.1 단원의 개관

발표용 문서는 학습 활동뿐만 아니라 일상생활에서도 다양하게 활용된다. 본 단원에서는 쉽고 편리하게 발표용 문서를 만드는 방법을 익힌다. 기본적인 슬라이드 작성 방법을 익히고 또한 여러 가지 개체를 이용하여 만드는 방법을 익힌다. 또한 애니메이션 기능과 하이퍼링크를 이용하여 발표용 문서를 제작하는 방법도 익힌다.

4.3.2 단원의 학습 계열

선수 학습 요소	본시 학습 요소	후속 학습 요소
• 이미지 자료의 생성과 편집하기	• 발표용 문서의 생성과 편집하기	• 발표용 문서를 활용하기

4.3.3 단원의 목표

- 발표용 문서의 기본적인 슬라이드 작성 방법을 익힌다.
- 여러 가지 개체를 이용하여 슬라이드를 만드는 방법을 익힌다.
- 애니메이션 기능과 하이퍼링크 추가 방법을 익힌다.
- 특정한 주제를 정하여 발표용 문서를 제작하여 발표한다.

4.3.4 단원의 지도 계획

차시	단계	학습 활동	비고
1	계획하기	• 발표용 문서에 들어갈 수 있는 개체 (멀티미디어 요소) 이해하기 • 발표용 문서를 이용하여 발표하고 싶은 주제 선정하기	
2~5	실습하기	[활동 1] 발표용 문서의 제작 기본 - 발표용 문서의 생성과 저장 - 슬라이드의 종류와 제작	
		[활동 2] 개체 삽입 I - 머리글, 바닥글, 번호 삽입 - 그림, 표, 도형 및 클립아트 삽입	본시학습
		[활동 3] 개체 삽입 II - 차트, 사운드 및 동영상 삽입 - 애니메이션 및 슬라이드 쇼 기능	
		[활동 4] 발표용 문서의 활용 - 발표용 문서의 활용과 발표 연습	
6	서로 나누기	- 발표용 문서에 다양한 개체를 삽입하는 방법을 서로 공유하자. - 하나의 주제를 정해 여럿이 한 모둠을 구성하여 발표용 문서를 이용하여 서로 발표하자.	

4.3.5 지도상의 유의점

- 발표용 문서 제작을 위해 다른 응용 소프트웨어에서 이미 작성한 개체를 삽입하여 작성할 수 있음을 주지시킨다.
- 발표 용도에 따라 다양한 슬라이드 작성이 필요함을 주지시킨다.
- 애니메이션 기능을 남용하는 경우 발표 내용 전달에 혼란을 미칠 수 있음을 주지시킨다.
- 발표용 문서 제작은 기존의 문서편집기와 웹문서 편집기를 이용하는 경우도 있음을 알려준다.

4.3.6 단원 평가 계획

평가 관점	평가 방법	평가 척도
기본적인 슬라이드를 이용하여 발표용 문서를 제작할 수 있는가?	실습	2단계
발표용 문서에 행과 열을 설정하여 표를 삽입할 수 있는가?	실습	2단계
발표용 문서에 그림 파일을 삽입할 수 있는가?	실습	2단계
발표용 문서에 도형을 삽입할 수 있는가?	실습	2단계
발표용 문서에 클립아트를 삽입할 수 있는가?	실습	2단계

4.3.7 본시 교수-학습 과정안

일 시		대 상	6학년	장 소	컴퓨터실
단 원	발표용 문서 제작			차 시	3/6 차시
학습주제	발표용 문서를 제작하고 편집한다.			교과서쪽	
학습 목표	가. 기본적인 발표용 문서를 제작할 수 있다. 나. 발표용 문서에 다양한 개체를 삽입하는 방법을 배운다.				
단 계	교수-학습 활동			자료 및 유의점	
도 입	■ 동기유발 • 전시 학습 내용 확인 　- 기본 슬라이드 작성 　- 저장 및 종료 • 발표용 문서의 특징 이해 ■ 학습 목표 확인 • 발표용 문서를 다양한 개체를 이용하여 직접 제작하고 활용한다.			• 발표 목적에 따라 다양한 슬라이드를 활용할 수 있음을 알려준다.	
전 개	■ 표 삽입 • 행과 열을 설정한다. • 셀에 다양한 부가 기능을 삽입한다. ■ 그림 삽입 • 그림 파일을 삽입한다. • 도형을 삽입한다. • 클립아트를 삽입한다. ■ 발표용 문서 제작 • 다양한 주제를 설정하여 간단한 문서를 만든다. • 표와 그림을 삽입하여 다양한 문서를 제작한다. • 표와 그림을 다양하게 편집하는 기능을 익힌다.			• 개체 삽입의 장점을 설명하고, 또한 부가 기능을 통하여 다양한 문서를 제작하는 방법을 알려준다.	
정 리	■ 학습 정리 • 발표용 문서에 삽입할 수 있는 개체의 종류는 무엇인가? • 표와 그림을 삽입하여 편집하는 방법을 익히자. • 표와 그림을 이용하여 다양한 발표용 문서를 제작하자.				

4.3.8 학습 자료의 예

 발표용 문서에 다음과 같이 표, 그림, 도형 및 클립아트를 삽입하는 방법을 설명하고 직접 제작해 보시오.

삽입 스타일	방법 및 실습

컴퓨터과 교수법 및 교재연구

4.3.9 수행 평가

수행평가 내용 및 기준안 예

주제	발표용 문서 제작	교과서 (쪽수)		영역	정보 가공과 공유	학년	6학년
학업 성취 목표	[지식] • 발표용 문서에 삽입할 수 있는 다양한 개체의 특성을 이해한다. [기능] • 기본적인 발표용 문서를 제작할 수 있다. • 발표용 문서에 다양한 개체를 삽입하는 방법을 배운다. [가치 및 태도] • 발표용 문서를 이용하여 발표할 때 지켜야 할 예절을 배운다. • 동료 학생이 발표할 때 경청하는 태도를 배운다.						
평가 과제	○ 간단한 슬라이드 작성하여 저장 및 종료할 수 있다. ○ 표를 삽입하여 발표용 문서를 작성할 수 있다. ○ 그림 파일, 도형 및 클립아트를 삽입하여 발표용 문서를 작성할 수 있다.						
평가 방법	○ 간단한 슬라이드 작성, 저장 및 종료(관찰 및 과제 부여) ○ 표를 삽입하여 발표용 문서 작성(관찰 및 과제 부여) ○ 그림 파일, 도형 및 클립아트를 삽입하여 문서 작성 (관찰 및 과제 부여)				평가도구 및 준비물	체크리스트	
평가 유형	○ 관찰 및 과제 부여						
평가상의 유의점	○ 표를 작성할 때 행과 열의 구분, 행과 열의 병합 및 분할을 제대로 할 수 있는가를 평가한다. ○ 도형의 경우 직선, 삼각형, 사각형 및 원 등을 다양하게 표현할 줄 아는가를 평가한다.						

평가 항목 및 척도

평가 항목(문항)	평가 척도	배점
기본적인 슬라이드를 선택하여 작성한 후, 저장과 종료를 할 수 있는가?	슬라이드 작성, 저장 및 종료를 잘한다.	상
	슬라이드 작성은 하나 저장 및 종료를 못한다.	중
	전체적으로 못한다.	하
표의 기본 기능과 부가기능을 이용하여 표를 삽입할 수 있는가?	두 기능을 모두 잘한다.	상
	기본기능만 한다.	중
	둘 다 못한다.	하
그림 파일을 삽입할 수 있는가?	할 수 있다.	상
	서투르다	중
	모른다.	하
도형 및 클립아트를 삽입할 수 있는가?	둘 다 잘 한다.	상
	하나만 한다.	중
	둘 다 서툴다	하

수행 평가 체크 리스트 예

3단계(6학년)			학반	번호	이름	
학습 주제	발표용 문서 제작		6학년 반			
영역	평가 항목	날짜	확인	평가 상 | 중 | 하		비고
정보 가공과 공유	1. 간단한 슬라이드를 작성하는가?					
	2. 발표용 문서를 저장하고 종료할 수 있는가?					
	3. 표를 삽입할 수 있는가?					
	4. 표의 셀에 다양한 부가 기능을 삽입할 수 있는가?					6~7개(상) 3~5개(중) 0~2개(하)
	5. 그림 파일을 삽입할 수 있는가?					
	6. 도형을 삽입할 수 있는가?					
	7. 클립아트를 삽입할 수 있는가?					

컴퓨터과 교수법 및 교재연구

정보 가공과 공유 3단계(6학년)	학 습 지	학년 반 번 이름 :
학습 주제	발표용 문서의 제작과 활용	

♣ 발표용 문서에 삽입할 수 있는 개체의 종류를 기술하고 각 개체의 삽입 방법을 설명하세요.

♣ 표를 만들어 셀의 테두리 두께 변경, 셀의 배경색 지정, 셀 병합, 셀 분리 등 다양한 기능을 실습해 보세요.

♣ 여러 학생이 모둠을 만들어 특정한 주제에 대해 발표용 문서를 제작하여 실제로 발표를 해보세요.

얼마나 잘 했나요?

제9장 정보가공과 공유 영역 지도의 실제

요 점 정 리

1. 본 단원에서는 새로이 고시된 ICT 교육 운영지침의 5영역 중의 하나인 "정보 가공과 공유" 영역에 대해서 교육과정 해설, 영역별 지식 체계, 학습지도 내용, 교재연구 및 학습지도의 예, 수준별 과제 및 수행평가의 예를 제시하였다.

2. "정보 가공과 공유" 영역은 컴퓨터 활용 방법과 사이버 공간에서의 정보 전달 및 교류 방법을 이해함으로써 사이버 공간을 직접 만들고 관리하는 방법을 익히도록 하며 사이버 공간에서 표현되는 자료의 제작과 그 제한점을 이해하도록 한다.

3. "정보 가공과 공유" 영역은 1단계부터 5단계까지 다음의 내용으로 구성된다.

단계 영역	제1단계	제2단계	제3단계	제4단계	제5단계
정보 가공과 공유	• 생활과 정보 교류 • 사이버 공간과의 만남	• 사이버 공간에서의 정보 검색과 수집 • 문서 편집과 그림 작성	• 사이버 공간 생성, 관리 및 교류 • 수치 자료 처리 • 발표용 문서 작성	• 정보 공유 및 협력 • 정보 교류 환경의 설정 • 웹 문서 제작 • 멀티미디어 자료의 활용	• 멀티미디어 자료의 가공 • 웹 사이트 운영 및 관리

4. "정보 가공과 공유"의 학습 목표, 학습 내용 및 학습 평가에 있어서 응용 소프트웨어의 사용법에 기초한 활용위주로 치우치지 말아야 하며 소양교육도 같이 병행을 해야 한다.

5. 학습 주제는 실생활과 관련이 있는 내용을 중심으로 작성을 하되, 지역의 특성, 학교의 실정 및 학생의 흥미나 수준을 반영하여 다양하게 구성한다.

컴퓨터과 교수법 및 교재연구

연 습 문 제

1 "정보 가공과 공유" 분야의 목표를 기술하시오.

2 "정보 가공과 공유" 분야에서 학생의 흥미와 수준을 고려한 다양한 교수-학습 지도안을 작성하시오.

3 "정보 가공과 공유" 분야에서 실생활에 연관된 다양한 학습 주제를 선정하시오.

4 "정보 가공과 공유" 분야를 다양하게 평가할 수 있는 방법을 제안하시오.

참고문헌

교육인적자원부(2000). 초.중등학교 정보통신기술교육 운영지침 해설서. 교육인적자원부.

김미량 외(2003). **컴퓨터교과 교재 연구**. 교육과학사.

전우천(2006). ICT교육운영지침해설. 한국정보교육학회 하계 학술발표대회 주제발표 자료집.

한국교육학술정보원(2005). 초·중등학교 정보통신기술 교육 운영지침 개정(안). 연구보고서.

한국정보교육학회 컴퓨터교재개발분과위원회(2004). **컴퓨터과 교수법 및 교재 연구**. 생능출판사.

Chapter 10 종합 활동 영역 지도의 실제

본 단원에서는 개정된 ICT 교육 운영지침에 의해 고시된 ICT 소양 교육내용 체계 중에서 '종합 활동' 영역에 대한 교육과정 해설, 영역별 지식 체계, 학습 지도 내용, 교재 연구 및 학습 지도의 예, 수행평가의 예를 소개한다.

학습목표 >>>
- '종합 활동' 영역의 지식체계를 이해할 수 있다.
- '종합 활동' 영역의 단계별 학습지도 내용을 이해하고, 주제에 맞는 활동 내용을 설계할 수 있다.
- '종합 활동' 영역의 학습 주제에 맞는 교수·학습 과정안을 작성할 수 있다.
- '종합 활동' 영역의 수행평가 과정을 알고, 평가 사례를 제작할 수 있다.

1 [종합 활동] 영역 교육과정 해설

2001년부터 단계적으로 시행하였던 정보통신기술소양 교육은 컴퓨터 및 인터넷 보급의 일반화와 학습 환경의 변화에 따라 그 내용의 변화 요구, 국가·사회적 요구 증대 등으로 단계별 내용의 수정·보완의 필요성이 대두되었다. 이에 현행 운영지침의 중점에 대한 기조를 유지하면서 소양 교육 내 컴퓨터 과학 요소 및 정보통신윤리 분야를 강조하고 소양 교육과 교과 활용 교육 간의 연계를 통해 효과적으로 교육 목표를 달성할 수 있는 개정안이 마련되었다.

새로운 정보통신기술 교육은 '정보 사회와 생활' '정보 기기의 이해', '정

컴퓨터과 교수법 및 교재연구

보 처리의 이해', '정보 가공과 공유', '종합 활동'의 5개의 영역으로 구성되었고 각각의 영역의 내용은 학생의 능력 수준에 따라 적절하게 적용할 수 있도록 5단계로 나누어 제시하고 있다.

이 중에서 '종합 활동' 영역은 일상 및 교과 활동에서 정보통신기술의 원리 이해, 정보통신기술의 활용, 정보 사회로의 참여가 함께 이루어질 수 있는 자기주도적 과제나 팀 프로젝트를 통해 창의력, 문제 해결력, 논리적 사고력과 같은 고등 사고력을 신장하는 데에 궁극적 목표를 두고 있다. 정보통신기술의 활용능력으로서 정보처리 능력은 컴퓨터를 활용하여 정보의 수집, 분석과 처리, 가공과 공유의 과정을 효율적으로 수행할 수 있어야 한다. 정보처리 능력은 컴퓨터교과에서 목표로 하는 정보통신기술에 관한 지식, 이해, 태도 영역이 종합적으로 형성될 때 바람직하게 길러졌다고 할 수 있다. 그러한 관점에서 '종합 활동'은 선행하여 배운 학습내용들을 기초로 정보처리과정을 종합적으로 경험하도록 함으로써 컴퓨터 교과에서 학습한 내용을 능숙하게 활용할 수 있는 능력을 배양하는 것이 목표이다.

〈표 10-1〉 '종합 활동' 영역 단계별 내용 체계

영역\단계	1단계	2단계	3단계	4단계	5단계
종합 활동	정보 사회에 대한 올바른 인식과 이해	문제해결을 위한 정보의 수집 생성 및 보호	책임 있는 협력 활동을 통한 문제 해결	다양한 멀티미디어 정보를 활용한 정보 교류	사이버 공간에서의 올바른 정보 공유

2 [종합 활동] 영역 지식 체계

'종합 활동'은 '정보 사회와 생활', '정보 기기의 이해', '정보 처리의 이해', '정보 가공과 공유' 등의 각 영역의 내용을 학습하고 이해한 후 이를 종합적으로 적용하여 여러 가지 다양한 문제들을 정보처리 순환 모형(수집, 분석과 처리, 가공과 공유)에 따라 해결해 보는 영역이다. 그러므로 모둠별 과제 활동이나 여러 가지 기능을 사용한 발표 자료 등을 제시하여 종합적인 사고와 기능을 습득할 수 있도록 구성하고 있으며, 1단계에서는 컴퓨터의 다양한 개념과 기능을 익히는 활동의 비중이 작기 때문에 정보 사회에서의 윤리와 예절에 관한 내용을 중심으로 '종합 활동'을 실시하도록 하고 있다.

저학년의 경우, 다양한 놀이 활동을 통하여 각 영역에서 익힌 개념들과 활동을 포괄적으로 수행하며 학년과 단계가 올라가면서 협력을 통한 과제 수행, 토론과 발표 등의 다양한 수단을 고려하여 '종합 활동'을 실시하도록 한다.

3 [종합 활동] 영역의 단계별 학습지도 내용

3.1 1단계: 정보 사회에 대한 올바른 인식과 이해

목 표	○ 학교생활 적응기에 있는 학습자들이 주변 환경과 정보 사회의 특징을 구체적인 사례를 통하여 이해하고 적응해 갈 수 있다. ○ 정보통신기술 기초 교육에서 중요시되는 참된 인성과 바람직한 활용 태도를 기를 수 있다.
주 제	활 동
• 학교나 가정에서 쉽게 접할 수 있는 정보 기기가 무엇인지 설명하기	- 주변에서 접하게 되는 정보 기기들의 종류와 쓰임 알기 - 미래에 생겨날 정보 기기들을 상상해서 표현하기
• 컴퓨터실 나들이하기	- 학교 컴퓨터 실습실 방문하기 - 컴퓨터 실습실 활용 방법과 바람직한 컴퓨터 사용법 익히기 - 학교 컴퓨터 실습실의 올바른 이용태도 기르기
• 아나운서가 되어 주변 소식을 올바른 언어로 다른 친구에게 전달하기	- 언어가 다른 사람에게 미치는 영향 경험하기 - 정보를 정확하고 바르게 전달하기 위해서 바람직한 언어 사용과 정보의 빠른 흐름 속에서 바람직한 언어 사용의 중요성 알기
• 정보 사회의 발전된 모습을 그림으로 나타내기	- 현재의 정보화를 살펴보기 - 미래에 다가올 다양한 정보 기기들의 변화와 정보 사회의 특징들을 그림으로 표현하기
• 정보 사회와 관련된 O×퀴즈 놀이하기	- 주변 사회에서 정보 기기와 정보 처리 방법 등에 관한 퀴즈 형태의 놀이 활동하기
• 컴퓨터의 구성을 그림으로 표현하기	- 컴퓨터의 구조를 이해하고 컴퓨터와 주변기기들이 어떻게 연결되어 있는지 서로 어떻게 정보를 주고받는지를 상상하여 그림으로 표현하기

컴퓨터과 교수법 및 교재연구

• 컴퓨터를 바르게 사용하는 자세에 대해 그림으로 표현하고 설명하기	- 컴퓨터를 바르게 사용하는 몸가짐과 바람직한 습관을 그림으로 표현하기
• 패턴 찾기 문제를 팀별 대항전으로 풀어보기	- 그림이나 도형에서 나타나는 패턴, 멀티미디어를 이용한 다양한 움직임 속에서 나타나는 패턴, 여러 낱말의 형태 속에서 나타나는 패턴 등과 관련하여 일정한 규칙 찾기
• 바른 자세로 자판 연습하기	- 컴퓨터 자판을 바르게 사용하는 자세와 방법 이해하고 실습하기

3.2 2단계: 문제 해결을 위한 정보의 수집, 생성 및 보호

목 표	○ 컴퓨터를 이용하여 현실의 문제들을 효과적으로 해결하는 과정을 이해할 수 있다. ○ 컴퓨터와 인터넷의 바람직한 활용 자세를 기르기 위해 윤리적인 교육과 기초적인 개념, 원리를 이해할 수 있다.
주 제	활 동
• 사이버 문화의 문제점을 조사하고 모둠별로 웹 토론하기	- 사이버 문화에 대한 개인의 생각을 함께 토의, 토론을 통해 사이버 환경을 올바르게 활용하기 위한 바람직한 태도 기르기
• 워드프로세서에서 윷놀이 판 만들기	- 컴퓨터를 이용하여 선과 도형을 표현하고 글씨를 입력할 수 있는 다양한 프로그램 중에서 하나를 이용하여 윷놀이 판을 작성하기
• 사진을 삽입하여 가족 신문 만들기	- 사진 파일을 문서에 입력할 수 있는 컴퓨터 프로그램 이용하기 - 사진과 글을 효율적으로 배치하고 문서를 제작하기
• 서로 잘 알고 있는 이야기를 바탕으로 그래픽 편집 프로그램에서 그림 동화로 간단하게 표현하기	- 그리기 도구를 이용할 수 있는 프로그램을 이용하여 그림을 그려보고 글을 입력하여 이야기 꾸미기
• 우리 학급의 네티켓 윤리 강령 만들기	- 네티켓의 필요성 알기 - 학급에서 나타나거나 나타날 문제를 생각하여 문제를 예방하고 해결하기 위한 네티켓 윤리 강령 만들기 - 네티켓 윤리 강령을 문서로 표현하기
• 게임 중독과 인터넷 중독 사례를 조사하여 그 예방 방법을 웹 전자 게시판에 올리기	- 게임과 인터넷 중독 현상의 위험성 살펴보기 - 게임과 인터넷 중독 현상으로부터 자신을 보호하고 예방하기 위한 방법들을 웹 전자 게시판에 올리고 토의하기
• 정보 보호를 위한 홍보용 포스터를 컴퓨터를 활용하여 그리기	- 정보 보호에 관한 문제들을 살펴보고 정보 보호를 하기 위한 홍보용 포스터를 손쉽게 다룰 수 있는 프로그램을 이용하여 홍보용 포스터 그리기

• 정보통신윤리나 정보 보호와 관련한 사회 문제를 팀별로 조사하고 홍보용 유인물 만들기	- 정보통신윤리의 주요 주제와 정보 보호의 쉬운 주제와 관련하여 전자 신문에서 제시되었던 문제를 팀별로 조사하기 - 조사한 자료를 홍보용 문서로 다양하게 작성하여 홍보에 활용하기
• 사이버 공간에서 정보를 잘 찾는 방법을 문서로 정리하기	- 주어진 특정 주제에 대해 정보를 찾기 위한 방법들을 분류해 보고 찾은 정보를 공유하는 방법 이해하기 - 특정 주제에 관련하여 사이버 공간에서 정보를 효과적으로 찾는 방법을 문서로 정리하기
• 학급에서 찍은 사진 파일로 예쁜 사진첩 만들기	- 그래픽 편집 프로그램에서 사진과 글을 효율적으로 표현하는 방법을 이용하여 예쁜 사진첩 만들기
• 주어진 발표 주제에 맞는 자료를 인터넷에서 찾아 문서로 정리하기	- 주어진 주제를 인터넷에서 찾아 내용을 살펴보고 비교하여 문서의 내용을 알아보기 쉽게 재구성하기 - 다른 사람이 알아보기 쉽게 어려운 낱말이나 새로운 사실에 대해 더 조사하여 정리하기
• 컴퓨터를 잘 관리하는 방법을 문서로 정리하기	- 컴퓨터를 잘 관리하기 위한 기초적인 방법과 태도 익히기 - 자신의 컴퓨터를 관리하는 방법을 문서로 정리하여 습관화하기
• 탐별로 주어진 문제를 인터넷을 통해 해결하고 다른 사람에게 발표하기	- 팀별로 주어진 문제에 대한 정보를 인터넷을 이용하여 수집하고 재구성하여 발표하기

3.3 3단계: 책임 있는 협력 활동을 통한 문제 해결

목 표	○ 컴퓨터 기반의 환경 속에서 협력 활동을 통하여 문제를 해결하는 과정과 방법을 이해할 수 있다. ○ 초보적인 수준에서 컴퓨터를 이용한 정보 처리 과정을 경험할 수 있다.
주 제	활 동
• 모둠별로 탐구과제에 대한 관련 자료를 수집, 분석, 표현하여 결과를 발표하고 인터넷을 통해 공유하기	- 팀원 각자가 탐구 과제에 대한 자료 수집하기 - 자신의 팀원과 다른 팀원이 수집한 자료를 비교 분석하여 동 자료를 효과적으로 전달하기 위해 웹페이지로 구성하고 자료 공유하기
• 사이버 문화에 대한 갈등 상황을 인식하고 사이버 공간에서 토론하기	- 학급이나 학교 또는 사회에서 나타나는 사이버 문화에서의 갈등 상황을 사이버 공간을 통하여 의견 제시하고, 제시된 의견을 토대로 팀별 토의와 결과 발표하기
• 주어진 문제에 대한 자료를 인터넷에서 찾아 요약하기	- 팀별로 주어진 문제를 인터넷에서 그림과 글 등 다양한 형태의 자료를 수집하고 수집한 자료를 재구성하여 다른 사람들에게 효과적으로 전달하기

• 모둠별로 주어진 문제에 대해 해결 전략을 세워서 발표용 문서를 만들어 발표하기	− 모둠별로 주어진 문제의 다양한 해결 방법을 제시해 보고 효과적인 방법을 도형을 이용하여 해결 과정을 표현해보고 발표하기
• 정보 보호의 중요성과 보호 방법을 알리는 글쓰기	− 정보 보호와 관련한 문제를 경험과 생활, 뉴스 속에서 찾아보고 정보 보호의 중요성과 피해로부터 예방 방법을 팀별로 정리하여 사이버 공간을 이용하여 친구들에게 알리는 글 작성하기
• 모둠별로 사이버 공간을 생성하여 정보 사회의 직업에 대한 내용을 수집 및 게시하기	− 생활 속에서 얻은 수치 데이터를 표로 정리하기 − 표를 효과적으로 제작하는 방법을 이해하기
• 생활 속에서 얻은 수치 데이터를 정리하고 수치를 계산하는 문서 만들기	− 생활 속에서 얻은 수치 데이터를 표로 정리하기 − 표를 효과적으로 제작하는 방법을 이해하기
• 생활 속에서 얻은 수치 데이터를 도표나 그래프로 표현하고 발표용 문서를 작성하여 발표하기	− 모둠별로 생활 속에서 얻을 수 있는 수치 데이터를 도표나 그래프로 제작하여 문서로 제작 발표하기
• 주어진 문제를 처리하는 절차를 발표용 문서로 작성하고 발표하기	− 절차적 순서와 분기되는 흐름을 갖고 있는 문제를 연결 링크로 표현한 발표용 문서를 제작하고 발표하기

3.4 4단계: 다양한 멀티미디어 정보를 활용한 정보 교류

목 표	○ 자료의 특성을 이해하고 실제 여러 가지 응용 소프트웨어를 사용하여 자료를 변환하고 교류할 수 있다. ○ 협력 활동을 통한 문제 해결을 기반으로 통합적으로 자료를 변환하여 서로 정보를 효율적으로 공유할 수 있다.
주 제	

• 멀티미디어 자료 제작 및 정보 기기를 통해 전송하기
• 그래픽 편집 프로그램을 이용하여 휴대폰으로 전송 가능한 이미지를 만들어 보고 휴대폰에 실제로 전송하기
• 소리 편집 프로그램을 이용하여 휴대폰 벨소리를 만들어 상대방에게 전송하기
• 소리, 이미지, 동영상 등을 제작 또는 수정 편집하여 학교 앨범 개발 후 출판하기
• 네트워크의 구성 원리나 컴퓨터 내부 구조와 같은 내용을 설명하는 멀티미디어 자료 개발하기

- 웹 사이트 작성 및 평가하기
- 태그를 사용하여 주제에 맞는 홈페이지 만들기
- 작성된 홈 페이지의 평가 기준 설정하기

3.5 5단계: 사이버 공간에서 올바른 정보 공유

목 표	○ 사이버 공간에서 올바른 정보통신윤리를 기반으로 정보 공유를 위한 환경을 구축할 수 있다. ○ 사회 구성원과 정보 공유를 위한 협력하는 자세를 가질 수 있다. ○ 데이터베이스나 프로그래밍 능력을 신장 시킬 수 있다.
주 제	활 동
• 간단한 로봇을 제어하는 프로그램을 구현하고 관련 정보 공유하기	- 간단한 조립형 로봇 등의 제어를 통해서 프로그램의 작성 절차 및 알고리즘 표현을 학습하는 활동 (예: 앞으로 전진 하는 행동, 장애물을 만났을 때 장애물을 피하는 행동 등)
• 모둠원 각각이 홈페이지 기능을 나누어 개발하고 종합하여 구축하기	- 홈페이지의 작성, 출판, 사이트 개설 등의 전체적인 과정을 이해하고 활동을 통해 정보통신윤리를 바탕으로 자신의 목적에 맞는 홈페이지를 구축하기(예: 학교 홈 페이지에 모둠의 홈 페이지 연결, 회원가입 기능 추가, 사이버 커뮤니티 개설 등)
• 모바일 기기에서 구동되는 응용 소프트웨어 제작해 보기	- 모바일 기기에서 동작하는 프로그램을 직접 제작하고 구동하기 - 통신의 원리와 모바일 기기에서의 프로그램과 컴퓨터에서의 프로그램의 구동원리 등의 차이를 비교 분석하기 - 프로그램과 통신에 대한 기본적인 지식과 이해를 통해 급변하는 정보 사회의 환경에 대한 이해와 적응력 향상 유도
• 올바른 네티즌이 되기 위한 홍보용 애니메이션 영화 제작해 보기	- 애니메이션이란 매개체를 통해 학생들에게 정보통신윤리에 대한 올바른 이해와 필요성을 직접 체험해 보기
• 데이터베이스에 입력하여 제공하기	- 정보 보호 법률에 대하여 안내해 주는 웹 사이트 개발하고 다양한 법률적 사례를 데이터베이스에 입력하여 제공하기
• 웹 사이트 개발하기	- 학급 친구들과 토론할 수 있고, 그 내용을 데이터베이스로 관리하고 유지할 수 있는 웹 사이트 개발하기

컴퓨터과 교수법 및 교재연구

4 [종합 활동] 영역 지도의 실제

4.1 1단계(예시 : 2학년 – 미래의 지식 기반 사회 상상하기)

4.1.1 단원의 개관

본 단원에서는 현재의 지식 기반 사회의 모습을 살펴본 내용을 토대로 하여 미래에 다가올 지식 기반 사회의 모습을 상상해 보고 미래에 우리 생활 속에서 사용될 다양한 정보 기기의 모습과 용도를 그림으로 표현해 보는 활동으로 구성된다. 미래에 사라질 물건이나 새로 생겨날 물건들과 학교, 집, 사회 생활에서 정보 통신 기술과 관련하여 변화될 모습에 대해 상상해 봄으로써 창의력과 사고력을 신장시키는 데 목적이 있다.

4.1.2 단원의 목표

- 현재 우리 생활 속에서 사용되는 정보 기기의 종류를 말할 수 있다.
- 현재 우리 생활 속에서 사용되는 정보 기기의 발전된 형태를 상상할 수 있다.
- 미래 지식 기반 사회의 모습을 그림으로 표현할 수 있다.
- 미래에 사용될 첨단 정보 기기의 모습을 상상하여 그림으로 표현하고 작동 원리와 용도를 설명할 수 있다.

4.1.3 내용 체계

선수 학습 요소	본시 학습 요소	후속 학습 요소
• 여러 가지 정보 기기에서 다루는 데이터의 종류와 쓰임새 및 정보 기기 간의 차이점 알아보기 • 컴퓨터실 나들이하기	• 우리 생활 속 정보 기기의 발전된 형태 상상하기 • 미래 지식 기반 사회의 모습을 상상하여 그림으로 표현하기 • 미래의 정보 기기의 모습을 상상하여 그림으로 표현하기	• 지식 기반 사회에서 새로 생겨난 직업 제시하기

4.1.4 단원 지도 계획

단원명	차시	교과서쪽	학 습 내 용	비고
미래의 정보 사회	1/2		■ 우리 생활 속의 정보 기기에 대해 알아보고 용도 말하기 ■ 미래의 가정, 학교, 사회 모습 상상하기 ■ 미래의 가정, 학교, 사회 모습을 그림으로 그리고 특징을 친구들에게 발표하기	
	2/2		■ 첨단 정보 기기의 예와 그 용도 살펴보기 ■ 미래 지식 기반 사회에 나타날 정보 기기의 모습을 상상하여 그림으로 그리고 그 용도와 작동원리를 설명하기	본시 학습

4.1.5 지도상의 유의점

- 학생들 개개인마다 정보 기기의 소유 여부가 강조되지 않도록 유의한다.
- 저학년임을 고려하여 학생의 발달 단계를 고려하여 용어를 적절히 선택한다.
- 미래 정보 기기의 모습을 표현할 때 용도와 작동원리를 되도록 구체적으로 표현하도록 지도한다.
- 친구들의 발표를 들을 때 바른 자세로 끝까지 듣도록 지도한다.

4.1.6 단원 평가계획

	평가 관점	평가방법	평가척도
과제 이해	▪ 생활 주변에서 사용하는 정보 기기의 예를 발표할 수 있는가? ▪ 정보 기기의 용도를 말할 수 있는가?	관찰	상,중,하
학습 산출물	▪ 미래 지식 기반 사회의 모습을 상상하여 창의적으로 표현하는가? ▪ 미래 정보 기기의 변화한 모습을 그림으로 표현하고 그 특징을 설명할 수 있는가?	포트폴리오	상,중,하
참여 태도	▪ 다른 친구의 발표를 바른 자세로 집중하여 듣는가? ▪ 주어진 활동을 성실하게 수행하는가?	관찰	상,중,하

컴퓨터과 교수법 및 교재연구

4.1.7 본시 교수-학습 과정안

일시			대상	2학년	장소	교실
단원		미래의 지식 기반 사회 상상하기			차시	2/2차시
학습주제		미래의 정보 기기 상상하여 표현하기			교과서쪽	
학습목표		미래 지식 기반 사회에서 나타날 정보 기기의 변화를 상상하여 그림으로 표현하고 상상한 정보 기기의 변화모습과 용도 및 작동 원리를 설명할 수 있다.				
준비	교사	영상 표시 장치 작동 여부 확인, 정보 기기의 예 관련 자료, 실물화상기, 평가 기준표				
	학생	교과서 및 필기도구, 색연필 또는 사인펜, 도화지				
단계		교 수 - 학 습 활 동				자료 및 유의점
도 입		■ 동기 부여 • 우리 교실, 우리 학교, 우리 집에서 찾아볼 수 있는 정보 기기에는 어떤 것이 있는지 이야기해 본다. • 정보 기기의 예를 사진 자료로 보여주고 그것에 대해 자기가 알고 있는 것을 자유롭게 발표해 본다. • 앞으로의 미래 사회에는 어떤 정보 기기들이 나타날지 생각해 볼까요? ■ 학습 내용 제시 • 학습 목표 제시 미래 지식 기반 사회에서 나타날 정보 기기의 변화를 상상하여 그림으로 표현하고 그 변화 모습과 용도 및 작동 원리를 설명할 수 있다. • 학습 활동 안내하기 ① 오늘날의 정보 기기의 특징 알아보기 ② 미래의 정보 기기의 모습 상상하여 그려보기				• 자기의 생활 속에서 찾아 보도록 한다. • 사진자료
전 개		■ 오늘날의 정보 기기의 특징 알아보기 • 오늘날 사용하는 정보 기기의 특징을 말해 봅시다. - 어디에서 사용하는 정보 기기인가요? - 누가 주로 사용할까요? - 이 정보 기기는 인간에게 어떤 도움을 줄까요? ■ 미래의 정보 기기의 모습 상상하여 그려보기 • 미래에 정보 기기가 어떻게 발전할지 상상한 내용을 그림으로 그려보고 변화된 내용과 미래 정보 기기의 특징을 말해 봅시다. - 누가 주로 사용하게 될까요? - 어떤 점이 더 편리해질까요? - 지금과 비교하면 인간에게 어떤 도움이 더 생기는 걸까요? • 정보 기기의 발전 모습 그림으로 표현하기				첫째 시간에 학습한 내용과 연계한다. • 학습지 그림을 잘 그리는 것보다는 정보 기기의 발전모습을 창의적으로 상상해보는 것이 중요함을 강조한다.
정 리		• 정보 기기의 발전된 모습을 설명한 그림을 실물화상기로 친구들에게 보여주며 설명해본다.				• 실물화상기
참고 사이트 및 참고 문헌						
• 네이버 http://www.naver.com • 엠파스 http://www.empas.com • 야후 http://kr.yahoo.com • 구글 http://www.google.co.kr						

4.1.8 학습 자료의 예 1

 생활을 편리하게 해주는 도우미 친구들을 살펴봅시다.

※ 생활에 도움을 주는 고마운 정보 기기들이 많아요. 이름을 쓰고 우리에게 어떤 도움을 주는지 써보세요. 마지막 그림은 여러분의 상상으로 채워보세요.

 ♤ 이름 : _____ ♤ 우리에게 주는 도움 _____ _____	 ♤ 이름 : _____ ♤ 우리에게 주는 도움 _____ _____
 ♤ 이름 : _____ ♤ 우리에게 주는 도움 _____ _____	♤ 이름 : _____ ♤ 우리에게 주는 도움 _____ _____

컴퓨터과 교수법 및 교재연구

학습 자료의 예 2

 생활을 편리하게 해주는 도우미 친구들이 미래에는 어떻게 변화할까요?

※ 생활에 도움을 주는 고마운 정보 기기들을 찾아보았어요. 그 정보 기기들이 미래에는 어떤 모습으로 변해있을지 상상해 볼까요?

♠ 이름 : _____ ♠ 변화된 모습	♠ 이름 : _____ ♠ 변화된 모습
♠ 이름 : _____ ♠ 변화된 모습	♠ 이름 : _____ ♠ 변화된 모습

학습 자료의 예 3

 미래의 정보 기기는 어떤 모습일까요?

※ 미래 정보 기기 변화 모습을 그림으로 자세히 그리고, 설명해 봅시다.

♤이름
_____

♤ 변화된 점
_____
_____
_____
_____

♤ 편리한 기능
_____
_____
_____

컴퓨터과 교수법 및 교재연구

4.1.9 수행평가 척도

수행평가 내용 및 기준안 예

주제	미래의 정보 기기 상상하여 표현하기		교과서 (쪽수)		영역	종합활동	학년	2학년
학업 성취 목표	[지식] • 우리 생활에서 발견할 수 있는 정보 기기의 예를 말할 수 있다. • 정보 기기의 특징과 용도를 말할 수 있다. • 정보 기기의 발전 모습을 상상하여 표현할 수 있다. [기능] • 미래에 나타날 정보 기기의 모습을 그림으로 그릴 수 있다. [가치 및 태도] • 정보 기기의 활용에 관심을 갖도록 한다. • 미래 지식 기반 사회 발전에 관심을 갖도록 한다.							
평가 과제	○ 미래 정보 사회에 나타날 정보 기기의 발전모습을 상상하여 그림으로 표현하고 그 특징을 설명하기							
평가 방법	○ 관찰 ○ 포트폴리오 ○ 체크리스트					평가도구 및 준비물		체크리스트	
평가 유형	○ 관찰 및 발표							
평가상의 유의점	○ 그림을 잘 그리는 것이 중요한 것이 아니라 정보 기기의 발전모습을 창의적으로 상상해 표현하는 것이 중요함을 강조한다.							
평가 항목 및 척도								
평가 항목(문항)		평가 척 도						배 점
생활 속에서 정보 기기의 예를 찾아 말할 수 있는가? (관찰 및 발표)		정보 기기의 예를 3가지 이상 알고 있다.						상
^		정보 기기의 예를 1~2가지 정도 알고 있다.						중
^		정보 기기의 예를 잘 모른다.						하
정보 기기의 쓰임새와 편리한 점을 말할 수 있는가? (관찰 및 발표)		정보 기기의 쓰임새와 편리한 점을 정확하게 설명한다.						상
^		정보 기기의 쓰임새는 알고 있으나 편리한 점은 잘 설명하지 못한다.						중
^		정보 기기의 쓰임새와 편리한 점을 잘 알지 못한다.						하
정보 기기가 미래에 발전될 모습을 상상하여 표현할 수 있는가? (포트폴리오 및 체크리스트)		정보 기기의 발전상을 독창적인 아이디어로 표현한다.						상
^		정보 기기의 발전상을 열심히 표현하나 창의성이 부족하다.						중
^		정보 기기의 발전상을 잘 표현하지 못한다.						하
미래 정보 기기의 변화된 모습과 기능 등의 특징을 설명할 수 있는가? (포트폴리오 및 체크리스트)		그림으로 나타낸 미래의 정보 기기의 기능 및 특징을 적절하게 설명한다.						상
^		그림으로 나타낸 미래의 정보 기기의 기능 및 특징을 설명할 수 있다.						중
^		그림으로 나타낸 미래의 정보 기기의 기능 및 특징을 잘 설명하지 못한다.						하

제10장 종합 활동 영역 지도의 실제

수행평가 체크리스트 예

1단계(2학년)			학반	번호	이름			
			학년 반					
영역	평가 항목	날짜	확인	평가			비고
				상	중	하	
종합 활동	1. 우리 주변에 있는 정보 기기에는 어떤 것이 있는지 이야기하기			5-6개	3-4개	0-2개	
	2. 정보 기기들이 각각 어떤 용도로 쓰이는지 발표하기						
	3. 정보 기기가 우리 생활에 어떤 도움을 주는지 이야기하기						
	4. 정보 기기 발전 모습을 그림으로 표현하기						
	5. 자신이 그린 미래의 정보 기기의 편리한 기능과 특징을 설명하기						
	6. 미래의 정보 기기가 우리 생활에 어떤 도움을 줄 수 있는지 상상하여 말하기						

컴퓨터과 교수법 및 교재연구

4.2 2단계(예시 : 4학년 - 네티켓을 지켜요)

4.2.1 단원의 개관

이 단원에서는 이미 학습한 사이버 공간의 올바른 예절, 네티켓과 대인 윤리 등에서 네티켓의 의미와 원칙에 대한 기본적인 내용을 바탕으로 하여, 네티켓을 지키기 위해 우선적으로 네티켓이 지켜지지 않은 주변의 사례에 대한 정보를 수집하여 네티켓 윤리 강령을 만들어 문서로 표현해 봄으로써 네티켓의 필요성을 확인해 보도록 구성하였다. 또한 쉽게 다룰 수 있는 간단한 '그림 그리기 프로그램'을 이용하여 네티켓에 관한 홍보 카툰을 그리는 활동을 통하여 네티켓이 지켜지지 않을 때에 생겨나는 문제들을 예방하고 해결하기 위한 활동을 아동들이 직접 경험해 보도록 구성하였다.

4.2.2 단원 목표

- 네티켓의 필요성을 이해할 수 있다.
- 네티켓이 지켜지지 않는 주변의 사례를 찾아 말할 수 있다.
- 모둠별 토론을 통하여 네티켓 윤리 강령을 만들어 문서로 표현할 수 있다.
- 간단한 그림 그리기 프로그램을 이용하여 네티켓에 관한 홍보 카툰을 그릴 수 있다.

4.2.3 내용 체계

선수 학습 요소	본시 학습 요소	후속 학습 요소

• 사이버 공간의 올바른 예절
• 사이버 공간과의 만남
• 네티켓과 대인 윤리
	• 우리 학급의 네티켓 윤리 강령 만들기
	  - 네티켓이 지켜지지 않은 사례에 관한 자료 수집하기
	  - 네티켓 윤리 강령 만들기
	  - 그림 그리기 프로그램을 이용하여 네티켓에 관한 홍보 만화 그리기
		• 협력하는 사이버 공간
		• 사이버 폭력과 피해 예방
		• 사이버 공간의 윤리와 필요성
		• 올바른 네티즌 의식

4.2.4 단원 지도 계획

단원명	차시	교과서쪽	학습 내 용	비고
네티켓을 지켜요	1/3		■ 네티켓이 지켜지지 않은 주변의 사례를 찾아보기 - 학교 친구들의 사례 인터뷰하기, 신문 기사·잡지·인터넷 기사에서의 사례 찾기, 어른들의 사례 인터뷰하기 등 모둠별로 주제를 정하여 조사한 사례를 발표하기 - 모둠별 발표를 듣고 네티켓의 필요성에 대해 알기	
	2/3		■ 네티켓 윤리 강령 만들기 - 모둠별 토론을 통해 네티켓 윤리 강령 만들기 - 네티켓 윤리 강령을 워드 프로세서를 이용하여 작성하기	
	3/3		■ 네티켓에 관한 홍보 카툰 그리기 - 그림 그리기 프로그램 살펴보기 - 그림 그리기 프로그램을 이용하여 네티켓에 관한 홍보 카툰 그리기 - 네티켓을 생활에서 실천하기	본시 학습

4.2.5 지도상의 유의점

- 첫 차시에 단원의 전반적인 학습 내용 및 활동에 대해 안내한다.
- 네티켓이 지켜지지 않았을 때의 문제를 인식하고 이를 위한 문제 해결 방법들을 아동들이 스스로 찾아보도록 지도한다.
- 학습 시 프로그램을 익히는 활동에 지나치게 치중하지 않는다.
- 모둠별 사례 발표 시에는 정보 기기에만 의존하기보다는 아동들이 자유롭게 다양한 방법으로 발표할 수 있도록 안내한다.
- 매 차시 학습 후에는 아동들의 결과물을 게시함으로써 네티켓에 대한 지속적인 관심을 갖도록 유도한다.
- 친구들의 발표를 들을 때 바른 자세로 끝까지 듣도록 지도한다.

4.2.6 단원 평가계획

	평가 관점	평가방법	평가척도
과제 이해	• 생활 주변에서 네티켓이 지켜지지 않은 사례를 찾아 발표할 수 있는가? • 네티켓의 의미를 알고 그 원칙을 발표할 수 있는가? • 네티켓을 지키기 위한 해결 방안들을 찾아 볼 수 있는가?	관찰	상,중,하
학습 산출물	• 네티켓 윤리 강령의 내용이 바람직한가? • 네티켓 윤리 강령을 문서로 표현할 수 있는가? • 툰 그리기 프로그램을 이용하여 네티켓 홍보 카툰을 창의적으로 표현하였는가? • 네티켓의 필요성을 알고 이를 지키기 위한 방법들이 학습물에 적절하게 제시되었는가?	포트폴리오	상,중,하
참여 태도	• 다른 모둠과 친구의 발표를 바른 자세로 집중하여 듣는가? • 주어진 활동을 성실하게 수행하는가?	관찰	상,중,하

4.2.7 본시 교수-학습 과정안

일시		대상	4학년	장소	교실
단원	네티켓을 지키자			차시	3/3차시
학습주제	네티켓에 관한 홍보 카툰 그리기			교과서쪽	
학습목표	간단한 그림 그리기 프로그램을 이용하여 네티켓에 관한 홍보 카툰을 그려보고, 네티켓을 지켜야 하는 이유와 방법을 알고 이를 생활에서 실천할 수 있다.				
준비	교사	시스템 점검, 영상 표시 장치 작동 여부 확인, 학습지, 평가 기준표			
	학생	그림 그리기 프로그램(툰 그리기 프로그램)			

단계	교수·학습 활동	자료 및 유의점
도입	■ 동기 부여 • 지난 시간에 만든 네티켓 윤리 강령 중 가장 많이 나왔던 항목을 이야기해 본다. ■ 학습 내용 제시 • 학습 목표 제시 　간단한 툰 그리기 소프트웨어를 이용하여 네티켓에 관한 홍보 카툰을 그려보고, 네티켓을 지켜야 하는 이유와 방법을 알고 이를 생활에서 실천할 수 있다. • 학습 활동 안내하기 ① [만화로 보는 정보통신윤리] 에듀넷 사이트 탐색하기 ② 툰 그리기 소프트웨어로 네티켓 홍보 카툰 그리기 ③ 친구들의 카툰을 읽어보고 내가 지켜야 할 네티켓 다짐하기	
전개	■ [만화로 보는 정보통신윤리] 에듀넷 사이트 탐색하기 - 에듀넷 [만화로 보는 정보통신윤리]을 방문하여 네티켓에 관련한 다양한 만화를 읽어 본다. - 만화를 보고 기억에 남는 장면이나 글 발표해보기 ■ 툰 그리기 소프트웨어로 네티켓 홍보 카툰 그리기 • 네이버 툰 그리기 프로그램을 사용하기 　네이버 툰 사이트 소개하고 그리기 프로그램 사용법에 대해 설명한다. 　툰 그리기 프로그램을 다운받아 설치한다. • 네이버 툰 그리기 프로그램을 사용하여 네티켓 홍보 카툰 그리기 　네티켓과 관련하여 자신이 그릴 내용을 구상해 본다. 　구상한 내용을 생각하며 툰 그리기 프로그램을 사용하여 네티켓 홍보 카툰을 그린다. 다 그린 카툰을 이미지 파일로 저장하여 학급 홈페이지 게시판에 올리기 ■ 친구들의 카툰 읽어보기 학급 홈페이지에 가서 다른 친구들이 카툰 읽어본다. 친구들의 카툰에서 잘된 점을 찾아 칭찬하는 댓글을 달아본다.	• 프로그램 사용법 설명시 툰 가이드를 이용한다. • 학습지 • 네티켓에 관련한 카툰 내용을 아동 스스로 창의적으로 만들 수 있도록 지도한다.
정리	• 네티켓을 지켜야 하는 이유와 실천할 수 있는 방법에 대해 발표해 본다. • 사이버 공간에서 앞으로 자신이 먼저 네티켓을 실천할 수 있도록 다짐한다. • 다음 시간 수업을 안내하고, 준비 사항을 전달한다.	• 평가기준표에 의해서 학습자들을 평가한다.

컴퓨터과 교수법 및 교재연구

참고 사이트 및 참고 문헌

- 에듀넷/만화로 보는 정보통신윤리
  http://www.edunet4u.net/student/ithunjang/manHwaNew.jsp

- 네이버 툰   http://toon.naver.com/

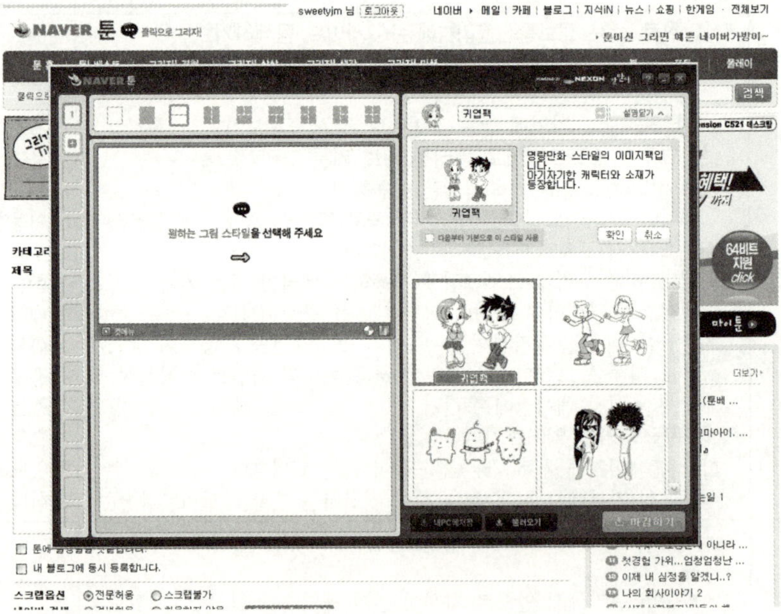

- 〈참고 사이트〉인천교수학습지원센터/정보통신윤리교육 지도 자료   http://www.edu-i.org/

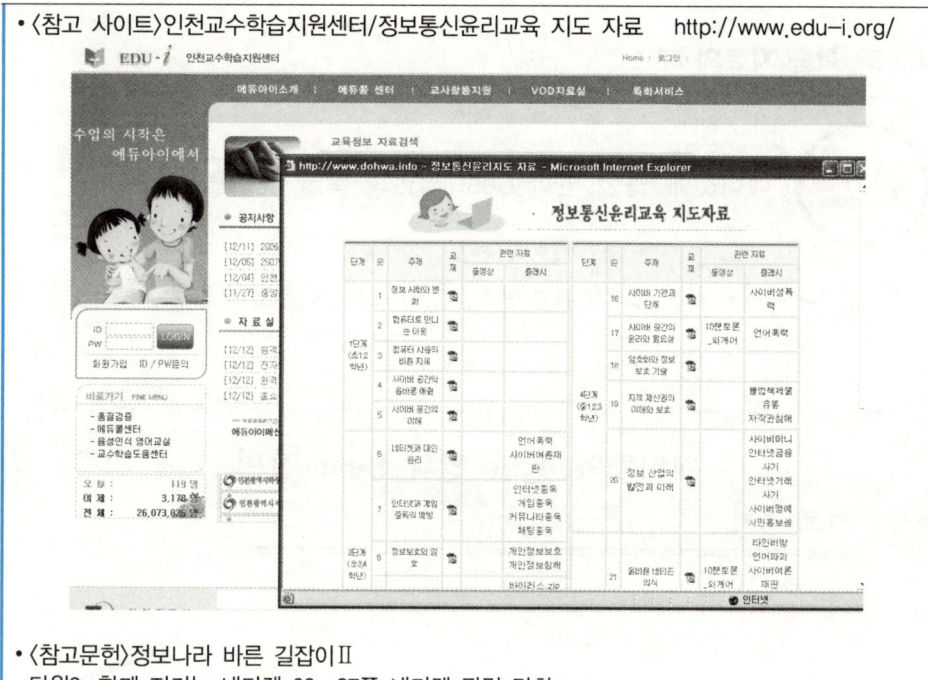

- 〈참고문헌〉정보나라 바른 길잡이Ⅱ
  단원2. 함께 지키는 네티켓 69~87쪽 네티켓 관련 만화

4.2.8 학습 자료의 예 1

 네티켓에 관한 만화 Best 장면과 글을 찾아봅시다.

※ 인터넷이나 책에서 찾은 네티켓 관련 만화를 찾아보고 기억에 남는 장면이나 글을 써 보세요.

네티켓에 관한 만화 Best 장면

자료 출처: _____

나의 마음에 든 이유

네티켓에 관한 Best 글

자료 출처: _____

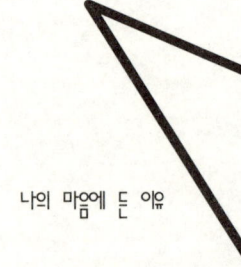

나의 마음에 든 이유

제10장 종합 활동 영역 지도의 실제

학습 자료의 예 2

 내가 만들고 싶은 네티켓에 관한 만화 이야기를 구상하여 봅시다.

※ 지난 시간 동안 우리는 네티켓을 지키기 위해 실천해야 할 일들에 대해서 살펴보았어요. 오늘은 여러분들이 친구들에게 홍보할 네티켓에 관한 만화를 그려보는 시간입니다. 툰 그리기 프로그램을 사용하기에 전에 먼저 어떤 내용으로 만화를 그려야 할지에 대해 생각하여 봅시다.

♤이름

카툰주제:

♤ 배경 _____

♤ 등장인물 _____

♤ 이야기 전개

컴퓨터과 교수법 및 교재연구

학습 자료의 예 3

 네티켓은 내가 지켜요

※ 여러분은 스스로가 네티켓을 잘 지킨다고 생각합니까? 자신이 네티켓을 잘 실천하고 있는지 반성해 봅시다.

1. 자신이 잘 지키고 있다고 생각하는 네티켓을 써 봅시다.
   ①
   ②
   ③

2. 자신이 지키지 못하고 있는 네티켓을 써 봅시다.
   ①
   ②
   ③

3. 네티켓이 일상 생활에서 지켜지지 않는다면 어떤 일이 생길까요?

4. 네티켓을 지키기 위해 내가 노력해야 할 것에는 어떤 것이 있을까요?

4.2.9 수행평가 척도

수행평가 내용 및 기준안 예

주제	네티켓에 관한 홍보 카툰 그리기	교과서 (쪽수)		영역	종합활동	학년	4학년
학업 성취 목표	[지식] • 네티켓의 필요성을 알 수 있다. • 네티켓을 실천하기 위한 방법을 알 수 있다. [기능] • 네티켓에 관한 내용을 만화로 표현해 낼 수 있다. • 그림 그리기 프로그램을 다룰 수 있다. • 이미지 파일을 학급 게시판에 올릴 수 있다. [가치 및 태도] • 일상생활에서 네티켓을 지키려는 태도를 가진다.							
평가 과제	○ 네티켓을 실천하기 위한 홍보 만화를 간단한 그림 그리기 프로그램을 이용하여 표현할 수 있다.							
평가 방법	○ 만화를 보고 기억에 남는 글과 장면 발표하기(관찰) ○ 네티켓과 관련한 적절한 주제 정하기(관찰) ○ 그림 그리기 프로그램을 조작하여 만화로 표현하기 (포트폴리오)				평가도구 및 준비물	체크리스트		
평가 유형	○ 관찰							
평가상의 유의점	○ 그림 그리기 프로그램을 다루는 기능보다는 아동이 만든 네티켓을 지키기 위한 홍보 만화의 내용이 적절한지에 중점을 두어 평가한다.							

평가 항목 및 척도

평 가 항 목 (문 항)	평 가 척 도	배 점
만화를 보고 기억에 남는 글과 장면 말할 수 있는가? (관찰)	여러 만화를 보고 기억에 남는 장면과 글을 찾아보고 그 이유를 적절하게 말할 수 있다.	상
	여러 만화를 보고 기억에 남는 장면과 글을 찾아 볼 수 있으나 이유가 명확하지가 않다.	중
	여러 만화를 보고 기억에 남는 장면과 글을 찾았으나 그 이유를 말하지 못한다.	하
네티켓 홍보에 관련한 적합한 주제를 선정하였는가? (관찰 및 포트폴리오)	과제의 목적에 맞게 주제를 잘 선택하였다.	상
	교사의 조언을 받아 주제를 잘 선택하였다.	중
	교사의 조언에도 불구하고 적합한 주제를 선정하지 못하였다.	하
그림 그리기 프로그램을 조작하여 만화로 제작할 수 있는가? (포트폴리오)	네티켓을 지키기 위한 홍보 만화를 보기 좋게 제작한다.	상
	네티켓을 지키기 위한 홍보 만화를 제작할 수 있다.	중
	네티켓을 지키기 위한 홍보 만화를 제작하는 기능이 부족하다.	하

수행평가 체크리스트 예

2단계(4학년)		학반	번호	이름			
		학년 반					
영역	평가 항목	날짜	확인	평가			비고
				상	중	하	
종합 활동	1. 네티켓의 필요성 발표하기						
	2. 네티켓을 지키는 방법에 대해 발표하기						
	3. 여러 가지 네티켓 관련 만화를 살펴보고 기억에 남는 장면이나 글에 대해 발표하기						
	4. 네티켓 홍보 만화 그리기에 적합한 주제 선정하기						
	5. 네티켓 홍보 카툰에 들어가야 할 내용 구상하기			9-10개	5-8개	0-4개	
	6. 그림 그리기 프로그램 조작하기						
	7. 그림 그리기 프로그램으로 네티켓 홍보 만화 제작하기						
	8. 학급 게시판에 자신이 만든 네티켓 홍보 카툰 이미지 올리기						
	9. 게시판에 올린 친구들의 네티켓 홍보 카툰 읽어보고 잘된 점 칭찬하기						
	10. 앞으로 자신이 지켜야 할 네티켓에 대해 이야기하기						

4.3 3단계(예시 : 6학년 – 데이터를 이용하여 유용한 정보 만들기)

4.3.1 단원의 개관

우리 생활 속에는 수많은 데이터가 존재한다. 이러한 데이터가 우리에게 의미 있는 정보로 활용되기 위해서는 적절한 가공을 필요로 한다. 무의미한 데이터를 의미 있는 정보로 처리할 수 있는 능력이야말로 미래 지식 기반 사회에서 절실히 요구되는 능력으로 꼽힐 것이다. 이 단원에서 '정보 가공과 공유' 영역에서 학습한 수치 자료 처리 활동과 연계하여 학생들이 스스로 주변에서 의미 있는 수치 자료들을 수집하여 이를 도표나 그래프로 표현하고 발표용 문서로 제작하는 활동을 함으로써 실질적인 정보 활용 능력의 신장을 도모하는 데 목적이 있다.

4.3.2 단원 목표

- 정보처리를 위해 필요한 수치 데이터를 수집하여 도표와 그래프로 작성할 수 있다.
- 도표와 그래프로 작성한 데이터를 분석하여 결과를 도출할 수 있다.
- 여러 사람 앞에서 전달하고자 하는 정보를 효율적으로 표현하여 발표에 활용할 수 있다.

4.3.3 내용 체계

선수 학습 요소	본시 학습 요소	후속 학습 요소
• 수치자료 처리 소프트웨어 사용법 익히기 • 발표용 문서 작성 소프트웨어 사용법 익히기	• 모둠별로 주제를 선정하여 주변에서 수치 데이터 수집하기 • 수집한 수치 데이터를 도표나 그래프로 작성하기 • 도표나 그래프를 통해 알 수 있는 사실 찾아보기 • 발표용 문서로 작성하여 발표하기	• 주어진 문제를 처리하는 절차를 발표용 문서로 작성하고 발표하기

4.3.4 단원 지도 계획

단원명	차시	교과서쪽	학습 내 용	비고
데이터를 이용하여 유용한 정보 만들기	1/2		• 우리 모둠원의 운동 능력 비교하기 - 모둠원의 체력검사 결과를 조사하여 수집한 자료로 도표와 그래프 만들기 - 도표와 그래프를 분석하여 특징을 찾아 정리하고 발표용 문서로 제작하여 발표하기	
	2/2		• 주제를 선정하여 자료를 수집, 분석, 가공하기 - 모둠원끼리 자료 처리에 적합한 주제를 선정하여 수치 데이터 수집하기 - 수집한 데이터를 비교 분석하기 위해 자료를 도표와 그래프로 표현하기 - 도표와 그래프를 분석하여 특징을 찾아 정리하고 발표용 문서로 제작하여 발표하기	본시 학습

4.3.5 지도상의 유의점

- 첫 차시에 단원의 전반적인 학습 내용 및 활동에 대해 안내한다.
- 수치 데이터로 처리하기에 적합한 주제를 선정할 수 있도록 충분히 과제를 이해시킨다.
- 학습 시 프로그램을 익히는 활동에 지나치게 치중하지 않는다.
- 발표용 문서를 작성할 때에는 도표와 그래프를 통한 분석과 제언이 중요함을 강조한다.
- 친구들의 발표를 들을 때 바른 자세로 끝까지 듣도록 지도한다.

4.3.6 단원 평가계획

	평가 관점	평가방법	평가척도
과제 이해	• 수치 데이터로 처리하기에 적합한 주제의 예를 말할 수 있는가?	관찰	상,중,하
학습 산출물	• 수집한 데이터를 도표와 그래프로 효과적으로 정리하였는가? • 도표와 그래프에서 찾아볼 수 있는 특징을 잘 지적하였는가? • 자료를 분석한 내용을 토대로 적절한 제언을 하였는가?	포트폴리오	상,중,하
참여 태도	• 다른 모둠과 친구의 발표를 바른 자세로 집중하여 듣는가? • 주어진 활동을 성실하게 수행하는가? • 모둠원과 잘 협동하면서 활동을 수행하는가?	관찰	상,중,하

4.3.7 본시 교수-학습 과정안

일시			대상	6학년	장소	교실
단원	데이터를 이용하여 유용한 정보 만들기			차시	2/2차시	
학습주제	데이터 분석하기			교과서쪽		
학습목표	정보처리를 위해 필요한 수치 데이터를 수집하여 도표와 그래프로 작성하고 이를 분석하여 도출한 결과를 발표용 문서로 제작하여 발표할 수 있다.					
준비	교사	시스템 점검, 영상 표시 장치 작동 여부 확인, 인터넷 접속 상태 확인, 학습지, 평가 기준표				
	학생	필기도구, 데이터를 처리할 소프트웨어(엑셀), 발표용 문서 제작 소프트웨어				
단계	교 수 - 학 습 활 동				자료 및 유의점	
도 입	■ 동기 부여 　• 지난 시간에 학습한 수치데이터 분석활동은 어떤 학습효과가 있을까? 　• 수치 데이터 처리 분석을 통하여 특징을 살펴보기에 적합한 주제들에는 또 어떤 것이 있을까? ■ 학습 내용 제시 　• 학습 목표 제시 　┌─────────────────────────────┐ 　│ 정보처리를 위해 필요한 수치 데이터를 수집하여 도표와 그 │ 　│ 래프로 작성하고 이를 분석하여 도출한 결과를 발표용 문서 │ 　│ 로 제작하여 발표할 수 있다. │ 　└─────────────────────────────┘ 　• 학습 활동 안내하기 　　① 모둠별로 선정된 주제와 관련된 데이터 수집하기 　　② 데이터를 엑셀 프로그램을 이용하여 도표 및 그래프로 정리하고 알 수 있는 사실 토의하기 　　③ 도표, 그래프, 토의 결과를 발표용 문서로 제작하여 발표하기				주제정하기는 차시의 과제활동으로 제시한다.	

컴퓨터과 교수법 및 교재연구

전 개	■ 모둠별로 선정된 주제와 관련된 데이터 수집하기 – 주제와 관련된 데이터를 웹 검색을 통해 수집한다. ■ 수집한 데이터를 도표와 그래프 작성하고 자료를 통해 알 수 있는 사실 토의하기 • 워크시트를 이용하여 데이터를 도표와 그래프로 작성하기 • 도표와 데이터를 통하여 어떤 사실을 알 수 있는지 모둠원끼리 토의하기 ■ 도표와 그래프, 토의결과를 발표용 문서로 제작하기 • 발표용 문서로 제작하여 친구들에게 발표하기	통계청 홈페이지 활용 • 학습지 : 데이터를 분석할 때 앞으로의 변화 양상도 추측해 보도록 지도한다. • 엑셀, 파워포인트
정 리	• 데이터 분석을 통해 얻을 수 있는 것에는 무엇이 있을지 말해 본다. • 다음 시간 수업을 안내하고, 준비 사항을 전달한다.	평가기준표에 의해서 학습자들을 평가한다.

참고 사이트 및 참고 문헌

• 데이터 수집
 – 통계청 http://www.nso.go.kr/

4.3.8 학습 자료의 예 1

 프로젝트 과제 해결을 위하여 자료를 수집해 봅시다.

모둠 이름

모둠이 정한 주제

참고 사이트

수집한 자료

학습 자료의 예 2

 수집한 자료를 분석하여 특징을 찾아보고 앞으로 어떻게 변화할지 예상해 봅시다.

 표와 도표로 정리한 자료를 통해 알 수 있는 사실에는 무엇이 있을까요?

자료 분석 결과 그 안에서 발견할 수 있는 문제점이나 우리에게 시사하는 점이 있다면 무엇이 있을까요?

위에서 분석한 사실에 따라 추측하건대, 앞으로는 어떻게 변화할 것으로 예상되나요?

학습 자료의 예 3

 자료처리, 분석결과 보고서를 만들기 위한 화면 구성 계획을 세워봅시다.

슬라이드 1제목: 들어갈 내용: 제작할 사람	슬라이드 2제목: 들어갈 내용: 제작할 사람
슬라이드 3제목: 들어갈 내용: 제작할 사람	슬라이드 4제목: 들어갈 내용: 제작할 사람
슬라이드 5제목: 들어갈 내용: 제작할 사람	슬라이드 6제목: 들어갈 내용: 제작할 사람
슬라이드 7제목: 들어갈 내용: 제작할 사람	슬라이드 8제목: 들어갈 내용: 제작할 사람

컴퓨터과 교수법 및 교재연구

4.3.9 수행평가 척도

수행평가 내용 및 기준안 예

주제	데이터 수집, 처리하여 분석하기	교과서 (쪽수)		영역	종합활동	학년	6학년
학업 성취 목표	[지식] • 도표와 그래프로 처리하여 분석하기에 알맞은 주제를 선택할 수 있다. • 도표와 그래프를 분석하여 특징을 해석할 수 있다. • 도표와 그래프를 분석하여 앞으로의 변화를 제언할 수 있다. [기능] • 수치 데이터를 엑셀을 이용하여 도표와 그래프로 나타낼 수 있다. • 엑셀을 이용한 간단한 함수를 처리할 수 있다. • 파워포인트를 이용하여 발표용 문서를 제작할 수 있다. [가치 및 태도] • 데이터를 분석하여 유의미한 정보로 활용하려는 태도를 지닌다.						
평가 과제	○ 수치 데이터를 수집하여 도표나 그래프로 정리하고 모둠 토의를 통해 분석한 뒤 발표용 문서로 제작하기						
평가 방법	○ 적절한 주제를 선택해 데이터 수집하기(관찰) ○ 수집한 데이터를 도표와 그래프로 나타내기(포트폴리오) ○ 모둠 토의 통하여 수집 자료 분석하기(관찰) ○ 도표, 그래프, 토의결과를 이용하여 발표용 문서를 제작하기(관찰 및 포트폴리오)				평가도구 및 준비물		체크리스트
평가 유형	○ 관찰 및 포트폴리오						
평가상의 유의점	○ 프로그램 조작에 치우쳐 평가하기보다는 데이터를 도표나 그래프로 표현하고, 도표와 그래프를 분석하는 점 등을 고루 평가한다.						

평가 항목 및 척도

평 가 항 목 (문 항)	평 가 척 도	배 점
생활 속에서 도표로 나타내어 특징 살펴보기에 적합한 주제를 찾을 수 있는가? (관찰)	과제의 목적에 맞게 주제를 잘 선택하였다.	상
	교사의 조언을 받아 주제를 잘 선택하였다.	중
	교사의 조언에도 불구하고 적합한 주제를 선정하기 못하였다.	하
수치 데이터를 도표나 그래프로 나타낼 수 있는가? (관찰 및 포트폴리오)	데이터를 도표나 그래프로 능숙하게 나타낸다.	상
	데이터를 도표나 그래프로 나타낼 수 있다.	중
	데이터를 도표나 그래프로 나타내는 데 어려움을 느낀다.	하
도표나 그래프를 보고 특징을 분석하고 앞으로의 변화를 예상할 수 있는가? (관찰)	도표나 그래프를 보고 특징을 잘 분석하여 앞으로의 변화 양상을 예측한다.	상
	도표나 그래프를 보고 특징을 분석하여 앞으로의 변화 양상을 대략적으로 예측한다.	중
	도표나 그래프를 보고 특징을 분석하는 데에도 어려움이 많다.	하
수치 데이터를 정리하고 분석할 결과를 발표용 문서로 제작할 수 있는가? (포트폴리오 및 체크리스트)	수치 데이터의 정리, 분석 결과를 발표용 문서로 보기 좋게 제작한다.	상
	수치 데이터의 정리, 분석 결과를 발표용 문서로 제작할 수 있다.	중
	발표용 문서 만들기 기능이 부족하다.	하

수행평가 체크리스트 예

3단계(6학년)		학반	번호		이름	
		학년 반				
영역	평가 항목	날짜	확인	평가		비고
				상 중 하		
종합 활동	1. 자료 처리에 적합한 주제를 선정하기			6-7개 4-5개 0-3개		
	2. 모둠원이 협동하여 자료를 수집하기					
	3. 웹을 이용한 자료 검색하기					
	4. 수집한 자료를 바르게 해석하기					
	5. 프로그램을 사용하여 도표와 그래프 그리기					
	6. 도표와 프로그램을 보고 앞으로의 변화 예측하여 발표하기					
	7. 프레젠테이션 기능을 이용하여 발표용 문서 작성하기					

컴퓨터과 교수법 및 교재연구

요 점 정 리

1. '종합 활동' 영역은 일상 및 교과 활동에서 정보통신기술의 원리 이해, 정보통신기술의 활용, 정보 사회로의 참여가 함께 이루어질 수 있는 자기주도적 과제나 팀 프로젝트를 통해 창의력, 문제 해결력, 논리적 사고력과 같은 고등 사고력을 신장하는 데에 궁극적 목표를 두고 있다.

2. '종합 활동' 영역은 1단계부터 5단계까지 다음의 내용으로 구성된다.

단계 영역	1단계	2단계	3단계	4단계	5단계
종합 활동	정보 사회에 대한 올바른 인식과 이해	문제해결을 위한 정보의 수집 생성 및 보호	책임 있는 협력 활동을 통한 문제 해결	다양한 멀티미디어 정보를 활용한 정보 교류	사이버 공간에서의 올바른 정보 공유

3. '종합 활동' 영역의 평가는 개별적인 평가 외에 집단적인 평가 방법을 개발하고, 과제의 공동 개발에 따르는 협동심, 책임감 등도 고려하여 평가한다. 그리고 지필보다는 실습 활동 과정 등도 평가 요소에 반영하도록 한다. 각 영역별 특성을 고려하여 학습 과정이나 결과를 수시로 평가하고 학습 활동의 관찰, 면담 등 여러 가지 방법을 활용하되, 사전에 평가 기준, 방법, 시기 등을 계획하여 실시한다.

4. 학습 주제는 실생활과 관련이 있는 내용을 중심으로 작성을 하되, 지역의 특성, 학교의 실정 및 학생의 흥미나 수준을 반영하여 다양하게 구성한다.

제10장 종합 활동 영역 지도의 실제

연습문제

1 '종합 활동' 분야의 목표를 기술하시오.

2 '종합 활동' 분야에서 학생의 흥미와 수준을 고려한 다양한 교수-학습 지도안을 작성하시오.

3 '종합 활동' 분야에서 실생활에 연관된 다양한 학습 주제를 선정하시오.

4 '종합 활동' 분야를 다양하게 평가할 수 있는 방법을 제안하시오.

참고문헌

한국교육학술정보원(2005). 초·중등학교 정보통신기술 교육 운영지침 개정(안). 연구보고서.

한국정보교육학회 컴퓨터교재개발분과위원회(2004). **컴퓨터과 교수법 및 교재 연구**. 생능출판사.

교육인적자원부(2000). 초.중등학교 정보통신기술교육 운영지침 해설서. 교육인 적자원부.

찾·아·보·기

INDEX

[인명]

B
Bloom ·· 40

G
Gagne ·· 40

H
Heinich ·· 62

K
Keller ·· 53

ㅅ
성태제 ··· 102

[주제]

2
2진수 ··· 259

A
ASSURE 모형 ···································· 62

ㄱ
괄호형 ·· 104
교수 ··· 37
교수설계 ·· 37
교실 환경 ··· 49

ㄴ
네티켓 ·· 312
네티켓 윤리 강령 ······························· 312

ㄷ
단답형 ·· 104
단답형 문항 ······································ 113

ㅁ
멀티미디어 정보 ································ 260

ㅂ
배합형 문항 ······································ 103

ㅅ
사이버 공간 ······································ 303
서답형 ·· 104
선다형 문항 ······························· 104, 110

335

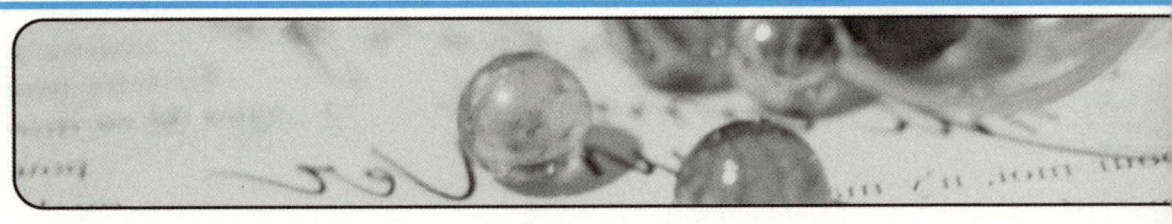

INDEX

세부 전략 설계 ·················· 52
신 정보통신 기술 교육 ·············· 233

ㅇ

연결형 문항 ····················· 108
완성형 문항 ····················· 115

ㅈ

정보 가공과 공유 ············· 233, 323
정보 기기의 이해 ················· 233
정보 사회와 생활 ················· 233
정보 제공 전략 ···················· 54
정보 처리의 이해 ············· 233, 235
정보처리 순환 모형 ················ 298
정보통신기술 교육의 지도 내용 ········ 105
정보통신기술 사용 능력 ·············· 48
종합 활동 ················ 233, 297, 298
지필평가 ······················· 103
진위형 문항 ················· 103, 107

ㅊ

참여유도 ························ 64
출발점 행동 ······················ 46

ㅋ

컴퓨터과 교육평가 ················ 101

ㅎ

하위 내용 분석 ···················· 42
학습 목표 진술 ···················· 50
학습 성향 ······················· 45
학습 영역 ······················· 39
학습내용 분석 ···················· 39
학습목표 ······················· 50
학습목표 진술 ···················· 63
학습양식 ······················· 47
학습자 분석 ····················· 63
학습평가 ······················· 57

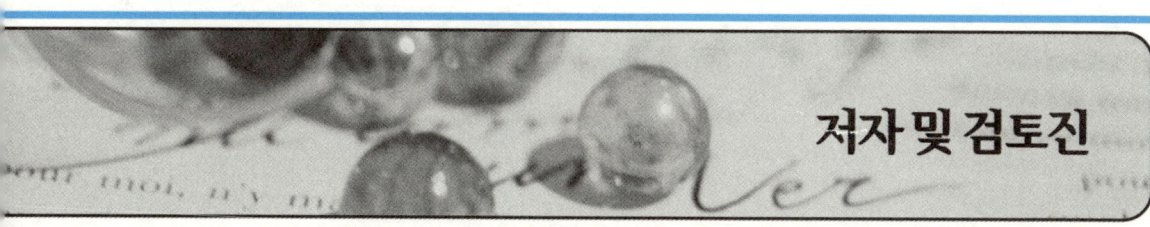

저자 및 검토진

■ 김현배
(현) 부산교육대학교 컴퓨터교육과 교수
홍익대학교 전자계산학과 이학박사
University of Oregon, CATE 연구교수

■ 김홍래
(현) 춘천교육대학교 컴퓨터교육과 교수
한국교원대학교 컴퓨터교육학 박사
(현) 한국직업능력개발원 이러닝 심사위원

■ 박선주
(현) 광주교육대학교 컴퓨터교육과 교수
전남대학교 전산통계학과 박사
George Mason University 연구교수
(현) 교육부 교육과정 심의위원

■ 서순식
(현) 춘천교육대학교 컴퓨터교육과 교수
플로리다주립대학교 교육공학과 석사(M.S) 및 박사(Ph.D)
(현) 춘천교육대학교 전자계산소 소장

■ 이재호
(현) 경인교육대학교 컴퓨터교육과 교수
홍익대학교 컴퓨터과학 박사
University of Oregon, CATE 연구교수
(현) (사) 한국정보교육학회 부회장

■ 전우천
(현) 서울교육대학교 컴퓨터교육과 교수
서강대학교 전산학과 (공학사 및 공학석사)
Univ. of Oklahoma, 전산학과 (공학박사)
(현) (사) 한국정보교육학회 논문지편집위원장

■ 한병래
(현) 진주교육대학교 컴퓨터교육과 교수
한국교원대학교 컴퓨터교육과 박사
세종대학교 컴퓨터공학부 초빙교수
(현) 경상대학교 과학영재교육원 정보영재반 지도교수

[검토진]
고병오(공주교대 컴퓨터교육과 교수)
김동호(청주교대 컴퓨터교육과 교수)
김정랑(광주교대 컴퓨터교육과 교수)
김철(광주교대 컴퓨터교육과 교수)
김형석(동수원초등학교 교사)
송의성(부산교대 컴퓨터교육과 교수)
신수범(공주교대 컴퓨터교육과 교수)
안성훈(한국교육개발원 연구원)
오승훈(공군대학 교수)
이수정(경인교대 컴퓨터교육과 교수)
주길홍(경인교대 컴퓨터교육과 교수)
한규정(공주교대 컴퓨터교육과 교수)
한선관(경인교대 컴퓨터교육과 교수)

컴퓨터과 교수법 및 교재연구

2008년 3월 5일 1판 1쇄 발행
2009년 9월 10일 1판 2쇄 발행

저 자 : 한국정보교육학회,
       컴퓨터교재개발
       분 과 위 원 회
발행자 : 김 동 규
발행처 : 교육과학사

저자와의
협의하에
인지생략

경기도 파주시 교하읍 문발리
파주출판문화정보산업단지 514-5
전화 (031) 955-6956~8/FAX (031) 955-6037
Home-page : www.kyoyookbook.co.kr
E-mail : kyoyook@chol.com
등록 : 1970년 5월 18일 제2-73호

낙장·파본은 교환해 드립니다.
Printed in Korea.

정가 **15,000원**
ISBN 978-89-254-0153-9